Compromisos subversivos

Prólogo por Samuel Escobar

Vinoth Ramachandra

Ramachandra, Vinoth

Compromisos subversivos / Vinoth Ramachandra. - 1.ª - Ciudad Autónoma de Buenos Aires : Certeza Argentina, 2019.

230 pp.; 23 x 15 cm.

ISBN 978-950-683-262-9

1. Teología. 2. Cristianismo. I. Título.
CDD 230

Salvo que se mencione otra versión, las citas bíblicas corresponden a la Nueva Versión Internacional.

Traducción: Dr. Joel Sierra Cavazos   Corrección: Adriana Riccomagno
Diseño: Ayelen Horwitz

Ediciones Certeza Unida es la casa editorial de la IFES América Latina (International Fellowship of Evangelical Students, Comunidad Internacional de Estudiantes Evangélicos). La IFES es un movimiento compuesto por grupos estudiantiles que buscan cumplir y capacitar a otros para la misión en la universidad y el mundo. Más información en:

Certeza Argentina, Bernardo de Irigoyen 678, 5° I, (1072) CABA, Argentina. certeza@certezaargentina.com.ar

Ediciones Puma, Av. 28 de Julio 314 Oficina G, Jesús María, Lima, Perú. Apartado Postal 11-168. ventas@edicionespuma.org
www.edicionespuma.org

Editorial Lámpara, Calle Abdón Saavedra 2204 esquina Fernando Guachalla, Sopocachi, La Paz, Bolivia. editoralampara@hotmail.com

Publicaciones Andamio, Alts Forns 68, Sótano 1, 08038, Barcelona, España. libros@andamioeditorial.com — www.andamioeditorial.com

Impreso en Colombia. *Printed in Colombia.*

Contenido

Prólogo

EL CRISTIANISMO HA LLEGADO A SER UNA IGLESIA GLOBAL, evidente por una serie de transformaciones en su realidad demográfico y en su quehacer teológico ocurridas a lo largo del siglo XX. En este siglo XXI, su centro de gravedad demográfica ha pasado del norte al sur. Al mismo tiempo, los teólogos que reflexionan acerca de la fe en Cristo son ahora voces que vienen de ese sur, donde el contexto cultural y social plantea nuevas preguntas.

Este libro de Vinoth Ramachandra, que ahora presentamos, ilustra la nueva situación. El autor es nativo de Sri Lanka y nació en la ciudad de Colombo, donde vive actualmente y ministra como obrero cristiano. Sri Lanka es un país de mayoría budista. Aunque el cristianismo ha crecido, es solo el 7 % de una población de veinte millones de habitantes. Esa situación minoritaria, sin embargo, no ha impedido que nuestro autor dialogue con los pensadores de su entorno y las corrientes intelectuales del momento en la región asiática, un diálogo que se ha nutrido de su práctica en la lucha por los derechos humanos.

Vinoth Ramachandra estudió en la Universidad de Londres, donde obtuvo su Licenciatura y, luego, doctorado en Ingeniería Nuclear. Además de ser un reconocido teólogo laico de la Iglesia Anglicana, ha trabajado en la animación y la docencia en el marco de la Comunidad Internacional de Estudiantes Evangélicos (IFES, por sus siglas en inglés), en Asia y en el mundo. Durante la Asamblea General de la Comunidad en México (2015), luego de largas conversaciones, le pedí que escribiera un libro que resumiera su teología y el material de su tarea docente, dirigido al contexto latinoamericano.

Accedió a hacerlo y su trabajo es el volumen que ahora lectores y lectoras pueden apreciar en castellano.

Su punto de partida es Jesús en el capítulo inicial. En este y los demás capítulos nos ofrece una lectura cuidadosa y creativa del material bíblico, utilizando herramientas hermenéuticas que domina. Tomando en cuenta el tipo de preguntas que las corrientes intelectuales de nuestro tiempo plantean, Ramachandra destaca el carácter único de Jesús y de las pretensiones acerca de su propia persona contenidas en su enseñanza. En este capítulo nuestro autor resume la rica investigación de su libro *The Recovery of Mission* (Eerdmans,1996).

Pasa luego a ocuparse de lo que considera "un nuevo imaginario social", y nos explica lo que significa este concepto que se usa mucho en el debate filosófico de la actualidad. Aquí destaca la "locura" de la predicación apostólica que según el Nuevo Testamento impactó al mundo de la religión y al de la política. Explora las implicaciones de la resurrección de Jesucristo en diálogo con pensadores de hoy y en debate con intérpretes cristianos que a veces hacen concesiones a ideologías predominantes.

En el tercer capítulo nos ofrece un panorama histórico y un análisis de la globalización, desde la perspectiva de un asiático culto, con formación universitaria europea, pero con clara conciencia de los procesos históricos que han confluido en la nueva realidad global. Ramachandra toma debida nota de las críticas poscoloniales y analiza luego el surgimiento de una "espiritualidad" como reacción contra el dominio técnico y la tendencia expansiva del mundo occidental. Pero demuestra también cómo el concepto de esa "espiritualidad" se nutre a veces de una percepción occidental equivocada acerca de las religiones asiáticas. Así analiza críticamente el espiritismo y la teosofía, por ejemplo.

Su estudio sobre el compromiso cristiano con personas de otras creencias ocupa el cuarto capítulo, describiendo cómo se da especialmente en el Reino Unido. El historiador de la misión Andrew Walls observa que "las traducciones nuevas, al llevar la palabra sobre Cristo a un área nueva, y al aplicarla a nuevas situaciones, tienen el potencial de reconfigurar y expandir la fe cristiana"[1]. Aquí sale a relucir otra vez la percepción propia del biblista desde la cual Ramachandra lleva a cabo su reflexión teológica, tal como lo hace más ampliamente en su libro *The Message of Mission* (IVP, 2003). Ofrece su convicción evangélica pero no de manera exclusivista o sectaria.

En el quinto capítulo, sobre globalización y derechos humanos, examina el curso del concepto de justicia y derechos humanos en la segunda parte del siglo XX, recordando que la Declaración de los Derechos Humanos fue publicada por primera vez en 1948, mientras se daba el fin de la era colonial, y había muchas contradicciones en las circunstancias que rodeaban el discurso. Esto lo lleva a plantear la necesidad de revisar este discurso, y aclara la relación entre derechos humanos y derechos del ciudadano. Analiza también el curso de esta reflexión e indaga en la luz que pueden arrojar las bases bíblicas del concepto. Desde esa base ofrece reflexiones sobre libertad religiosa, los derechos de los niños, el discurso del odio, el ídolo de la llamada seguridad nacional, la gobernanza global, el fundamentalismo económico y la hipocresía sobre los crímenes de guerra y otros abusos.

Se ocupa luego del conflicto en la historia de la humanidad y la memoria de este en una variedad de manifestaciones. Plantea la necesidad de desenmascarar a la violencia y explora la presencia del mal en el mundo desde una perspectiva bíblica y teológica. Examina las actitudes de arrogancia y apatía desde las cuales muchas veces se percibe la presencia del mal en la sociedad, y también la sed de venganza y otros hechos que impiden y dificultan la convivencia en todas las sociedades y que encuentran siempre un discurso justificativo. Examina lo que describe como la política de la memoria y lo que sería un marco de referencia cristiano para examinar cada uno nuestra propia memoria. Dialoga con el teólogo evangélico croata Miroslav Volf, cuya teología se forjó en medio de las luchas que siguieron a la desintegración de lo que fue Yugoslavia. Examina

---

1. Walls, Andrew F.: "TheTranslation Principle in Christian History" [El principio de traducción en la historia cristiana] en *TheMissionary Movement in Christian History: Studies in theTransmission of Faith* [El movimiento misionero en la historia cristiana]. Edimburgo: T & T Clark y Nueva York: OrbisBooks, 1996, pág. 29.

el proceso que puede llevar a la reconciliación con el enemigo y el perdón y el espinoso asunto del liderazgo político en situaciones poscoloniales.

"Fe e integridad en la esfera pública" es el capítulo final de estas reflexiones en las cuales parte de la experiencia de Israel tal como la tenemos en el Antiguo Testamento y de sus repercusiones sobre la enseñanza del Nuevo. Luego explora el tema de *la civilidad*, acerca del cual se ha venido dando una reflexión creativa en algunos sectores evangélicos en Europa y el Reino Unido y en el ámbito de la Fraternidad Teológica Latinoamericana.

El tema es especialmente desafiante para quien, como nuestro autor, vive en un país mayoritariamente budista con una presencia evangélica mínima dentro de una pequeña minoría cristiana. Su reflexión avanza hacia el tema de una ciudadanía pluralista en sociedades multiétnicas y pluriculturales como las de varios países asiáticos, y se deriva hacia la postura ética que hace posible escribir sobre "Confianza, vigilancia y libertad". Examina las varias modalidades de pensamiento utópico que surgieron en la segunda mitad del siglo xx, y considera a filósofos como Charles Taylor y el alemán Jürgen Habermas. Estos y otros pensadores lo llevan a mencionar y explorar brevemente lo que podría ser una participación cristiana en la construcción del orden público, al mismo tiempo que se cumple la misión cristiana en el mundo de evangelizar y proclamar a Cristo.

Algunos de los temas y el trasfondo de la reflexión de Ramachandra en la segunda parte de esta obra los ha desarrollado con amplitud en su libro *Subverting Global Myths* (ivp, 2008). Allí nos recuerda que mitos no son únicamente aquellos que las masas ignorantes creen, sino que también pueden ser creencias de las clases dominantes en el mundo de la comunicación, la ciencia, las finanzas, las luminarias políticas. Puede que estos sean más sofisticados, pero son mitos, al fin y al cabo.

Este libro refleja un pensamiento profundamente evangélico, arraigado en la fe bíblica, y al mismo tiempo sensible al contexto cultural actual, especialmente en el mundo universitario. Como miembro de una generación de evangélicos que han venido tratando de hacer lo mismo en el mundo de habla hispana, me siento honrado por haber escrito estas líneas a manera de prólogo.

Samuel Escobar
Valencia, España, abril de 2019

1

El escándalo de Jesús

*Lo que queda fuera de toda discusión es que Jesús de
Nazaret es uno de esos asuntos permanentes que la
humanidad no ha podido resolver en toda la historia.
Con un ministerio breve, de pocos años, enamoró y
enfureció a sus contemporáneos, fascinó y alienó al mundo
antiguo, desató un movimiento que desde entonces ha hecho
eso mismo, y cambió para siempre el curso de la historia.*[2]

EN SU LIBRO *MANY MANSIONS* [MUCHAS MANSIONES], el famoso teólogo estadounidense Harvey Cox confiesa su sorpresa al descubrir que hay gente no cristiana que *quiere* hablar sobre Jesús. Cox se había sentido apenado de hablar "demasiado pronto" sobre él en su diálogo con personas de otras tradiciones religiosas, porque temía provocar controversias dolorosas y dar la impresión de ser "insensible". Pero pronto descubrió que sus interlocutores "querían que les hablara de Jesús, y se adivinaba por su actitud que, si no se hablaba de él, no creían estar hablando con un cristiano sobre lo más importante"[3]. Este teólogo señala que cuando se pospone o se minimiza la referencia a Jesús, "las conversaciones entre cristianos y gente de otras

---

2. Meier, J. P.: *The Mission of Christ and His Church: Studies in Christology and Ecclesiology* [La misión de Cristo y de su iglesia. Estudios en cristología y eclesiología]. Wilmington, Delaware: Michael Glazier, 1990, pág. 31.
3. Cox, Harvey: *Many Mansions: A Christian's Encounter With Other Faiths* [*Muchas mansiones: un encuentro cristiano con otras religiones*]. Boston: Collins, 1988, págs. 8-9.

creencias tiende a convertirse en algo seco y árido, pero cuando se saca a la superficie la figura de Jesús, ya sea por parte de los cristianos o —como a veces sucede— por parte de los demás, el diálogo cobra vida…"[4].

Las observaciones de Cox son importantes, especialmente a la luz de lo que había escrito anteriormente sobre el diálogo interreligioso. En su libro *La religión en la ciudad secular; hacia una teología posmoderna*, Cox había propuesto un abordaje "centrado en el reino" para el diálogo, que no hace del reino un fin en sí mismo ni una "meta estrictamente religiosa" sino "un paso que anticipa la justicia de Dios. [...] Las similitudes y diferencias que en un tiempo parecían importantes se esfuman cuando emergen con más claridad las verdaderas diferencias, entre aquellos cuyas narrativas sagradas se usan para perpetuar la dominación y aquellos cuya religión los fortalece en la lucha contra la dominación"[5]. En *Many Mansions*, el autor admite que cualquier abordaje que ignora o busca poner a un lado la cuestión de Jesús es deshonesto para con la experiencia cristiana y también va en contra de la realidad del encuentro personal:

> Para la gran mayoría de los cristianos, incluyendo
> a quienes se involucran más apasionadamente en
> el diálogo, Jesús no es meramente una figura del
> trasfondo. Él ocupa un lugar central en la fe cristiana
> … Confieso que para mí todos esos abordajes que
> ponen en suspenso el hecho central de Jesús no son
> plenamente satisfactorios … cualquier diálogo honesto
> entre cristianos y personas de otras creencias tarde o
> temprano —y en mi experiencia casi siempre es más
> temprano que tarde— tiene que referirse a Jesús.[6]

Aunque no deseo ignorar la importancia de los primeros comentarios de Cox sobre el diálogo, sí apoyo fuertemente sus observaciones sobre el papel central de Jesús aun en nuestras sociedades modernas y pluralistas. El día de hoy, Jesús de Nazaret sigue atrayendo a

---

4. *Ibid.*, pág. 6.

5. *Id.*: *La religión en la ciudad secular. Hacia una teología posmoderna.* Santander: Sal Terrae, 1985, pág. 228.

6. Cox, Harvey: *op. cit.*, págs. 7-8.

hombres y mujeres de todas las culturas. Muchos se sienten atraídos por lo sublime de su enseñanza ética, otros por la forma implacable en que expuso la esterilidad e hipocresía del *establishment* religioso y político. Sus aforismos y parábolas, sentencias devastadoras y llenas de ingenio, siguen siendo fuente de admiración y deleite para críticos literarios y comunicadores profesionales. Muchas mujeres ven en él a un hombre liberado de ese machismo que impregnaba toda la sociedad de su tiempo, que se mostraba tranquilo en presencia de ellas. No solo les mostró respeto al enseñarles e invitarlas a servirlo, sino que también, en muchos casos, se acercó a las más despreciadas de todas, arriesgando su reputación como rabino-profeta. Muchos reformadores sociales y revolucionarios políticos encuentran en Jesús un modelo inspirador en la lucha por la justicia social. No se oponía a pisotear los convencionalismos y tabúes de la sociedad. Más que ningún otro personaje en la historia humana, él ha sido tema de libros, obras de teatro, películas, composiciones musicales y obras de arte. Y muchas de esas producciones han sido hechas por personas que no se identifican como cristianos.

Jesús de Nazaret también es una figura polémica. Pero la controversia alrededor de él no es como la que rodea a otras personas famosas. En estos casos, la polémica gira en torno al contenido y relevancia de sus enseñanzas. Así, por ejemplo, hoy en día, el debate sobre Darwin en la biología moderna es si acaso el paradigma neo-darwiniano, con su énfasis exclusivo en las mutaciones genéticas al azar y la selección natural, es capaz de explicar bien el origen y la conducta de todos los seres vivos. Recientemente, Marx y Freud han caído en descrédito, y sus teorías han perdido el arrastre que tenían sobre individuos y sociedades. Gandhi sigue siendo una figura polémica en India: los brahmanes y los intocables discuten si él estaba de acuerdo o no con el sistema de castas, y hay desacuerdo entre activistas políticos acerca del alcance de sus principios de resistencia no violenta; si son aplicables en regímenes más brutales y represivos que el Imperio británico. Observemos que todos estos debates tienen que ver con el mensaje o las enseñanzas de una persona. Se aplican a cualquier personaje de la historia, sea Confucio, Mahoma, Calvino o Nietzsche.

Pero con Jesús no es así. La polémica que él provoca tiene muy poco que ver con sus enseñanzas éticas (en la cultura occidental, las excepciones más conocidas en épocas recientes han sido Nietzsche y Bertrand Russell). Ningún pensador no occidental importante, presente o pasado, ha propuesto una objeción seria al contenido ético de su mensaje. Posiblemente la comprensión del contenido de esa enseñanza en algunos casos es muy incompleta (como cuando aceptamos la opinión popular —en Occidente tanto como en Asia— de que Jesús simplemente nos enseñó a "ayudar a los necesitados"); pero nadie ha presentado oposición contra él en el terreno moral.

No. La polémica sobre Jesús tiene que ver con *quién es él*. A lo largo de la historia, la pretensión cristiana sobre Jesús de Nazaret es que ninguna categoría humana, sea la de "profeta carismático", "genio religioso", "ejemplo moral" o "visionario apocalíptico" es adecuada para hacer justicia a la evidencia de sus palabras y acciones. Ninguna categoría aparte de la deidad es suficiente. Esta pretensión tradicional —afirmar que, en la persona humana de Jesús, Dios mismo ha venido entre nosotros de manera decisiva e irrepetible— es lo que constituye una ofensa para la sociedad pluralista. Esto es lo que invita la burla del humanista secular, la perplejidad del hinduista y la indignada hostilidad del musulmán. Es la misma gama de respuestas que enfrentaron los primeros seguidores de Jesús en el mundo grecorromano que ellos habitaron.

El obispo anglicano Stephen Neill (1980-1984), prestigioso estadista de las misiones e historiador de la iglesia, afirmaba que el antiguo refrán: "el cristianismo es Cristo" es cierto precisamente en el contexto de otras religiones. "Veremos que otras religiones tienen sus fundadores históricos; pero en ninguna de ellas existe la relación entre los adeptos de esa religión y su fundador, como la que el creyente cristiano supone que existe entre él o ella y Cristo". Luego añade: "La figura histórica de Jesús de Nazaret es el criterio por el cual toda afirmación cristiana debe ser juzgada; se sostiene o cae a la luz de la persona de Jesús"[7].

En un contexto diferente, pero relacionado, el teólogo alemán Wolfhart Pannenberg ha advertido sobre una tendencia, en el pensamiento teológico poskantiano, a subordinar la verdad a cuestiones de significado personal ("lo que significa para mí") y de esa manera

---

7. Neill, Stephen: *Christian Faith and Other Faiths* [La fe cristiana y otras religiones]. Oxford: Oxford University Press, 1970, pág. 9.

reducir a Cristo nada más que a la suma de los beneficios que se conciben como provenientes de él: "La cristología, la pregunta sobre Jesús mismo, sobre su persona, que vivió en el tiempo del emperador Tiberio, debe ocupar un lugar anterior a cualquier pregunta sobre su significado, [es decir] a toda la soteriología. La soteriología debe surgir de la cristología, y no al revés. De otro modo, la fe en la salvación pierde todo fundamento real"[8].

¿Cuál Jesús?

En discusiones teológicas contemporáneas casi siempre se da por sentado que la perspectiva "alta" de Jesús (cristología desde arriba), que caracteriza al cristianismo tradicional (y que tiene su expresión clásica en las formulaciones de los credos de los siglos IV y V d. C.), fue producto de la interacción de la iglesia con la cultura y filosofía helénicas. Se asume que Jesús mismo no tenía pretensiones sobre su persona, y que sus primeros seguidores no pensaban en él como alguien más que un profeta y/o el Mesías de Israel. Las cristologías "altas" se desarrollaron cuando la iglesia perdió sus raíces judías y absorbió el lenguaje y conceptos de las diversas sectas mistéricas que surgieron por todo el mundo Mediterráneo en esa época. No hay conexión, al menos nunguna que sea intelectualmente creíble, entre el Jesús del testimonio cristiano primitivo y la figura de Dios-hombre de la ortodoxia nicena y calcedonia.

Esta es una postura muy común en los escritos de pluralistas religiosos de hoy en día, pero que viene acompañada de muy poca argumentación. No voy a emprender la crítica de esta postura, porque para eso necesitaría hacer una exploración detallada no solo de todo el material del Nuevo Testamento, sino también del contexto palestino y helénico de las comunidades cristianas primitivas.[9] Ciertamente es indiscutible que la iglesia cristiana adquirió una

---

8. Pannenberg, W.: *Jesus-God and Man* [Jesús-Dios y hombre]. Londres: SCM, 1968, pág. 48.

9. El hecho de que "palestino" y "helénico" no son designaciones mutuamente excluyentes ha sido explicado vehementemente por Martin Hengel. Ver Hengel, M.:, *The "Hellenization" of Judaea in the First Century After Christ* [La "helenización" de Judea en el primer siglo después de Cristo]. Londres: SCM y Filadelfia: Trinity Press International, 1989.

comprensión más plena del significado de Jesús de Nazaret en el transcurso de su misión al mundo gentil. Pero recientemente varios eruditos han demostrado que esa comprensión fue el desarrollo de algo que ya se había dado de manera *embrionaria* en los eventos mismos del evangelio, y en la autocomprensión de Jesús mismo según la comunicó a sus discípulos, y que no es algo impuesto desde afuera al mensaje cristiano primitivo.[10]

Lo que propongo aquí es sencillamente ahondar en algunas de las evidencias, en las narraciones de los Evangelios, que se refieren a nuestra evaluación de quién fue Jesús, y a la importancia que ello tiene para nuestra orientación de vida en medio de un mundo secular y pluralista. Esas narraciones son la fuente principal de testimonio acerca de Jesús de Nazaret, a menos que estemos preparados para adoptar una postura totalmente escéptica sobre el valor histórico de ellas (en cuyo caso, la única posición lógicamente consistente sería no tener nada que ver con Jesús de Nazaret, puesto que no habría credibilidad histórica alguna al respecto de su valor como líder, guía moral, visionario, etc.). Incluso los eruditos más escépticos aceptan que los cuatro Evangelios se completaron al final del primer siglo, y muchos consideran una fecha más temprana, más o menos una generación después de la crucifixión. Este breve período entre los eventos reportados y la forma escrita de la tradición (que ciertamente ya circulaba en partes antes de la redacción final de los libros) es un rasgo único en la historia de los movimientos religiosos.

Entre los académicos del Nuevo Testamento del siglo XIX y mediados del XX, bajo la influencia de la escuela de la "historia de las religiones", existió el intento de marcar una drástica distinción entre

---

10. Por ejemplo, Moule, C. F. D.: *The Origin of Christology* [El origen de la cristología]. Cambridge: Cambridge University Press, 1977; Grillmeier, A.: *Christ in Christian Tradition, vol. 1: From the Apostolic Age to Chalcedon* [Cristo en la tradición cristiana, vol. 1. Desde la era apostólica hasta Calcedonia]. Oxford: Mowbrays, 1975; Marshall, I. H.: *The Origins of New Testament Christology* [Los orígenes de la cristología del Nuevo Testamento]. Leicester: InterVarsity, 1976; Dunn, J. D. G.: *Christology in the Making* [Cristología en formación]. Londres: SCM, 1980; Gunton, C.: *Yesterday and Today: a Study of Continuities in Christology* [Ayer y hoy. Estudio de continuidades en cristología]. Londres: Darton, Longman & Todd, 1983.

lo que denominaban "el Jesús de la historia" y "el Cristo del kerigma". Hoy en día esa idea solo es de interés arqueológico.[11] Este intento (junto con lo que se llamó "la nueva búsqueda del Jesús histórico") operaba bajo una perspectiva positivista de la historia, con distinciones estrictas e insostenibles entre "fe" y "conocimiento", "hechos" e "interpretación", y demás.[12] Eruditos bíblicos que profesaban ser cristianos, pero que operaban dentro de ese paradigma investigaban por un lado el "Jesús histórico" (que podía meterse en una categoría de metodología racional), y por otrola la figura de "Cristo" (que se encuentra en la tradición de la iglesia) que seguía inspirando sus actos privados de piedad; otros por completo echaban por la borda al Cristo de la adoración cristiana y acudían a un Dios unitario y a un Jesús que no inspiraba adoración sino mera admiración como "genio religioso" o como "ejemplo profético".

Pocas veces reparamos en que la escala de tiempo en el desarrollo cristológico es mucho más breve que la de cualquier pretensión comparable hecha sobre cualquier otro personaje histórico, de modo que es necesario tratar los pronunciamientos sobre "innovaciones creativas" con una buena dosis de escepticismo. Hubo creatividad teológica, y quien lea los libros del Nuevo Testamento no podrá evitar percibir la impresionante y extraordinariamente rica variedad de expresiones gráficas, metáforas y representaciones utilizadas por los autores para exponer y proclamar la importancia de Jesús en el propósito de Dios para el mundo. Martin Hengel, ilustre especialista en Nuevo Testamento, nos ha recordado que esta creatividad teológica progresó en *"muy poco tiempo"*: *"ocurrieron más cosas"* en las primeras dos décadas del cristianismo que *"en los siguientes*

---

11. Las obras más influyentes han sido: Bousset, W.: *Kyrios Christos* (1913). Nashville: Abingdon, 1970 y Bultmann, R.: *Teología del Nuevo Testamento*. Salamanca: Sígueme, 1981.

12. Hay estudios críticos de estos abordajes a la crítica bíblica en Neill S. y N.T. Wright: *The Interpretation of the New Testament,1861-1986*, 2.ª ed. [La interpretación del Nuevo Testamento, 1861-1986]. Oxford: Oxford University, 1986; Harvey, A. E.:, *Jesus and the Constraints of History* [Jesús y las limitaciones de la historia]. Londres: SPCK, 1982; Meyer, B. F.: *The Aims of Jesus* [Las metas de Jesús]. Londres: SCM, 1979.

siete siglos, hasta el tiempo en que se completó la doctrina de la iglesia primitiva".[13]

Hay un buen ejemplo de esto al examinar la primera epístola a los tesalonicenses, que se considera uno de los primeros textos del Nuevo Testamento. La fecha de su composición, aceptada por casi todos, es la primera mitad de la década de los años 50 d. C., aunque se ha propuesto una fecha aún anterior, el año 41 d. C.[14]. De modo que se puede decir que fue escrita entre diez y veinticinco años después de la crucifixión. Con todo, Pablo ya está describiendo a Jesús como el que murió y resucitó (4:14; 1:10; 2:15), y quien, como Hijo de Dios (1:10), va a traer el juicio final de Dios sobre la historia humana (1:10; 3:13; 4:14–16), de manera que el día de Yahvé del Antiguo Testamento ahora se convierte en el día del Señor Jesús (5:2). También, en esta carta de fecha tan temprana, el apóstol habla de Jesús como aquel por el cual somos rescatados de la ira del Señor y recibimos su salvación (1:10; 5:9); como aquel que "murió por nosotros" para que nosotros podamos "vivir con él" (5:10); como —por lo menos— fuente de gracia (5:28) y de la autoridad de Pablo para dar instrucción moral (4:2; 1:6); como aquel que castigará a quienes no cumplan esa enseñanza (4:6) y, lo más asombroso de todo, como aquel cuyo nombre se pronuncia a la par de Dios el Padre y el Espíritu Santo (1:3–5). Además, Pablo puede asumir que sus lectores en Tesalónica al menos ya tienen la tradición de que "Jesús murió y resucitó" (4:14). En vano buscamos paralelos de un desarrollo tan rápido entre los seguidores de otros líderes religiosos. Por poner un ejemplo, es difícil imaginar que este tipo de expresiones de fe tan profundas puedan surgir para con alguien que haya muerto unos quince años antes de la publicación de este libro.

Entre los académicos del Nuevo Testamento se ha convertido en lugar común interpretar que las narraciones de los Evangelios se escribieron a la luz de la de fe de las comunidades cristianas primitivas, de su creencia en la resurrección. Los autores de los Evangelios no son biógrafos sino evangelistas: los eventos que rodean la muerte de Jesús de Nazaret y su ministerio público son vistos ahora en la

---

13. Hengel, Martin: *op. cit.*, pág. 77, 2 (énfasis original).

14. Marshall, I. H.: *1 and 2 Thessalonians* [1 y 2 Tesalonicenses]. Grand Rapids: Eerdmans, 1983, págs. 20-23.

perspectiva de la fe en la resurrección como sucesos cargados de un propósito divino. Muchas cosas que para los primeros discípulos eran incomprensibles, ahora caen en su sitio. Los autores de los Evangelios seleccionaron episodios a partir de la tradición oral; al mismo tiempo, moldearon esa tradición recibida para subrayar aquellos aspectos de Jesús que hablan a la situación de sus lectores. Hasta aquí el escenario parece muy verosímil, tal vez incluso evidente si se explica con claridad. Donde se hace altamente inverosímil es cuando se asume que el entusiasmo de los evangelistas pudo haber invadido de tal manera a la tradición del Evangelio que ocurrieron nuevas interpretaciones, elaboraciones y ornamentaciones de los dichos y hechos originales de Jesús, especialmente en las iglesias gentiles y en la diáspora helenista, de modo que con el tiempo la imagen original del movimiento de Jesús desapareció bajo una capa de devoción concentrada en el Cristo resucitado. Bajo esta premisa, se comienzan a emplear criterios de autenticidad altamente subjetivos para eliminar todas las "acumulaciones" de la fe en las narraciones de los Evangelios, para así poder llegar a un supuesto núcleo de hechos verdaderos.

Tales premisas son inverosímiles no solo a la luz de la brevedad de la escala de tiempo, sino también porque al lector se le exige caer en una rara contradicción. Por un lado, se nos invita a creer que la gran explosión que desencadenó la creatividad cristológica fue la experiencia sobrecogedora de la Pascua y el "Cristo resucitado"; al mismo tiempo el fruto de una "reconstrucción histórica" detallada y meticulosa nos deja con una imagen de Jesús tan ordinaria y poco inspiradora que la "experiencia" misma de la resurrección pascual se convierte en algo totalmente inexplicable. La "fe" cristiana, fuente de tanta brillantez innovadora, es irracional en sí misma. ¿Qué tenía Jesús, en comparación con otras figuras similares, tanto en el judaísmo de su tiempo, como en las religiones no semíticas, para que llegara a ser objeto de tan extraordinarias pretensiones y certezas, y de lealtades personales tan radicales en el curso de una generación después de su muerte? Si apelamos a la "experiencia de fe" de un "Cristo resucitado", ¿por qué esa experiencia y ese "Cristo" se asocian exclusivamente con Jesús de Nazaret y no con los otros profetas, revolucionarios, hacedores de milagros, cínicos itinerantes, sanadores y exorcistas carismáticos que abundaban en el contexto palestino? También, a menos que haya sido Jesús el que fue levantado de entre los muertos, la mera existencia del movimiento de Jesús y su crecimiento más allá de las fronteras del judaísmo se convierte en algo enormemente problemático. Más adelante trataremos estos temas con más detalle.

Es aún más inexplicable encontrar teólogos que asumen que la resurrección se refiere a un evento histórico real, y al mismo tiempo se niegan a aceptar lo "milagroso" de las narraciones de los Evangelios. Como lo señaló C. S. Lewis, esto equivale a colar el mosquito y tragarse el camello. Y, si se acepta que Jesús de alguna manera es una expresión del propósito de Dios para la humanidad, ¿no sería razonable suponer que el Señor mismo debía asegurar que quedara un testimonio confiable de su vida y de sus enseñanzas para todo el mundo? Las narraciones de los Evangelios combinan fidelidad teológica con creatividad teológica. No aceptar esta idea es quedarse con la impresión de que a lo largo de la primera generación cristiana no hubo testigos oculares de los eventos originales que pudieran realizar la función de controlar las imaginaciones tan fértiles, y que ninguno de los dichos y hechos de Jesús quedó en la memoria de sus oyentes. Cuando un dicho suyo es descalificado como "inauténtico" sin proveer la argumentación adecuada (o simplemente porque "calza" bien en la "situación posresurrección" de las comunidades cristianas primitivas), aparentemente la premisa parece ser que la experiencia de los discípulos de la presencia del Señor resucitado no solo transformó su recuerdo de las enseñanzas de Jesús, sino que *inevitablemente* también condujo a cambios en el contenido de esa enseñanza.

Esto se contradice por la evidencia misma de las narraciones de los Evangelios. Debido a que fueron escritas principalmente en el contexto de una vigorosa evangelización a los gentiles, es muy sorprendente (a la luz de la premisa que hemos expuesto) encontrar tan poca evidencia a favor de una misión hacia ellos en las palabras y acciones de Jesús, y absolutamente ninguna enseñanza en cuanto al tema más candente de todos, la circuncisión de gentiles conversos. Todos los discípulos, y especialmente los que eran líderes muy respetados de la iglesia primitiva, son descritos, de modo nada halagador, como cobardes, ambiciosos y muy tardos para comprender lo que Jesús estaba diciendo. Frecuentemente él los reprende por su comportamiento. Lo que, es más, incluso Juan, a quien se ha considerado como el último y el más "teológico" de los cuatro evangelistas, respeta la *distancia histórica*: distingue, por ejemplo, entre lo que los discípulos pensaban "en ese tiempo" y lo que entienden "ahora".

Sin embargo, en vista de la tendencia permanente en algunos círculos académicos en contra de la historicidad del testimonio del cuarto evangelista, en mi presentación de Jesús voy a trabajar más con la tradición sinóptica que con el cuarto Evangelio. Pero es necesario decir que la única manera razonable de evadir el testimonio del cuarto evangelista es descartarlo por hipócrita: porque ningún otro libro del Nuevo Testamento pone tanto énfasis en "la verdad", y especialmente en "decir la verdad", y en "dar testimonio de la verdad".

Para los discípulos, la experiencia de la resurrección debe verse como algo que *ilumina* la proclamación tan única del reino de Dios por parte de Jesús, y no como una *proyección* retrospectiva. Esto lo expresa bien Jürgen Moltmann. Aunque recalca la importancia de la resurrección para la reflexión cristológica de la iglesia sobre la misión de Jesús, Moltmann también argumenta que no tenemos bases para asumir sin más que aquella condujo a una modificación significativa de su testimonio de Jesús:

> Hablando históricamente, es inadmisible asumir que,
> por su experiencia con el Cristo resucitado y presente,
> la comunidad cristiana proyectó en la historia de Jesús
> algo que era inconsistente con el recuerdo de cómo era
> durante su vida. Históricamente, es más verosímil asumir
> que la experiencia del Cristo presente y el recuerdo del
> Cristo del pasado se correspondían y se complementaban
> mutuamente; porque las aseveraciones fundamentales
> "Jesús es el Cristo" y "Cristo es Jesús" identifican
> recuerdo y experiencia, experiencia y recuerdo.[15]

---

15. Moltmann, Jürgen: *The Way of Jesus Christ: Christology in Messianic Dimensions* [El camino de Jesucristo. Cristología en dimensiones mesiánicas]. San Francisco: Harper, 1990, pág. 137.

Jesús: su estilo de vida

Jesús concibió la misión de su vida como una invitación a los pecadores a entrar en el banquete del reino de Dios. Su hábito de asociarse no solo con los pobres, sino especialmente con los marginados de la sociedad palestina provocó críticas hostiles por parte de las autoridades religiosas.[16] El erudito judío Geza Vermes considera que este aspecto de su estilo de vida es lo que sirvió para diferenciarlo "más que cualquier otro, de sus contemporáneos e incluso de sus predecesores en el profetismo". Él afirma:

> Los profetas hablaban a favor del pobre honesto, y defendían a viudas y huérfanos, a los oprimidos y explotados por los malvados, ricos y poderosos. Pero Jesús fue más allá. Además de proclamar que estos eran bienaventurados, se puso del lado de los parias de su mundo, de los despreciados por los respetables. Los pecadores eran sus compañeros de mesa y los excluidos, recaudadores de impuestos y prostitutas eran sus amigos.[17]

La forma de hablar y actuar de Jesús dentro de las estructuras sociales y las presuposiciones religiosas de su época servirán como una especie de paradigma definitivo para sus seguidores hoy en día.

La sociedad judía del tiempo de Jesús se caracterizaba por divisiones internas y ocupación externa. En la mentalidad judía, la ley identificaba al pueblo del pacto de Dios. La lealtad hacia el Señor se expresaba como lealtad a la ley, y esta definía las fronteras del pueblo de Dios. El pecado era el incumplimiento de la ley, de modo que un pecador por definición era alguien que se colocaba fuera del pueblo de Dios por transgredir la frontera marcada por aquella. Además de referirse a los malvados, el término "pecador" también llegó a ser sinónimo de gentil (Sal 9:17; Jub 23:23-24; Sal. Salomón 2:1-2; Lc 6:33; Mr 14:41; Mr 15:1,10; Gál 2:15). En esos pasajes, la idea central

---

16. Hay quienes sostienen que esta fue la causa principal por la que Jesús fue entregado por algunos líderes religiosos judíos a los romanos para ser crucificado. Ver Perrin, N: *Rediscovering the Teaching of Jesus* [Redescubrimiento de las enseñanzas de Jesús]. NY: Harper and Row, 1967, pág. 103.

17. Vermes, Geza: *Jesús el Judío*. Barcelona: Muchnik, 1977, pág. 224.

no es que los gentiles sean por definición asesinos o ladrones, sino que su conducta se encuentra fuera de los límites de la ley (Torá). No pertenecían al pueblo del pacto porque no poseían la Torá. De ese modo, al no conocer la Torá, no la obedecían.

Pero también *dentro* del pueblo de Israel se podían establecer fronteras. De hecho, como observa James Dunn: "ningún período del judaísmo antiguo se vio tan dividido por conflictos entre facciones como el tiempo de Jesús"[18]. La Torá prescribía sacrificios de animales para la expiación de transgresiones no tan serias de la ley. ¿Pero qué hacer con aquellos miembros del pueblo del pacto que, por sus acciones, vivían ignorando la Torá y por lo tanto habían renegado de su estatus dentro del pacto? Este asunto salió a la superficie especialmente durante la crisis macabea. Los macabeos no abrigaban duda alguna respecto a que los judíos que comenzaron a vivir como los sirios helenizados habían abandonado el pacto y por lo tanto también eran "pecadores" (1Mac 1:34; 2:44,48; 7:5; 11:25). Esos judíos apóstatas se habían colocado más allá del favor divino al separarse demasiado de la Torá. En el tiempo de Jesús, esta era también la actitud popular hacia los recaudadores de impuestos que, por su colaboración con las fuerzas enemigas de ocupación del Imperio romano, se habían colocado fuera de las fronteras de conducta apropiada para el pueblo del pacto de Dios. De ahí proviene la fórmula sinóptica: "recaudadores de impuestos y pecadores" y la ecuación de pecadores, gentiles y recaudadores de impuestos (cf. Mt 5:46–47; Lc 6:32–34).

Como secuela de la crisis macabea, el legado del pacto de Israel se convirtió en asunto de acaloradas disputas. Surgieron diversos grupos, cada uno denunciando a otros judíos por su deslealtad a Yahvé, y afirmando ser los verdaderos custodios de la Torá y, por lo tanto, los verdaderos miembros del pacto. Los grupos más conocidos eran los fariseos y los esenios. El término *fariseo* posiblemente sea un apodo, que significa 'los separados'. Debido a su celo por Dios, su estilo de vida los separaba de los otros judíos para poder obedecer de manera más escrupulosa las tradiciones religiosas de

---

18. Dunn, James D.G.: "Pharisees, Sinners, and Jesus" in *Jesus, Paul and the Law* ["Fariseos, pecadores y Jesús" en *Jesús, Pablo y la ley*]. Londres: SPCK, 1990, pág. 76. La explicación a continuación sigue las ideas de Dunn.

sus antepasados. El grupo se componía de laicos, eruditos, pero no sacerdotes, que trataban de vivir al nivel de santidad y pureza que se requería de los sacerdotes en el templo de Jerusalén. En textos rabínicos antiguos se observa que deseaban otorgar un trato sagrado a toda la Tierra, asignándole la santidad del templo donde Dios había puesto su Nombre, de modo que buscaban guardar en su vida cotidiana las leyes de pureza que estaban designadas para el culto del templo.[19]

Los esenios, como la famosa comunidad de Qumrán, llevaban esa separación aún más lejos. Físicamente se retiraban al desierto de Judea, para esperar el juicio inminente de Dios sobre el Israel apóstata. Atacaban a sus oponentes políticos y religiosos, en particular a los fariseos. Los acusaban de ser los malvados, los hombres de Belial, quienes se habían apartado de las sendas de justicia y transgredieron

---

19. Ver los 3 volúmenes de la obra monumental del erudito judío Jacob Neusner, *The Rabbinic Traditions about the Pharisees before 70* [Las tradiciones rabínicas sobre los fariseos antes del 70]. Leiden: E.J. Brill, 1971; y el más conocido *From Politics to Piety: The Emergence of Pharisaic Judaism* [De la política a la piedad. El surgimiento del judaísmo fariseo]. Englewood Cliffs, NJ: Prentice-Hall, 1973. Esta visión general ha encontrado oposición en E.P. Sanders (en *Jesus and Judaism* [Jesús y el judaísmo]. Filadelfia: Fortress, 1985; y más recientemente, *Jewish Law From Jesus to the Mishnah* [Ley judía desde Jesús hasta la Mishná]. SCM/TPI, 1990), quien opina que está distorsionada por la polémica cristiana contra los judíos después del año 70 d. C., y que no había puntos sustanciales de desacuerdo entre Jesús y los fariseos. Los argumentos de Sanders han sido confrontados por James Dunn (en el cap. 3 de *Jesus, Paul and the Law*) y por Neusner mismo en una reseña del libro de Sanders ("Mr. Sanders' Pharisees and Mine" [Los fariseos de Mr. Sanders y los míos] en *Scottish Journal of Theology*, vol.44, no.1, 1991). Notemos la mordaz conclusión de Neusner: "Al final, Sanders quiere defender al judaísmo con su representación del fariseísmo en forma tal que, en su opinión, el cristianismo pudo haber afirmado en el pasado y debería apreciar hoy en día, y por lo tanto dejar de denigrar. Ese judaísmo aprobado resulta ser un judaísmo según el modelo del cristianismo (en el patrón de Sanders) ... su 'judaísmo' representado como *kosher* para el protestantismo liberal es solo una caricatura y una ofensa. Con amigos como Sanders, el judaísmo no necesita enemigos" (pág. 95).

el pacto. Del mismo modo, los judíos que compusieron los *Salmos de Salomón*, escrito menos de un siglo antes del ministerio de Jesús, se consideraban a sí mismos como los "justos", los "devotos",[20] y utilizaban el término "pecadores" casi siempre para referirse a sus contrincantes judíos, probablemente los saduceos asmoneos que habían usurpado la monarquía y profanado el santuario.[21] El pecado de los "pecadores", según los fariseos, los esenios o cualquier otro grupo sectario, era que se ubicaban fuera de las fronteras de rectitud según las definían los "justos". El término en sí mismo llegó a expresar una postura sectaria. Podía considerarse como una mala palabra sectaria, usada para estigmatizar a quienes se consideraban más allá de los límites. En este sentido, los fariseos no eran tan rígidos como los esenios (ellos no consideraban pecadores a todos los no fariseos sino a quienes descalificaban sus afanes y ridiculizaban su meticulosidad)[22].

El meollo del asunto era el tipo de conducta apropiada para el pacto y quién tenía la autoridad para definirla. La misión de Jesús hacia los pecadores abría los brazos a quienes tradicionalmente se identificaban como excluidos del redil de los ortodoxos religiosos: samaritanos, leprosos, mujeres y niños, recaudadores de impuestos. Al romper con los convencionalismos sociales, atrajo hacia sí el fuego de la crítica de quienes se consideraban defensores de la lealtad al pacto. A partir del período de los macabeos , junto con la observancia del sábado, la comunión alrededor de la mesa se convirtió en una prueba especialmente sensible de lealtad al pacto. Durante la crisis de los macabeos, el intento de mantener las prescripciones dietéticas

---

20. 3:3–7; 4:1,8; 9:3; 13:6–12; 15:6–7.

21. 1:8; 2:3; 8:12–13; 17:5–8.

22. Aunque vale la pena considerar Schurer, E.: *The History of the Jewish People in the Age of Jesus Christ* [Historia del pueblo judío en el tiempo de Jesucristo] ed. rev. Vermes, G.: et. ál., vol.2. Edimburgo: T & T Clark, 1979: "Seguramente los fariseos recibieron esa designación a partir de una separación en la cual la mayoría del pueblo no participó, en otras palabras, por haberse apartado, en virtud de su comprensión más estricta del concepto de pureza, no solo por la impureza de los gentiles y los medio judíos, sino también por esa impureza que, en su opinión, existía en la mayoría del pueblo" (págs. 396-397).

judías y la pureza ceremonial había dado como resultado el martirio (1Mac 1:62–63). En las sociedades del Medio Oriente, como en la mayor parte de Asia, compartir una comida adquiere un carácter casi religioso: es un acto de hospitalidad, una marca de aceptación y compañerismo. Cuando el jefe de familia judío parte el pan y lo distribuye a quienes están con él a la mesa, los invita a compartir la bendición pronunciada sobre el pan. Comer es un acto de solidaridad en el contexto del pacto. De modo que es natural que la comunión de la mesa se restrinja solo a quienes se consideran aceptables. Los pecadores, por definición, quedan inhabilitados.

Para los fariseos, la mesa era el punto en donde estaba en juego su celo por mantener la pureza del templo en la vida cotidiana. No se trataba simplemente de abstenerse de comer la carne de animales impuros, o de asegurar que el destazado del animal se haya llevado a cabo de la manera religiosamente prescrita. Más importante era ver si la comida que se había comprado en el mercado se diezmó correctamente, si los utensilios de cocina que se usaron al preparar y servir la comida se lavaron de la manera correcta, y si alguien "impuro" se había sentado cerca de la mesa donde iban a comer. Entre los "impuros" se incluía gente que tuviera diversos flujos corporales y los que trabajaban en ocupaciones que ameritaban ser tratados como no judíos.[23]

Jesús no solamente descartaba esas observaciones ceremoniales cuando se trataba de comidas con sus discípulos (cf. Mr 7:1–23,

---

23. En la lista de ocupaciones "más despreciadas" estaban: usureros, organizadores de juegos de azar, intermediarios de mercancías agrícolas del año sabático, pastores, recaudadores de impuestos y gestores de ingresos (es decir, "supervisores" de recaudadores de impuestos que compraban el derecho a recaudar los impuestos de una zona específica). Despojados *por ley* de todo derecho judío civil y religioso, eran considerados "judíos que se habían hecho gentiles". Hay otra lista de ocupaciones que recibían un poco menos de desprecio, como los transportistas de mercancías, los encargados de ganado de cualquier tipo, los tenderos, médicos, lavanderos, quienes frecuentaban los baños y los curtidores. Estos grupos eran despojados *de facto* de sus derechos judíos. Las listas completas y comentarios se encuentran en Jeremías, J.: *Jerusalén en los tiempos de Jesús*. Madrid: Cristiandad, 1977, págs. 303-312.

Lc. 11:37-53), sino que también enfurecía a muchos fariseos porque compartía la mesa, comida y bebida con los "pecadores" (Mr 2:6; Mt 11:19; Lc 9:16; 14:1-24). A veces ellos lo invitaban, pero la mayoría de las veces él se invitaba solo (p. ej. Lc 19:1-11), demostrando así las buenas nuevas del reino de Dios. Agudo contraste con las fronteras que ponían los fariseos; Jesús derribó barreras sociales y formó en torno suyo una comunidad alternativa, compuesta por los marginados de la sociedad palestina. Aquello que los fariseos veían como un desprecio pecaminoso de los ideales del pacto, Jesús lo consideraba como el nacimiento de uno nuevo, la expresión visible del reinado liberador de Dios. En la comunión de la mesa que celebraban él y sus discípulos, y a la que incondicionalmente eran invitados los "recaudadores de impuestos y pecadores", Jesús estaba representando una parábola. Había ahí un anticipo del banquete mesiánico, cuando "muchos vendrán del oriente y del occidente, y participarán en el banquete con Abraham, Isaac y Jacob en el reino de los cielos" (Mt 8:11; cf. Lc 13:21).

De hecho, podríamos ver las comidas de Jesús y sus discípulos como el contexto social de muchas de sus parábolas. Tres de las más famosas —la moneda perdida, la oveja perdida y el hijo perdido—, según Lucas, son la réplica de Jesús a la acusación de comer con pecadores (Lc 15:1-32). Otras parábolas también son una defensa, implícita o explícita, de su amistad con personas marginadas: el siervo despiadado (Mt 18:23-35), los dos hijos (Mt 21:28-32), y el banquete de bodas (Mt 22:1-10; Lc 14:15-24).

Las enseñanzas de Jesús y su estilo de vida también habrían provocado reacciones en la comunidad de Qumrán. Su ideal de la pureza de la asamblea del pacto se encuentra en un documento conocido como el Anexo a la Regla de la Comunidad:

> Nadie que padezca cualquier impureza humana
> puede entrar en la asamblea de Dios ... Quien tenga
> padecimientos en su carne, mutilado de mano o de pie,
> cojo o ciego, o sordo o mudo, o con alguna marca visible
> en su carne, o que sea un viejo inútil que no puede estar
> de pie en la asamblea de la comunidad; estos no pueden
> entrar a tomar su lugar en medio de la comunidad de los

> hombres del nombre, porque los santos ángeles están en su comunidad.
>
> 1QSa 2:3-9

Probablemente en una postura de deliberada antítesis, en una ocasión Jesús animó a su anfitrión: "Cuando des una comida o una cena, no invites a tus amigos … ni a tus vecinos ricos … Más bien, cuando des un banquete, invita a los pobres, a los inválidos, a los cojos y a los ciegos. Entonces serás dichoso" (Lc 14:12-14). Y en la parábola que sigue, donde la venida del reino de Dios se compara a un hombre que hace una fiesta y envía a su siervo a que llame a los invitados, son exactamente las mismas categorías a quienes el siervo debe traer al banquete: "los pobres, los inválidos, los cojos y los ciegos" (ver Lc 14:21).[24]

De manera que para Jesús son los pecadores, y no los justos, quienes son receptores del reino de Dios. Los justos, como los ricos y poderosos, están seguros en la confianza de su estatus de aceptabilidad, tienen poco sentido de necesidad, y su orgullo los ciega a lo que el Señor está haciendo en medio de ellos por medio de Jesús de Nazaret. Los excluidos a quienes él ofreció amistad y a quienes dio una nueva identidad como miembros de su comunidad de discípulos, se vieron sorprendidos por la conmovedora generosidad de la aceptación de Dios, experimentada a través de Jesús. Muchos de ellos eran virtualmente "intocables", no muy distintos a las castas más bajas del sistema social hindú, aunque el estatus de marginado no era hereditario en los judaísmos de su tiempo.

La distinción entre puro e impuro está en la base de todas las culturas religiosas y probablemente es la mayor fuente de *temor*.

---

24. Ver la observación de Fitzmeyer, J.: "Tres de los cuatro ('cojos, ciegos, inválidos') se mencionan (junto con 'quien tenga un padecimiento permanente en su carne') para referirse a los que deben ser excluidos … de la comida de la comunidad en 1QSa 2:5-6", en *The Gospel According to Luke* (x-xxiv) *The Anchor Bible*. NY: Doubleday, 1985, pág. 1047; y también Marshall, I. Howard: "Está claro que, en este tema, Jesús se oponía al punto de vista de Qumrán" en *The Gospel of Luke: A Commentary on the Greek Text* [Evangelio de Lucas. Comentario del texto griego]. Exeter: Paternoster, 1978, pág. 584.

Esto se aplica especialmente al caso de la tradición brahmánica en la religión hinduista. Un *ethos* de temor inunda cada aspecto de la sociedad hinduista: el temor de la deshonra ceremonial por causa de cosas, personas y eventos. Los hombres temen a las mujeres como fuente de impureza moral y debilitamiento espiritual. Las mujeres temen la violencia sexual y la dominación social de los hombres, justificada por decretos religiosos. Comer, beber, dormir, viajar, trabajar, copular, tocar, todo se convierte en una fuente potencial de contaminación.[25]

También, más allá del sistema de castas, al considerar la cultura tribal, el budismo popular y la religiosidad popular del islam en la India, vemos que acecha el miedo generalizado a malos espíritus, a la amenaza de enfermedades, mala fortuna y muerte. Como lo ha señalado Richard Gombrich, antiguo profesor de la cátedra Boden de Sánscrito en la Universidad de Oxford, y estudioso del budismo de Asia del sur:

> En estos momentos, lo que impacta al observador es el alejamiento a gran escala de todo lo racional, y el interés en cualquier expresión de lo oculto: lectura de la mano, espiritismo, hipnotismo, astrología. La astrología es una seudociencia de gran importancia para la cultura

---

25. Gombrich, R. F.: *Theravada Buddhism: a Social History from Ancient Benares to Modern Colombo* [Budismo theravada. Historia social desde los antiguos Benares hasta el Colombo moderno]. Londres: Routledge y Kegan Paul, 1988: "El lenguaje con que el brahmanismo expresa la jerarquía de la sociedad es el de pureza: el grupo más alto es 'más puro' que el inferior. La pureza y la contaminación son constructos ideológicos; pero por una metáfora que todavía nos dice algo el día de hoy, tenían conexiones con la limpieza física. Las excreciones son contaminación, y la pureza comúnmente se recupera por medio del baño. La pureza personal, que es una manera de concebir cómo lidiar con hechos biológicos ineludibles, no era lo mismo que la pureza social de un grupo, pero las dos estaban relacionadas. Así, una mujer en su menstruación y un cadáver eran impuros, y así, aquellos cuyo oficio era lavar los vestidos manchados de sangre menstrual o manipular cadáveres, están en un estado permanente de impureza, y sus hijos heredan esa impureza incluso antes de comenzar a ejercer sus profesiones" (págs. 39-40).

> tradicional de la India, tradicionalmente conocida
> en la cultura cingalesa y considerada compatible con
> la cosmología budista. Pero como toda práctica de
> adivinación, ha aumentado mucho su uso, indudablemente
> como producto de la ansiedad generalizada que parece
> tener muy pocas formas racionales de alivio.[26]

Ante esas culturas del miedo, el estilo de vida de Jesús se percibe con gozo por ser liberador, particularmente su repudio de las distinciones religiosas y sociales entre lo puro y lo impuro, su oferta de perdón divino con toda autoridad, y la demostración de su poder absoluto sobre el territorio de los espíritus. Pero, del mismo modo que en la Judea de su época, también se percibe como una amenaza por parte de los defensores del *statu quo*. En culturas religiosas, como en las villas y poblados tradicionales de Asia, el monje o chamán tiene bastante poder social en tanto que vive una vida de pobreza económica. Y, como ha señalado correctamente el escritor bengalí Nirad Chaudhuri, hasta la tradición de más "rechazo al mundo" en la espiritualidad hinduista es, en realidad, "una búsqueda, no de bienaventuranza, sino de poder".[27] Es una búsqueda no solo por dominar el cuerpo y el espíritu, sino también por dominar el mundo espiritual por medio de las artes mágicas:

> Este tipo de poder tiene como su complemento o, más
> bien, como su cumplimiento, el poder de dominar a
> otros hombres. De hecho, la apariencia de indiferencia
> hacia las cosas que el mundo ofrece, incluso sin los
> poderes ocultos, en sí misma ya ha generado una
> autoridad moral para quienes la detentan.[28]

El estilo de vida de Jesús, de generosa entrega, según se refleja en sus discípulos que, por ejemplo, se pueden ver limpiando llagas de pordioseros leprosos, proveyendo cuidados médicos gratuitos a víctimas terminales de sida, o construyendo refugios para drogadictos

---

26. *Ibid*, pág. 205.

27. Chaudhuri, Nirad: *Hinduism*. Londres: Chatto & Windus, 1979, pág. 315.

28. *Ibid*, pág. 325.

"degradados", ofrece un concepto radicalmente diferente de poder espiritual en culturas donde el miedo y la espiritualidad a menudo son dos lados de la misma moneda.

Jesús: su autocomprensión

De manera que la buena noticia que Jesús anunció y encarnó en sus acciones, estaba dirigida no a una élite religiosa sino a los no religiosos, a los excluidos, a los "de afuera". En su presencia, hombres y mujeres podían hallar el perdón de sus pecados y una nueva identidad social. Él reconstituyó al pueblo de Dios alrededor de su persona. Ya no es la Torá por sí sola lo que define la respuesta al pacto del pueblo de Dios, sino la Torá según la interpreta y explica él.[29] Al elegir y comisionar a *doce* de sus discípulos para ser sus apóstoles, deliberadamente está postulando una comunidad alternativa a las doce tribus de Israel (y observemos: él no *se incluye* a sí mismo entre los doce, sino que se coloca por sobre ellos).[30] Al declarar el perdón incondicional del pecado, estaba dejando a un lado el culto del templo con su sacerdocio y su sistema sacrificial que habían sido divinamente instituidos.

Aquí hay implicaciones cristológicas profundas que se pueden explorar provechosamente como "actos de habla" por medio del trabajo de filósofos del lenguaje como J. L. Austin y J. R. Searle.[31]

---

29. Por ejemplo, Mateo 5—7.

30. La relación entre la designación de los doce y las doce tribus de Israel se indica en Mt 19:28 y Lc 22:30.

31. Ver, por ejemplo, Austin, J. L.: *Cómo hacer cosas con palabras.* Barcelona: Paidós, 1971; Searle, J. R.: *Expression and Meaning: Studies in the Theory of Speech Acts* [Expresión y significado. Estudios en la teoría del discurso como acción]. Cambridge: Cambridge University Press, 1979; A. C. Thiselton provee un estudio excelente de teorías del discurso como acción y de su aplicación a los estudios bíblicos en *New Horizons in Hermeneutics* [Nuevos horizontes en la hermenéutica]. HarperCollins, 1992, págs. 272-307. Explora las implicaciones cristológicas en un ensayo titulado "Christology in Luke, Speech-Act Theory and the Problem of Dualism After Kant" [Cristología en Lucas, teoría del discurso como acción y el problema del dualismo después de Kant] en *Jesus of Nazareth: Lord and Christ* eds. Green, J. y M. Turner, Grand Rapids: Eerdmans & Car-

Las teorías del discurso como acción señalan que hay un contraste importante entre la fuerza "causal" y la autoridad "institucional" de una expresión. Las advertencias ansiosas de un amigo me pueden persuadir a trabajar con más ahínco en la oficina (fuerza causal); pero es diferente si el patrón me da una advertencia formal, porque implica consecuencias reales si no la atiendo (autoridad institucional). Puedo dejar de fumar porque a mi esposa no le gusta el aroma; pero su desaprobación no lleva la misma autoridad que una advertencia del doctor que acaba de examinar cómo están mis pulmones. El estatus institucional lleva en sí derechos, obligaciones, un carácter de representación y una autoridad delegada. Las expresiones "¡Estás despedido!", o "Le quedan a usted dos semanas de vida" o "Lo absuelvo" pueden tener consecuencias extralingüísticas, dependiendo del estatus institucional y de la función que desempeña la persona que habla. Si se trata de mi empleador, mi médico y un juez, entonces, en cada caso, la efectividad operativa de sus palabras sería enorme.

El aspecto de la teoría de John Searle que viene al caso en nuestro tema es su cuidadosa distinción entre dos "orientaciones de ajuste" entre las palabras del hablante y el mundo. En lo que él denomina la *lógica de la afirmación*, la "orientación de ajuste" es la de palabras que reflejan una realidad en el mundo. Aquí es este el que ejerce "el control", y las palabras que reportan esa realidad realizan su función hasta el punto en que se "ajustan" al mundo que pretenden describir. Por otro lado, en la *lógica de la promesa*, la realidad del mundo debe ser cambiada con el fin de "ajustarla" a la palabra de la promesa. En el primer caso, la realidad determina las palabras. Aquí el modelo apropiado es el reportaje descriptivo. En el segundo caso, la acción de hablar determina la realidad según la intención del hablante.

Anthony Thiselton invoca la teoría del discurso como acción de Searle para poner atención a la importancia del lenguaje bíblico de *promesa*. Él señala que ese lenguaje opera en ambas direcciones:

> La "orientación de ajuste" importante en términos
> de *valor efectivo para el proceso de salvación* es que
> *el lenguaje promisorio de Jesús puede transformar*

---

lisle, Paternoster, 1994. Seguiremos a Thiselton en su aplicación de Austin y Searle al contexto cristológico.

la realidad para ajustarla al mundo mesiánico de la promesa. Aquí el mundo promisorio es primordial y transformador de vidas. Pero esto puede ser ... solo porque en principio se pueden aseverar ciertas *verdades sobre el estatus, la autoridad y el papel* de Jesús; es decir, que el mundo ajustan a la realidad descrita.[32]

A la luz de estas consideraciones, la división que casi siempre se hace entre cristologías "funcionales" y "titulares" debe verse como algo artificial e ingenuo. Los datos primarios para la cristología en el período anterior a la resurrección no surgen de las afirmaciones *explícitas* de Jesús en cuanto a su identidad y autoridad, sino de lo que se *presupone* sobre su identidad y autoridad con base en sus actos de habla. La relación de presuposición conlleva más que la inferencia lógica formal. Los actos de habla se posan sobre una función y estatus trascendental, y señalan a Dios y a la relación entre él y Jesús. En la teoría del discurso como acción, este estatus y esta función pueden describirse analógicamente como un estatus y una función institucional establecidos por la autorización de Dios. Como veremos más adelante, también reflejan una cierta *comunión* de función y estatus divino, incluso si permanece escondida, sin decirse explícitamente, en los Evangelios sinópticos. Esto hace explícito el lenguaje de promesa, y deja *implícitas* las aseveraciones cristológicas que dan eficacia a los actos de habla de Jesús. El cuarto Evangelio, en parte debido a su perspectiva más reflexiva, permite que se otorgue igual prominencia a ambas orientaciónes de ajuste. Una cristología adecuada debe involucrar un intercambio entre aseveraciones que "se ajustan" a la realidad y transformaciones extralingüísticas que hacen que la realidad "se ajuste" al mundo de promesa.

Aunque todas las narraciones de los Evangelios testifican sobre la conducta y el carácter extraordinarios de Jesús, también describen otro lado, lo que podríamos llamar la "discreción" de su vida, es decir, su relativa oscuridad social y el sentido inicial de confusión que generó entre sus oyentes ("¿No es acaso el carpintero, el hijo de María y hermano de Jacobo, de José, de Judas y de Simón?" Mr 6:3). Esto es importante cuando leemos a estos desde la perspectiva de

---

32. Thiselton, Anthony: *op. cit.*, pág. 466 (énfasis original).

los mitos y leyendas de las tradiciones religiosas de Asia. No se trata de un *avatar* sobrehumano; no es un apuesto príncipe ni un asceta recluido en dominio absoluto de sus reacciones corporales, sino un hombre que derrama lágrimas, siente hambre y dolor, experimenta ira ante el mal que encuentra, y se desborda con humor y con alegría de vivir. Esto también es un gran contraste con algunas cristologías de los siglos xix y xx que tendían a describir a Jesús, usualmente, de maneras muy sentimentales, como uno cuya fuerza de personalidad por sí sola fue suficiente para lanzar lo que luego se convirtió en el movimiento cristiano. Cualquier "unicidad" asignada a Jesús se entendía en términos de alguna cualidad humana desarrollada a un grado superlativo (por ejemplo, su "autotrascendencia", o su "piedad").

Sin embargo, junto con la postura humilde que él demostraba en sus relaciones con los demás, están también sus pretensiones extraordinarias y asombrosas, tanto implícitas como explícitas,en relación con su persona y vocación. Son estas las que produjeron la progresión de reacciones: de confusión a hostilidad, a rabia declarada.

En la tradición triple de Marcos, Mateo y Lucas se nos presenta en los primeros capítulos una cantidad de "expresiones performativas" de Jesús, que ilustran bien la famosa definición de Austin, de actos de habla *ilocutivos*: La realización de un acto *en el momento* de decirlo.[33] Jesús dice al paralítico: "Hijo, tus pecados quedan perdonados" (Mr 2:5; Mt 9:2; Lc 5:20).[34] De manera similar, la expresión autoritaria

---

33. Cf. Austin, J. L.: *op. cit.*, págs. 94-119.

34. Al perdonar pecados a nombre propio (como el Hijo del Hombre), Jesús implícitamente realiza la pretensión de tener una prerrogativa divina y provoca la reacción de los teólogos de su época. Ver Kim, S.: *The Son of Man as the Son of God* [El Hijo del Hombre como el Hijo de Dios]. WUNT 30, Tubinga: J. C. B. Mohr [Paul Siebeck], 1983; Marshall, I. H.: *The Gospel of Luke: a Commentary on the Greek Text* [El Evangelio de Lucas. Comentario del texto griego]. Grand Rapids: Eerdmans, 1978, pág. 213. Observemos que no hay tradición judía en cuanto a que el Mesías tuviera el derecho de perdonar pecados. Él habría de exterminar a los impíos en Israel, derrotar el poder demoníaco y proteger a su pueblo del imperio del pecado, pero el perdón de pecados nunca fue algo que se le atribuyera. Jesús no habla (ni aquí ni en Lucas 7:48) como un agente sacerdotal, profético o angelical,

"¡Silencio! ¡Cálmate!" (Mr 4:35–41; Mt 8:23–27; Lc 8:22–25) subyuga los vientos y las olas *en el acto* mismo de ser pronunciada. Las palabras efectivas de exorcismo que pronunció Jesús ("¡Cállate! … ¡Sal de ese hombre!" Mr 1:25) son vistas en la tradición triple no como un simple milagro sino como una palabra-acto que al ser pronunciada constituye el atar al "hombre fuerte" y el saqueo de su reino (Mr 3:23–27; Mt 12:22–30; Lc 11:14–23). En todas esas ocasiones, la respuesta de la gente y de los discípulos es de asombro: ¿Quién es este?… ¿Qué clase de persona es él? ¿Con qué autoridad hace él estas cosas?… ¿Por qué este hombre habla así? ¡Está blasfemando![35]

Marcos, Mateo y Lucas dejan lugar para que el lector reflexione sobre las presuposiciones que permiten que esos actos de habla ilocutivos funcionen de manera efectiva. Haciendo uso de lenguaje que luego se asociaría con Wittgenstein, diremos que esos actos de habla no tanto "dicen" sino "muestran" las dimensiones cristológicas de estatus y función que Jesús tiene en los propósitos de Dios para el mundo. Las cristologías liberacionistas y existencialistas que hacen bien en concentrarse en la dimensión transformadora del discipulado cristiano tienden a ignorar la base presuposicional (más allá de lo textual) que hace que el lenguaje promisorio de Jesús sea efectivo. La transformación del discipulado no es algo autogenerada. Su llamado al discipulado implica una autocomprensión superior: "… aquí tienen ustedes a uno más grande que Salomón … y aquí

---

para asegurar al otro del perdón de parte de Dios en el día del juicio final, ni tampoco ofrece un perdón provisional que luego fuera ratificado por una corte superior.

35. R. T. France explica las implicaciones de la represión de Jesús a la tormenta: "En el Antiguo Testamento era una marca de la soberanía de Dios mismo que el mar obedeciera sus órdenes (Job 38:8–11; Sal 65:5–8; 89:8–9, etc.); en la mente de Mateo debió haber un pasaje como el Salmo 107:23–32 al escribir la narración de este episodio y al registrar la respuesta de un reconocimiento asombrado. No escribió explícitamente la implicación, pero a la luz de estos pasajes del Antiguo Testamento, es algo claramente revolucionario. Jesús está siendo revelado progresivamente como el Mesías y mucho más", *The Gospel According to Matthew: An Introduction and Commentary*. Leicester: Inter-Varsity Press & Grand Rapids: Eerdmans, 1985, pág. 162.

tienen ustedes a uno más grande que Jonás" (Lc 11:31–32). "Sígueme … y deja que los muertos entierren a sus muertos" (Mt 8:22).

Cuando estas palabras se leen en el contexto del monoteísmo judío, se puede ver cuan alta es la cristología que implica.[36] Las palabras de Jesús reinterpretan las tradiciones del Antiguo Testamento que durante siglos moldearon la vida nacional e individual de los judíos, y su palabra se coloca por encima de la ley de Moisés y de la tradición de los ancianos como el camino para tener vida (Mt 5:21–37). Su llamado es a que lo pongan a él antes que cualquier otra relación en la vida e incluso a estar dispuestos a dar la vida por su causa (Mt 10:34–39; Mr 8:34–38; Lc 14:25–27). Y todo esto en una cultura empapada apasionadamente con la convicción de que Dios como creador es la fuente, el dueño y el juez de todo el mundo y que la lealtad a este Dios tiene prioridad por encima de cualquier cosa y de cualquier persona.

Ya hemos visto que Jesús asume la autoridad de declarar el perdón de pecados a hombres y mujeres, antes del juicio escatológico de Dios y, por tanto, dejando de lado el culto del templo que había sido ordenado por él (Mr 2:1–12). Él no es solo el Juez de Israel, sino también aquel a quien *todas las naciones* vendrán a rendir cuentas al final de la historia (Mt 25:31–46). Es más, el criterio del juicio será la respuesta de las naciones hacia Jesús, y la expresión de su respuesta hacia aquellos con quienes él se ha identificado. Él proclama la llegada del reinado de Dios, inaugurando el Siglo Venidero prometido en el Antiguo Testamento. Debemos tener presente que, tomando en cuenta la esperanza apocalíptica y escatológica del judaísmo, esta irrupción del reino de Dios en la venida de Jesús constituye un punto crucial no solamente para la nación de Israel, sino para todo el cosmos (Mr 1:15; 2:21-22).[37] La manera tan natural con que Jesús asumía

---

36. Se pueden ver resúmenes del monoteísmo del judaísmo del segundo templo en Harvey, A. E.: *Jesus and the Constraints of History* [Jesús y las limitaciones de la historia]. Filadelfia: Westminster; 1982, págs. 154-173; Wright, N. T.: *The New Testament and the People of God* [El Nuevo Testamento y el pueblo de Dios]. Londres: SPCK, 1992, págs. 248-259.

37. Thiselton observa que "El lenguaje sobre el reino de Dios … incluye la dimensión dual de lo ontológico y lo existencial. El reino de Dios en la tradición apocalíptica representa el reinado cósmico de Dios; 'tomar el

derechos y prerrogativas de Yahvé asombraba a sus contemporáneos y provocaba la indignación de las autoridades religiosas.

Ciertamente, la cristología no puede considerarse simplemente como una cuestión de descripciones y títulos. Pero a la luz de las teologías que enfatizan el "seguir a Jesús", pero *excluyen* el "proclamar a Jesús", lo que intento mostrar aquí es que los aspectos autodefinitorios de los pronunciamientos de Jesús implican presuposiciones cristológicas muy profundas. Si la cristología implícita fuera falsa, colapsaría toda la dimensión performativa. En ese caso, toda la serie de actos ilocutivos que aparece en los Evangelios (el lenguaje de perdón, de represión a la tormenta y de expulsión de demonios, la invitación a los marginados al banquete del reino, el llamado al discipulado y el envío a la misión, etc.) no tendría la base institucional apropiada. Tendrían que descartarse como simples construcciones piadosas, producto de una imaginación muy fértil.

En su estudio de la cristología mateana, el erudito católico romano John Meir ha observado cómo Mateo, aunque deja su declaración cristológica más explícita hasta el relato posresurrección de la comisión en 28:18–20, entrelaza su relato de las enseñanzas de Jesús con un énfasis en la unicidad de su persona. Los dos son inseparables:

> Lo que enseña Jesús depende de su propia persona para tener verdad, validez y permanencia. Maestro y enseñanza están ligados de manera inseparable. No se puede entender plenamente la enseñanza a menos que se entienda quién es el maestro. No se puede aceptar la enseñanza como verdadera a menos que se acepte al maestro como Señor.[38]

Del mismo modo, la investigación de las parábolas de Jesús, usando la teoría del discurso como acción y la comprensión del lenguaje como acción comunicativa, ha echado por tierra las viejas perspectivas liberales que las veían simplemente como ilustraciones domésticas de verdades religiosas generales. El sudafricano Johannes du

---

yugo del reino' en la tradición rabínica, implicaba la respuesta humana de obediencia" (*New Horizons in Hermeneutics*, págs. 287-288).

38. Meier, J. P.: *The Vision of Matthew: Christ, Church and Morality in the First Gospel* [La visión de Mateo. Cristo, iglesia y moral en el primer Evangelio]. Nueva York: Paulist Press, 1979, pág. 43.

Plessis resume así los resultados de un estudio exhaustivo del lenguaje de las parábolas: "El principal objetivo de las parábolas es *que los receptores reconozcan la autoridad de Jesús como la única fuente de relación salvífica con Dios*"[39]. El erudito estadounidense Craig Blomberg, en un estudio semipopular de las parábolas, llega a una conclusión similar: "Sin negar que Dios el Padre es el referente primario detrás de todas las figuras señoriales de las narraciones de Jesús, podemos argumentar que Jesús con frecuencia quería que sus oyentes lo asociaran a él con el Padre de alguna manera"[40]. Las parábolas, debido a que al mismo tiempo esconden y revelan la verdad de Jesús, invitan al lector a participar en una relación extralingüística con él que transforma su manera de ver a Dios y al mundo.

Desde hace tiempo se ha señalado que la tradición sinóptica, y Marcos en particular, muestra en las palabras de Jesús, una cierta reticencia a expresar de manera explícita la base sobre la cual se validan sus propios dichos ilocutivos y el compromiso personal de los discípulos. Parte de la explicación ya la hemos intimado. También, la cristología antes de la resurrección estaba incompleta, esperando la corroboración divina. Pero, como observa Thiselton, surge una consideración más a partir de la misma *singularidad* de Jesús:

> Era importante que *una comprensión de la persona de Jesús*, según se puede ver en sus palabras y en su *obra completada, gobernara las interpretaciones del lenguaje "mesiánico" convencional, en lugar de*

---

39. du Plessis, J. G.: *Clarity and Obscurity: A Study in Textual Communication of the Relation Between Sender, Parable, and Receiver in the Synoptic Gospels* [Claridad y oscuridad. Estudio en comunicación textual de la relación entre emisor, parábola y receptor en los Evangelios sinópticos]. Disertación doctoral de la Universidad de Stellenbosch, 1985. Citado en Thiselton, A.: *New Horizons*, pág. 289 (énfasis agregado).

40. Blomberg, C. L.: *Interpreting the Parables* [Interpretación de las parábolas]. Downers Grove, Ill: IVP, 1990, pág. 319. Él dice además que la "cristología implícita" de las parábolas "puede representar bien lo que el Jesús histórico quiso comunicar. Porque, por un lado, guardan suficientemente el silencio y se quedan en lo ambiguo, de modo que no pudieron haber surgido en la iglesia primitiva. El deseo de exaltar al Jesús resucitado ciertamente habría producido un mensaje más explícito" (pág. 322).

que fueran las presuposiciones prefabricadas sobre
el significado de ese lenguaje lo que gobernara
la comprensión de la persona de Jesús.[41]

Si nos detuviéramos brevemente en los dichos más explícitos de Jesús, los podríamos clasificar en los siguientes apartados que, aunque son distintos, se superpon en algunos aspectos:

a) *La pretensión de tener una relación filial única con Dios.* En los sinópticos encontramos el título "Padre" refiriéndose a Dios alrededor de cincuenta veces en labios de Jesús (excluyendo pasajes paralelos), de las cuales, en siete ocasiones son menciones directas a Dios en el contexto de la oración. Tal vez no era sorprendente para un judío referirse a Dios como Padre, pero la manera en que Jesús usó ese término sí fue extraordinaria. No hay indicios de que todos los seres humanos sean hijos e hijas de Dios en virtud del hecho de que él sea su creador. Más bien, la relación de la que Jesús habló no era una que todos los humanos compartieran, ni siquiera todos los judíos. En su discurso, Dios siempre es "mi Padre", y él mismo nunca fue "un hijo", sino siempre "el hijo" de Dios. Jesús nunca ligó a los discípulos consigo mismo para que juntos pudieran decir "nuestro Padre". La oración de Mateo 6:9 es para uso de la comunidad de discípulos, y es un privilegio hecho posible gracias a su fe en Jesús. Cada referencia al "Padre" en sus enseñanzas se encuentra en dichos dirigidos específicamente a sus discípulos. Si la evidencia de Juan 20:17 se acepta, Jesús distingue entre "mi Padre" y "vuestro Padre", y de esa forma hace explícito lo que en otros textos es implícito.[42]

---

41. *New Horizons in Hermeneutics*, pág. 287 (énfasis original).

42. La palabra aramea *Abba*, que Jesús utilizó, se preservó en la iglesia primitiva y fue usada por los primeros cristianos (Ro 8:15; Gá 4:6). La obra más exhaustiva sobre el término y su autenticidad en los dichos en que ocurre sigue siendo la de Jeremias, J.: *Abba. El mensaje central del Nuevo Testamento*. Salamanca: Sígueme, 1981, y *The Prayers of Jesus*. Londres: SCM, 1967, págs. 11-65. La importancia que Jeremías atribuye a la palabra *Abba* ha sido desafiada por James Barr, "'Abba' isn't 'Daddy'" [Abba no es papito], *Journal of Theological Studies*, 1988, 39, págs. 28-47. Aunque Barr está en lo correcto al cuestionar el uso del término como una palabra infantil para decir "papito", eso no afecta el punto fundamental en cuanto

En la parábola tan provocadora de los labradores malvados, evidentemente dirigida al *establishment* sacerdotal de Jerusalén, Jesús se considera a sí mismo como el hijo del dueño de la viña, amado de manera especial y única, a diferencia de los otros mensajeros (profetas) que simplemente eran sus "siervos" (Mr 12:1-2). Y en el pasaje más sorprendente de todos, anuncia que el Padre le ha confiado "todas las cosas" y que "nadie conoce al Padre excepto el Hijo y aquellos a quienes el Hijo quiera darlo a conocer" (ver Mt 11:27; Lc 10:22).[43] En otras palabras, Jesús afirma tener una intimidad única con Dios y una autoridad especial y única, nacida de esa intimidad, para revelar el corazón de Dios a la humanidad. Basado en esta autoridad de dar a conocer al Padre, él procede a lanzar su conocido llamado a todos los que están "trabajados y cargados", para que vengan a él a descansar (Mt 11:28). La promesa de reposo es un eco del texto hebreo de Jeremías 6:16, donde Dios lo ofrece a quienes sigan su camino. Depende de una relación de discipulado (*aprendan de mí*) con Jesús: una relación que libera a hombres y mujeres del yugo opresivo del legalismo religioso. ¡De modo sorprendentemente casual, estas pretensiones de tener una relación única con Dios y de ofrecer una invitación única a la libertad/reposo, vienen acompañadas, casi con el mismo impulso y aliento, de otra pretensión, la de ser "manso y humilde de corazón" (Mt 11:29)!

En el contexto judío, la condición de ser hijo implicaba no solo privilegios, sino también obediencia al padre. Por lo tanto, para Jesús, la conciencia de una relación especial con Dios venía acompañada de un sentido de vocación única. Por un lado, esto se ve en Mateo 11:27, donde la autoridad única delegada al Hijo por el Padre está atada a la vocación del Hijo de darlo a conocer. Por otro lado, se ve en su forma de asumir las tareas diversas (y confusas) asignadas

---

a que Jesús habló de Dios como su Padre de un modo que era único (o al menos, extremadamente raro) en el judaísmo de Palestina.

43. En cuanto al carácter semítico de este dicho, ver Jeremias, *Abba*, págs. 47-51. Se puede encontrar una explicación completa de su autenticidad en J.D.G. Dunn, J. D. G.: *Jesus and the Spirit* [Jesús y el Espíritu]. Londres: SCM; 1975, págs. 27-34. Ver también Bauckham, R. J.: "The Sonship of the Historical Jesus in Christology" [El estatus de Hijo del Jesús histórico en la cristología]. *Scottish Journal of Theology*, 1978, 31, págs. 245-260.

al Mesías, al Hijo del Hombre, y al Siervo sufriente de Yahvé. Así, incluso las palabras que hemos citado (Mt 11:29) son resonancia de la descripción del Siervo de Yahvé en Isaías 42:2-3; 53:1-2, y también de las palabras de Zacarías 9:9 que Mateo recupera en 21:4-5.[44]

b) *La pretensión de ser el cumplimiento único de las Escrituras.* Hemos visto que otro aspecto importante de la enseñanza de Jesús es la manera en que entiende su vida y ministerio como la conjunción de varias líneas de esperanza del Antiguo Testamento. Él no solamente proclama la llegada del reino de Dios, sino que es la persona por medio de la cual ese reino se configura (Mr 1:14-15; Mt 12:28). Sus discípulos son bienaventurados porque, a diferencia de los profetas de la antigüedad, pueden probar el poder del reino de Dios gracias a su relación con él. "Dichosos los ojos que ven lo que ustedes ven. Les digo que muchos profetas y reyes quisieron ver lo que ustedes ven, pero no lo vieron; y oír lo que ustedes oyen, pero no lo oyeron" (Lc 10:23-24). Las ciudades de Nínive, Tiro y Sidón, Sodoma y Gomorra, todas ellas sinónimos de idolatría pagana en los textos proféticos del Antiguo Testamento, ahora se convierten en testigos en contra de la incredulidad de Israel, porque ahora uno mayor que Jonás y Salomón está aquí (Lc 11:29-32; Mt 11:20-24). Él es aquel de quien escribió Moisés, aquel cuyo día Abraham se gozó en ver, aquel que es el Señor de David (Mr 12:35-37; Jn 5:46; 8:56). En otras palabras, él no es tanto un profeta, sino que es *el objeto de toda profecía.* En él convergen las figuras bíblicas del Siervo de Yahvé de Isaías, que soporta la ira de Dios para la sanidad de las naciones, y el Hijo del Hombre de Daniel, que recibe un reino eterno que incluye a todos los pueblos. Él vuelve su rostro hacia Jerusalén, convencido de que lo que está escrito sobre él *debe* cumplirse.[45]

c) *La pretensión de estar en una categoría diferente a los demás.* Aunque se identificaba con los "pecadores" de la sociedad palestina, Jesús frecuentemente se ubicaba en una categoría distinta al resto de la gente. Los demás eran como ovejas perdidas; él era el pastor enviado a buscar y a salvar a los perdidos. Los demás estaban en tinieblas; él era la luz que disiparía a la oscuridad. Los demás estaban

---

44. Ver France, R. T.: *op. cit.,* pág. 201.
45. Ver France, R. T.: *Jesus and the Old Testament* [Jesús y el Antiguo Testamento]. Londres: Tyndale, 1971. págs. 125-132; 148-150.

en el umbral de la muerte; él era la resurrección y la vida. Ya hemos apuntado cómo él se veía a sí mismo no como otro súbdito del reino de Dios sino como el que tenía la autoridad de decidir quién podía ser incluido y quién excluido de los beneficios de ese reino. Y también hemos mencionado la forma en que, al designar a doce discípulos para representar al verdadero Israel de Dios, él no se incluyó a sí mismo entre los doce. Él ocupa una posición por encima de ellos, aunque interpretó esa posición en términos de servicio humilde.[46] Él se presenta a sí mismo como el árbitro supremo del destino del ser humano.[47]

Aunque Jesús sabía que a él también vendría el sufrimiento y muerte que tuvieron otros profetas y justos en Jerusalén, a diferencia de ellos, su muerte fue el clímax de la vocación que Dios le había dado, una muerte que tenía significado redentor para Israel: era para el "rescate de muchos" (Mr 10:45; Mt 20:28),[48] y para la inauguración de un nuevo pacto entre Dios y su pueblo por medio del perdón de sus pecados (Mt 26:27–28; cf. Is 53:12 y Jer 31:31–34). Independientemente de si la última cena fue una celebración de la Pascua o no, no hay dudas en cuanto al lenguaje de sacrificio y las alusiones al Antiguo Testamento, y Jesús usó las formas tradicionales: "esto es aquello" (*esto es mi cuerpo, esto es mi sangre del pacto*) para anunciar el carácter redentor de su muerte inminente.[49] Bajo el

---

46. Mr 10:42–45; Lc 22:24–7.

47. Mt 7:21–23; 10:28.

48. En cuanto a la autenticidad de este dicho y su fundamento en Is 52:13—53:12, ver France, *Jesus and the Old Testament* [Jesús y el Antiguo Testamento], págs. 116-121.

49. En cuanto al concepto de la sangre del pacto redentor, ver específicamente Éx 24:8 y Zac 9:11. Es interesante que este último aparece inmediatamente después de la profecía del rey humilde que entra en Sion montado en un burrito. Observemos también cómo el cuarto cántico del Siervo de Yahvé en Isaías (52:13—53:12) con su tema de la expiación sustitutiva, sigue en la línea de Is 52:7, que anuncia el retorno de Yahvé a Sion y la inauguración de su reino universal. En cuanto a la comprensión (en algunos círculos) de los martirios del período macabeo en el siglo II a. C. como sacrificios expiatorios por los pecados de la nación (sin duda, bajo la influencia de Is 53 y Gn 22), ver 4 Mac 6:29; 17:21–22. (cf. 2 Mac 6—7).

antiguo pacto, él carga con el juicio de Dios sobre el pecado de Israel para que el verdadero Israel, constituido por el sacrificio vicario de Cristo, pueda emerger como un nuevo pueblo de Dios.[50]

De manera que, justo aquí, en el mundo público de la acción y la transformación histórica, y no en algún mundo místico interior de "religiosidad", Jesús de Nazaret presenta sus pretensiones. Sus abundantes expresiones acerca de lo que ha venido a hacer presuponen una autoridad para poner en efecto las promesas de Dios acerca de su mundo. Jesús pretende hacer lo que profetas, sabios y otros no han logrado hacer.

Entonces, ¿qué vamos a hacer con Cristo Jesús? Lo único que no podemos decir es que él fue simplemente un sabio maestro religioso, porque ya hemos visto que es imposible separar el contenido de su instrucción moral de su autoridad, reconocida y asumida por él mismo, y que esa instrucción *presupone*; una autoridad que sobrepasa la de cualquier profeta o antiguo sabio judío. Si lo que creía de sí mismo no era verdad, entonces no puede ser el ejemplo religioso para todos. Si dudamos en reconocer la verdad de sus afirmaciones, entonces, lógicamente estamos obligados a descartarlo como un mentiroso o charlatán, y a afirmar que todo el edificio del cristianismo está construido sobre una estafa gigantesca, o como un megalómano, un necio que se engañó a sí mismo. Además, atribuirle a la imaginación piadosa de las primeras comunidades cristianas todas esas pretensiones de verdad no nos lleva muy lejos. Porque todavía queda la pregunta en el aire: ¿Qué tenía Jesús de Nazaret, en comparación con otros supuestos mesías y figuras carismáticas de Palestina y de otros lugares, que condujo a que se formularan y creyeran pretensiones tan escandalosas, a unos pocos años después de su muerte? Hoy en día tenemos frente a nosotros la misma disyuntiva —verdadero, falso o engañado— pero esta vez en cuanto a la iglesia cristiana. *Alguien* dijo las cosas que se atribuyeron a Jesús y ese alguien tenía verdad, falsedad o engaño.

---

50. Incluso Sanders admite que "La interpretación cristiana de la muerte de Jesús como expiatoria fue tan inmediata y tan completa que se podría decir que incluso aquí, Jesús preparó a sus seguidores", *Jesus and Judaism*, pág. 324.

¿Por qué es tan difícil asignarle a Jesús la etiqueta de megalómano? Simplemente porque su estilo de vida y los valores que encarnó dan la impresión, incluso al más duro escéptico, de ser una persona eminentemente sana y, de hecho, profundamente atractiva. Aquí tenemos a un hombre que se describe a sí mismo como "manso y humilde de corazón" y que se rebaja a lavar los pies de sus discípulos en un acto de servicio doméstico. Ningún contemporáneo de Jesús, y ningún pensador serio desde entonces, lo ha acusado de ser hipócrita o falto de sinceridad en su relación con amigos o enemigos. Gandhi y Martin Luther King Jr. sacaron la inspiración para lidiar con sus oponentes del ejemplo y las enseñanzas de Jesús. Y, según se mencionó en la introducción, su estilo de vida humilde, su servicio compasivo hacia los enfermos, vulnerables y oprimidos continúa atrayendo a mucha gente hacia él desde trasfondos diversos. Me gustaría sugerir que *esta combinación de estilo de vida orientado hacia el otro y pretensiones autodirigidas* es lo que da a Jesús de Nazaret su carácter tan único.

Permítanme explicarlo. Cuando exploramos las grandes tradiciones religiosas del mundo, nos encontramos muchos personajes importantes que impactaron a sus contemporáneos con su estilo de vida orientado hacia el otro. Vivieron como ejemplos de valor, compasión y sacrificio. Gautama el Buda sería un ejemplo notable en el contexto asiático. Pero ninguno de esos personajes tiene grandes pretensiones acerca de sí mismo, solo el de ser quienes señalan hacia la verdad. Una autoridad respetable del budismo observa que el Buda "se veía a sí mismo simplemente como alguien que predicaba el Dharma"[51] (ese relato del mundo que presenta la posibilidad de ser liberados del mundo). En la tradición mahayana, la iluminación es

---

51. Gombrich, Richard: "Introduction: The Buddhist Way" [Introducción. El camino budista] en *The World of Buddhism: Buddhist Monks and Nuns in Society and Culture* [El mundo del budismo. Monjes budistas en la sociedad y la cultura] eds. Heinz Bechert y Richard Gombrich (Londres, 1984) pág. 13. Es muy famosa la comparación que el Buda hizo de su doctrina con una balsa (*Majjhima Nikaya*, 1, 134-5). Así como se usa una balsa para cruzar un río, pero solo un necio se llevaría la balsa después de cruzarlo, así sus enseñanzas tienen el objetivo de ayudar a cruzar el océano del samsara; una vez cruzado, se puede continuar sin depender de sus palabras.

un estado ideal abierto, en principio, a todas las formas de vida. Así también, en el islam, Mahoma es simplemente un profeta, aunque el último de ellos, en una larga tradición de profetas y mensajeros comisionados por Dios para alejar a la gente de los ídolos. En ninguno de estos casos hay un llamado a la lealtad personal ni pretensión de estar comunicando otra cosa que una palabra de Dios o un atisbo de la realidad última.

Por otro lado, encontramos personajes que sí tienen esas pretensiones centrados en sí mismos, pero esas pretensiones no nos causan una impresión duradera. Los césares, los Hitler, los Mao Tse-tung y Saddam Hussein del mundo no solo han desaparecido en la neblina de la historia, sino que su megalomanía los condujo a formas de brutalidad y engrandecimiento que aparentaban calzar de manera bastante natural con las pretensiones que hacían de sí mismos. Pero aquí es donde Jesús resalta como alguien único. Podemos investigar en todas las tradiciones religiosas de la humanidad —de hecho, quisiera ir un paso más allá e invitarte a investigar en toda la gran literatura de la humanidad— y no encontrarás a uno como Jesús, que aparentemente hace las afirmaciones más arrogantes sobre su persona y vive de la manera más humilde y desinteresada. Jesús de Nazaret simplemente sobrepasa nuestra imaginación.

2

Un nuevo imaginario social

EL DISTINGUIDO FILÓSOFO CANADIENSE CHARLES TAYLOR describe el "imaginario social" de un pueblo o una era histórica como "las formas en las que la gente imagina su existencia social, cómo encajan los unos con los otros, cómo son las relaciones entre ellos y los otros miembros de su comunidad, las expectativas que normalmente se cumplen, y las imágenes y nociones normativas que subyacen a dichas expectativas"[53]. Esto, según Taylor, es mucho más amplio y profundo que los mapas intelectuales o las cosmovisiones que la gente contempla cuando piensa de un modo desconectado sobre la realidad social y política. Por lo general, no está articulado y se encuentra en las profundidades más recónditas de una cultura o sociedad, dando forma a sus prácticas y valores asumidos. En este capítulo defiendo que las buenas nuevas de la iglesia cristiana, centradas en la crucifixión y la resurrección física de Jesús, introdujeron en el mundo antiguo

---

52. Fiddes, Paul: *The Creative Suffering of God* [El sufrimiento creativo de Dios]. Oxford: Clarendon, 1988, pág. 265.
53. Taylor, Charles: *Modern Social Imaginaries* [Imaginarios sociales modernos]. Durham, NC: Duke University Press, 2004, pág. 23.

un nuevo imaginario social que aún es radicalmente subversivo en nuestro mundo contemporáneo.

La locura de la cruz

Desde el principio, el mensaje cristiano ha sido desagradable, incluso ofensivo. En el Imperio romano, aunque era muy común, todo el mundo coincidía en que la crucifixión era horrible y repulsiva. Era cruel y degradante; normalmente, la víctima recibía latigazos y era torturada antes de que la ataran a una cruz colocada en un cruce transitado como elemento disuasorio para las masas. Era la forma de morir más humillante del mundo antiguo: el castigo reservado para los esclavos rebeldes y para los que hoy llamaríamos "terroristas" contra el Estado. Un ciudadano romano no podía ser crucificado. Los romanos ni siquiera hablaban del tema: hacían como que no existiera. El senador y gran orador Cicerón declaró que "la palabra 'cruz' no solo debía evitarse en presencia de un ciudadano romano, sino que este debía alejarla de sus pensamientos, de su vista y de sus oídos"[54]. La crucifixión no solo era una forma de acabar con la víctima, sino también de borrar su recuerdo. Un hombre crucificado nunca había existido. Esa es la razón por la que ningún historiador de la antigüedad presta atención a la crucifixión.

En un mundo como ese encontramos a un grupo de hombres y mujeres que van por todo el imperio romano anunciando que entre esos "nadie" crucificados, olvidados, hay uno que es nada menos que el Hijo de Dios, el salvador del mundo.

Nunca insistiré suficiente en la locura de ese mensaje. Si querías ganar a la gente piadosa y culta del imperio para tu causa, fuera esta la que fuera, lo peor que podías hacer era relacionar dicha causa a un hombre que recientemente había sido crucificado. Por decirlo de un modo suave, hubiera sido una terrible catástrofe de relaciones públicas. Y relacionar a Dios, la fuente de toda la vida, con ese criminal crucificado, ¡era una invitación a la burla y la incomprensión total! Esa fue, ciertamente, la experiencia de los primeros cristianos.

Ese mensaje, si era cierto, subvertía el mundo de la *religión*. Porque afirmaba que si querías saber cómo era Dios, y cuáles eran

---

54. Cicerón, *Pro Rabirio* V.16, citado en Hengel, Martin: *The Crucifixion of the Son of God* [La crucifixión del Hijo de Dios]. Londres: SCM, 1986, pág. 134.

sus propósitos para el mundo, no tenías que recurrir a los sabios, a las especulaciones ambiciosas de los filósofos o a los numerosos templos religiosos, sino a una cruz a las afueras de Jerusalén. El mundo de los primeros cristianos era tan pluralista como el nuestro, sino más, en lo que se refiere a la cultura y a la religión. Pero para los judíos, un Mesías salvador crucificado era totalmente contradictorio, ya que no expresaba el poder de Dios sino su incapacidad para liberar a Israel de la dominación romana. Para los romanos y los griegos piadosos, la idea de que un dios o hijo de dios muriera como criminal, y que la salvación de la humanidad dependiera de ese suceso histórico, no solo era ofensiva, sino que era una auténtica *locura*.

El panteón romano era muy hospitalario, normalmente dispuesto a albergar a cualquier nueva deidad de un modo similar al del hinduismo vedanta. El culto público al emperador era una forma de preservar el pluralismo religioso del imperio. El nuevo movimiento cristiano habría sido bien recibido si se hubiera conformado con ser una secta privada más entre el sinfín de sectas que había en el imperio. Los primeros cristianos rechazaron ese ofrecimiento. Para ellos, Jesús no era un hombre deificado, tal como los emperadores nombrados por el senado como divinidades, ni tampoco era un héroe mitológico, como Hércules.

Este mensaje, si era cierto, también subvertía la política. Proclamaba que la salvación de Roma vendría de aquellas víctimas olvidadas del terror de Estado. El césar mismo tendría que arrodillarse ante aquel judío crucificado. Significaba que, por crucificar al Señor del universo, la tan aclamada civilización romana estaba bajo condenación. La *pax romana* era una paz falsa. Como todos los proyectos imperiales, se había levantado a costa del sufrimiento de muchos. Y Dios había escogido estar entre las víctimas, no entre los constructores del imperio. No es de extrañar que los romanos cultos de la época tacharan las buenas noticias de los cristianos (*euangelion*) de "superstición peligrosa".

Ahora bien, la locura de esta "palabra de la cruz" es la que nos obliga a tomarla en serio. Yo soy cristiano porque el evangelio cristiano tiene tal punto de locura, de absurdidad, de mundo al revés que me intriga e inquieta: *suena a verdad*. Nadie puede decir que fue una invención de algún santo, ya que iba en contra de cualquier noción de piedad. Y no ganabas nada. Todos los que lo profesaban, sufrían a causa de él.

Resurrección: lenguaje

Jesús no fue *recordado* por los primeros discípulos de la forma en la que los mártires y los sabios del pasado viven en la memoria colectiva de un pueblo. No peregrinaban a la colina donde fue crucificado o a la tumba en la que pusieron su cuerpo. Algo ocurrió poco después de la muerte de Jesús que transformó una situación de derrota y desolación en una que vio nacer un nuevo movimiento, un movimiento caracterizado no por la nostalgia sino por la "esperanza".

La afirmación central de la fe y la predicación del Nuevo Testamento es que Jesús fue *resucitado* por Dios: que durante un período de cuarenta días después de su crucifixión se les apareció de forma física en un cuerpo que podían reconocer e identificar con el del hombre que habían conocido, y que después de ese tiempo continuó comunicándose con ellos, "habitando" en ellos y capacitándolos de una forma nueva por el Espíritu. Todos los relatos tempranos de los orígenes del cristianismo están de acuerdo en que lo que distinguió al nuevo "movimiento de Jesús" en su contexto judío y grecorromano no fue la proclamación de una nueva religión o ética, sino un *acontecimiento*: la resurrección por obra de Dios del Jesús crucificado, y las implicaciones que ese acontecimiento tenía para el mundo.

Que eso formó la sustancia indispensable de la predicación apostólica lo indican las primeras cartas paulinas (que son también la literatura cristiana más antigua). En 1 Corintios 15, Pablo hace referencia a la tradición más temprana sobre Jesús que él mismo ha recibido y ha transmitido a sus lectores: "que Cristo murió por nuestros pecados según las Escrituras, que fue sepultado, que resucitó al tercer día según las Escrituras..." (1Co. 15:3-4). Aquí, como siempre, el apóstol entrelaza hechos con su interpretación. La muerte de Cristo fue una muerte "por nuestros pecados" y "según las Escrituras". Pero esta interpretación no se la ha sacado de la manga, sino que, como veremos, viene *dada* con el hecho histórico de la *resurrección*. Este suceso posterior interpreta la cruz; y que es un suceso histórico —aunque a la vez trasciende la historia— queda demostrado por la insistencia de Pablo, en la segunda parte de la frase citada arriba, de que la presencia de testigos oculares contemporáneos es parte de la tradición que da forma al evangelio (1Co. 15:5-8).

Por más que el lenguaje de la resurrección sea interpretativo (y las implicaciones de dicho lenguaje las veremos a continuación), esta sigue descansando sobre la objetividad de una serie de afirmaciones históricas, como por ejemplo la tumba vacía y las veces en las que Jesús se apareció de forma física ante sus discípulos después de la crucifixión. No sorprende, por tanto, la conclusión lógica que Pablo extrae: "Si Cristo no ha resucitado, nuestra predicación no sirve para nada, como tampoco la fe de ustedes" (1Co 15:14, cf. 1Co 15:17). La proclamación del evangelio no consiste en recitar verdades atemporales: "En fin, ya sea que se trate de mí o de ellos [otros apóstoles y misioneros], esto es lo que predicamos, y esto es lo que ustedes han creído" (1Co 15:11).

No es mi intención repetir aquí los argumentos que respaldan la tradición de la tumba vacía y la realidad de las apariciones de Jesús posteriores a su muerte. Sin embargo, las evidencias, aunque circunstanciales, son bastante impresionantes y, en mi opinión, a menudo subestimadas en el debate teológico contemporáneo y en la historiografía secular. Por ejemplo, aunque tenemos muchas evidencias en fuentes judías y romanas de la animosidad en contra de los cristianos, ningún autor judío o romano discute que la tumba estuviera vacía. ¿Qué hipótesis razonable, aparte de la proclamación cristiana inicial, puede explicar eso? A primera vista, es muy improbable que una historia confeccionada en un medio judío tuviera como testigos oculares principales a un grupo de mujeres (¡y mucho menos si alguna de ellas era de dudoso carácter moral!), pues su testimonio no hubiera sido válido en un tribunal judío. Como invenciones, estos relatos no tienen credibilidad histórica. *Algo* ocurrió para que los discípulos de Jesús rompieran con una tradición milenaria y se reunieran para adorar a Dios en domingo. *Algo* ocurrió para que aquellos judíos, muy pocos años después de la muerte de Jesús, le atribuyeran los títulos y los honores que tradicionalmente atribuían a Yahvé, el Dios que había hecho un pacto con Israel, y que se dirigieran a él en oración y adoración como se dirigían a Yahvé.

Por mucho que uno quiera evitar estas cuestiones históricas difíciles, el Nuevo Testamento demanda que no busquemos esquivar esa realidad incómoda recurriendo al lenguaje sobre "una experiencia presente del Cristo resucitado". No sirve decir, como muchos bajo la tradición teológica occidental liberal han dicho (incluidos autores asiáticos influenciados por dicha tradición), que los discípulos tenían tal experiencia interior del amor y la gracia de Dios a través de Jesús que el lenguaje "mítico" asociado a una "resurrección" era la única forma en la que podían expresar el sentido perdurable de esa experiencia. Después de experiencias catastróficas de humillación y sufrimiento, el pueblo judío había experimentado el amor y la gracia del Señor de muchas formas nuevas y esclarecedoras. Tenían diversas maneras de describir esa experiencia, pero el lenguaje de la "resurrección" —mucho menos aplicado a un líder concreto, por inspirador que pudiera ser— nunca fue una de ellas. La forma más natural de destacar la importancia de Jesús habría sido seguir usando el lenguaje tradicional que los judíos usaban al hablar de sus grandes héroes como Moisés (cuyo cuerpo nunca encontraron), o Enoc y Elías, a quienes Dios "recibió" transportándolos directamente a su presencia. O podrían haber hecho lo que los seguidores de Juan el Bautista hicieron con el cuerpo de su maestro, decapitado por orden de Herodes Antipas. Podrían haberlo reverenciado cual profeta muerto y mártir que yace en su tumba. Todas esas habrían sido reacciones normales entre los judíos. Pero al escoger hablar de la "resurrección" de Jesús provocaron la furia y la persecución oficial por parte de los saduceos.[55]

---

55. Los principales sacerdotes en Jerusalén y la mayoría de las familias aristocráticas no sacerdotales pertenecían al partido que conocemos como "los saduceos". No sabemos mucho sobre ellos; solo que eran políticamente conservadores, tenían enfrentamientos constantes con los fariseos y negaban la esperanza de la resurrección. Este último aspecto no tenía nada que ver con el escepticismo "racionalista" en cuanto a su posibilidad o imposibilidad física. Más bien era un derivado de su estatus privilegiado. Una esperanza que estuviera centrada en la inversión del *statu quo* en Israel (como veremos más delante) no podía congeniar con los guardianes de ese *statu quo* . Ver, p. ej. Wright, N. T.: *op. cit.*, págs. 209-213; Sanders, E. P.: *Judaism: Practice and Belief, 63 BCE-66CE* [Judaísmo. Práctica y creencia, 63 d. C.—66 d. C.]. Londres: SCM, y Filadelfia: Trinity Press International, 1992, cap.10.

Tampoco tiene sentido, históricamente hablando, interpretar que los discípulos de Cristo estaban tan hundidos por su muerte y el final de sus sueños que, para poder enfrentarse a esa situación tan dolorosa, proyectaron sus ilusiones y se creyeron que él había resucitado de los muertos. El mundo judío del primer siglo estaba abarrotado de revolucionarios con pretensiones mesiánicas, la mayor parte de los cuales murieron de forma violenta en manos de las autoridades. En ningún lugar vemos que sus seguidores, decepcionados y dispersados, proyectaran sus sueños rotos afirmando que su héroe había resucitado de los muertos. Simplemente eso no era una opción. El lenguaje sobre la "resurrección" no describía una experiencia privada: era física y pública. Los seguidores del revolucionario fracasado tenían que abandonar la revolución o buscarse otro líder. Por tanto, la pregunta que no podemos evadir es bien sencilla: ¿por qué los primeros discípulos usaron el lenguaje de la "resurrección" con relación a Jesús?

Desde la óptica filosófica, hay dos peligros que debemos evitar. El primero, contra el que la tradición teológica occidental liberal comprensiblemente se ha rebelado, es reducir el lenguaje de la resurrección del cristianismo primitivo a la "demostración racional" de la tumba vacía y de las apariciones post mórtem de Jesús. El segundo, bajo la influencia de la "vuelta al sujeto" cartesiana y poskantiana en la cultura secular moderna, es una tendencia a hablar de la resurrección de un modo totalmente ajeno a la perspectiva de la tradición bíblica.[56] En ambos casos los aspectos objetivo y subjetivo de las

---

56. Un ejemplo típico del cambio tan importante que ha ocurrido se ve en este breve extracto de P. Perkins, quien, aunque no niega la validez de la tradición de la tumba vacía, puede escribir lo siguiente: "Tampoco podemos insistir en que si los arqueólogos hallaran una tumba que contuviera los restos de Jesús, la proclamación cristiana de Jesús como aquel que ha sido alzado y exaltado por Dios se destruiría y con ella las pretensiones cristianas sobre el lugar de Cristo en la salvación", *Resurrection: NT Witness and Contemporary Reflection* [Resurrección. Testimonio del NT y reflexión contemporánea]. New York: Doubleday, 1984, pág. 84. Una actitud de indiferencia hacia la evidencia empírica indica un entendimiento de la resurrección y la salvación que es muy diferente al que proclamaron los apóstoles.

declaraciones de fe se han polarizado.[57] Y en ambos casos la tendencia es a hablar de la resurrección de Jesús como algo que podemos encajar en una cosmovisión secular o tradicionalmente religiosa. Pero los estudiosos del Nuevo Testamento de las últimas cuatro décadas, que han buscado redescubrir el entorno característicamente judío de Jesús y de la tradición de los evangelios, ha sacado a la luz la singularidad del lenguaje cristiano temprano sobre la resurrección. Ese lenguaje nos ofrece una base para un imaginario social alternativo que desafía tanto al secularismo occidental moderno como al panorama religioso tradicional indio.

Cabe recalcar que la creencia contemporánea judía en la resurrección no tenía nada que ver con la resurrección física del cuerpo ni con la inmortalidad del alma o espíritu sin el cuerpo. Tenía que ver con la victoria sobre la muerte, con la existencia *corporal física* en un mundo nuevo y el nacimiento de una nueva creación. Lo vemos expresado en el deseo de los mártires macabeos del siglo ii a. C.: el Dios de Israel vindicaría su causa devolviéndoles las extremidades y los cuerpos que habían perdido cuando los torturaron y mataron.[58] Es un desarrollo tardío en la fe israelita, ya que solo aparece en unos pocos textos del Antiguo Testamento (como Is 26:19, Sal 49:15 y Dn 12:2). Para los judíos del primer siglo, la resurrección iba asociada a la esperanza del reino de Dios: él vindicaría a su pueblo Israel ante sus enemigos paganos, y renovaría este mundo desfigurado. La resurrección era colectiva, al igual que pública y física. No era algo

---

57. Según el testimonio bíblico, la resurrección de Jesús, a diferencia de la tumba vacía y de las apariciones posteriores, no tuvo testigos, sino que quedó como un misterio divino, cuya verdad solo puede ser confesada por fe. No puede establecerse por ningún método histórico que opere bajo presuposiciones seculares. Hechos 10:41 también estipula que Jesús "no fue visto por toda la gente, sino por testigos a quienes Dios ya había elegido". Pero es una falacia suponer que, debido a esto, se trata de algo "meramente subjetivo". Este evento afirma ser real, con consecuencias reales tanto para el mundo humano como para el mundo no humano. La tradición de la tumba vacía, las apariciones posteriores y los comienzos del movimiento cristiano, *son* todos temas válidos e importantes para la investigación histórica.

58. 2Mac 7:9,14,21–29. Ver también 2Mac 12:43–45; 14:45–46.

que les ocurría a algunos de forma aislada. La era venidera consistiría en un mundo espaciotemporal renovado en el que los justos que habían muerto recibirían cuerpos nuevos para habitar una tierra renovada. Por tanto, la resurrección de los muertos —los justos para vida eterna y los impíos para destrucción—, marcaba la consumación de la tragedia humana. Implicaba el triunfo del Dios de Israel, que también era el creador universal y el juez de toda la humanidad. La resurrección anunciaba la llegada de un nuevo orden mundial, la manifestación suprema y definitiva de la justicia, la misericordia y el poder de Dios en la historia.[59]

Aunque la resurrección física es una creencia relativamente tardía en el Antiguo Testamento y solo aparece durante el período macabeo, fue posible por lo que la fe en el Dios de Israel significaba. Como Richard Bauckham ha señalado, la esperanza de la resurrección era una consecuencia lógica de una "fe radical en el Dios Creador" que también era el Dios del pacto con Israel.[60] Confiar en un Dios de quien depende la existencia de todo es confiar, no en las posibilidades inmanentes de la vida humana, sino en las posibilidades inmanentes del creador. "Aun cuando todas las posibilidades inmanentes de la vida se agotan con la muerte, aquel que es la fuente de toda vida puede, con la resurrección, crear nuevas posibilidades de vida"[61]. La descripción que Pablo hace de la fe de Abraham como una fe en el Dios "que da vida a los muertos y que llama las cosas que no son como si ya existieran" (Ro 4:17) es muy cercana a la descripción de Yahvé y probablemente la ha tomado prestada del lenguaje litúrgico judío.[62] Cuando los saduceos le preguntaron a Jesús por qué era razonable creer en la resurrección, él respondió apuntando al nombre revelado de Dios como el "Dios de Abraham, Isaac y de Jacob" que "no es Dios de muertos, sino de vivos" (Mt 22:23-32; Mr 12:18-27;

---

59. Ver p. ej. Wright, N. T.: *op. cit.*, págs. 320-334.

60. Bauckham, Richard: "God Who Raises the Dead: the Resurrection of Jesus and Early Christian Faith in God" [El Dios que levanta los muertos. La resurrección de Jesús y la fe en Dios del cristianismo primitivo] en *The Resurrection of Jesus Christ*, ed. Paul Avis. Londres: Darton, Longman & Todd, 1993.

61. *Ibid.*, pág. 136.

62. Resuena de nuevo en 2Co 1:9 y Jn 5:21.

Lc 20:27-40). Dicho de otro modo, podemos confiar en que el Señor que es la fuente de vida y que libremente ofrece a sus criaturas una relación personal con él, dará continuidad a esa relación al otro lado de la tumba. Una fe radical en ese Dios implica una esperanza radical para su creación.

En el Antiguo Testamento, vemos el poder de Dios sobre la vida en medio de la desesperación humana. En esas situaciones, la vida se ve como un regalo de Dios que, aun cuando está a punto de perderse, él puede volver a concederlo.[63] Conocer al Dios vivo es saber que le podemos confiar nuestra vida completamente (p. ej., Sal 73:24-26). Él es el Señor justo que vindicará a los justos que confían en él en medio de la opresión y la burla. Así, la esperanza de la vida con Dios después de la muerte no se origina con los mártires macabeos sino que, como Bauckham señala, los mártires "son paradigmáticos de la esperanza de la resurrección porque los mártires son aquellos que confían su vida a Dios hasta el punto de darla por él"[64].

Aquí está la diferencia fundamental entre las teorías de la inmortalidad del alma y la esperanza bíblica de la resurrección; entre creer en cierto poder inmanente dentro de uno mismo para sobrevivir a la muerte y reconocer que Dios es quien da la vida y por tanto podemos confiarnos a él incluso hasta la muerte. No existe una progresión natural de la vida humana a la resurrección; esta última solo es posible a través de una fe radical en un creador digno de confianza que por su gracia nos da la vida como un regalo.

---

63. En cuanto al don de Dios de la vida en situaciones desesperadas, ver, p. ej., pasajes como Gn 25:21; 29:31; 30:22-23; Sal 30:3; 86:13; Is 38:10; Jos 2:6; 1S 1; 2:4-8; Dn 3:28, 6:23.

64. Bauckham, Richard: *op. cit.*, pág. 143. Wright también apunta al hecho de que "La expectativa escatológica de la mayoría de los judíos de este período era una renovación, no un abandono, del orden presente espacio-temporal en general, incluyéndolos a ellos en esa renovación. Debido a que estaba fundada en la justicia y misericordia del Dios creador, el Dios de Israel, era inconcebible que quienes habían muerto en la lucha para traer a la existencia al mundo nuevo habrían de ser excluidos de la bendición cuando finalmente llegara a la nación y de ahí al mundo entero", *op. cit.*, págs. 331-332.

La fe de los primeros cristianos en la resurrección tiene esa misma perspectiva que vemos en el Antiguo Testamento y en la comprensión farisaica del primer siglo (Hch 23:6). Pero con una *diferencia revolucionaria y decisiva*: los primeros cristianos proclamaban que Jesús había resucitado *antes* del día de la resurrección general. Estamos ante una anticipación proléptica del final de la historia. En la resurrección de Jesús, Dios no solo muestra un atisbo y una garantía de la nueva creación, sino que anuncia el comienzo de esa nueva creación antes de su cumplimiento total. Tenemos en la era presente un anticipo de la era por venir. Así es como los primeros cristianos proclamaban la resurrección: no solo como la acción de Dios para vindicar y legitimar a Jesús como Señor y Salvador universal (p. ej., Mt 28:18; Hch 2:24–36; 4:11; 5:30–32; 17:31; Ro 1:2–4), sino como las "primicias" de la nueva humanidad creada por medio de él (p. ej., 1Co 15;20–25.; Hch 26:23; 1P 1:3). Fue resucitado de forma única antes que los demás *porque* murió y resucitó de forma única *por* los demás.

Los primeros seguidores de Cristo habían entrado al discipulado en medio de una ferviente expectativa mesiánica. También hemos visto que "resurrección" es un término que usaban de forma deliberada; no era en absoluto la única opción disponible para expresar lo que habían experimentado de Dios a través de su vida y ministerio. ¿Qué les hizo afirmar de forma totalmente singular que Jesús era la única persona en la historia que había experimentado la "resurrección"? Después de todo, en el ámbito social y político no ocurrió nada que podría haber convencido a la gente de que la nación de Israel había sido exaltada ante sus opresores paganos y de que el Dios de Israel ahora era rey sobre sus enemigos. Aparte de la resurrección misma, el único suceso cercano que había ocurrido era que los romanos habían ejecutado a otro aspirante a Mesías. Eso era bastante común, y para los judíos no era una evidencia de que el reino había llegado ¡sino todo lo contrario!

En el mundo judío antiguo, así como en nuestro mundo moderno, que alguien que había estado muerto aparezca vivo no justificaría aclamar a la persona en cuestión como el salvador del mundo, el Hijo de Dios, o cualquier otra cosa por el estilo. Hace trescientos años, David Hume señaló que, cuando nos encontramos con una anomalía que no concuerda con nuestra experiencia, somos más propensos a buscar una explicación que a catalogarlo como un milagro. Si, por ejemplo, uno de los dos *lestai* crucificados con Jesús se hubiera aparecido a sus amigos unos días después, podemos imaginar que sería muy poco probable que lo aclamaran de esa manera o que a partir de ese suceso alguien dedujera que la salvación de Israel había llegado. Eso nos lleva a hacernos la siguiente pregunta: la creencia de que alguien había resucitado de los muertos, lo entendieran como lo entendieran, ¿podría haber tenido el efecto que tuvo si no se hubiera sabido que el hombre al que habían crucificado y que había resucitado vivió de tal modo y dijo tales cosas sobre sí mismo que la resurrección encajaba claramente con todo lo que había ocurrido anteriormente?

La cruz y la resurrección son la base de prácticamente todas las formas del cristianismo temprano. Pero, como argumenta Tom Wright de forma bastante verosímil:

> El crecimiento de aquella perspectiva de los primeros cristianos solo es comprensible si se seguían conociendo, como hechos históricos, ciertas cosas sobre aquel que (entre tantos otros) fue crucificado a las afueras de Jerusalén y a quien (a diferencia de muchos otros que le precedieron y le sucedieron, un hecho ciertamente significativo) sus seguidores vieron pocos días después ... Más concretamente, si la resurrección se veía como parte del conjunto de sucesos a través de los cuales el Dios del pacto devolvería la fortuna a su pueblo, el relato de una "resurrección" de Jesús solo podía tener sentido si se usaba *para narrar la historia de Israel mediante la historia de Jesús.*[65]

Wright señala que no servía con anunciar simplemente que había muerto un hombre, incluso que había muerto de una forma especialmente brutal, y que había sido hallado vivo. Esa no era la cuestión: "El evangelio de la iglesia primitiva, de Pablo, de los evangelistas, dice que las promesas de las Escrituras judías se habían hecho realidad en la resurrección. Esa es la razón por la que Pablo y otros

---

65. Wright, N. T.: *op. cit.*, pág. 400 (énfasis original).

insisten en que la muerte y la resurrección de Jesús ocurrieron 'según las Escrituras' o para que estas se cumplieran"[66].

Resurrección: implicaciones

¿Cuáles son las implicaciones de la resurrección de Jesús? Quiero sugerir las siguientes, en base al testimonio del Nuevo Testamento:

(a) Ahora la esperanza escatológica está centrada en *Cristo*. Los escritores del Nuevo Testamento establecen una fuerte conexión entre la vida para el mundo y la vida histórica de Jesús (p. ej., 1Jn 1:1; 1Co 15; Ro 8). La fe en la resurrección nos remonta a las palabras y las obras de Jesús y a su proclamación del reino de Dios. Ahora, la resurrección de Jesús es *la señal* de la inminencia del reinado de Dios y de la garantía de lo que está por venir. Aunque aún estamos en el viejo orden, los seguidores de Cristo ya podemos saborear los poderes de la era venidera (Heb 6:4-5; cf. Ro 8:23; 2Co 1:22). En la resurrección de Jesús, el creador ha reafirmado su compromiso con su creación; por lo que, lejos de devaluar a esta, la esperanza en la resurrección y en la nueva creación habla de un Dios que se mantiene fiel a su creación.

Oliver O'Donovan nos recuerda que la resurrección de Jesús lleva nuestra mirada hacia la creación material a la que vindica:

Al proclamar la resurrección de Cristo, los apóstoles también proclamaban la resurrección de la humanidad con él; y al proclamar la resurrección de la humanidad, también proclamaban la renovación de toda la creación con él. La resurrección de Cristo aislada de la humanidad no sería evangelio. La resurrección de la humanidad aparte de la creación sería un tipo de evangelio, pero un tipo meramente gnóstico, que niega el mundo y que está lejos del evangelio que los apóstoles predicaron.[67]

---

66. *Ibidem.*

67. O'Donovan, Oliver: *Resurrection and Moral Order: An Outline for Evangelical Ethics* [La resurrección y el orden moral. Bosquejo para la ética evangélica]. Leicester, UK: Intervarsity Press, 1984, pág. 31.

En la misma línea, cuando el teólogo Alan Lewis estaba a las puertas de la muerte debido a un cáncer escribió una profunda reflexión sobre la muerte y la sepultura de Jesús. En ella dice lo siguiente:

La resurrección de un cadáver es la declaración definitiva de que es bueno ser corporal, carnal, temporal; y que, para resucitar el cuerpo humano, Dios primero se identificara con el cuerpo en la tumba confirma que no solo es bueno y adecuado ser carnal, sino que también lo es que nuestra carne se deteriore, caduque y acabe por descomponerse.[68]

Esto tiene implicaciones profundas para el modo en el que nos acercamos al envejecimiento y a la muerte, y a la vez desacredita las fantasías de trascender nuestra existencia corporal con la ayuda de las tecnologías transhumanistas.

(b) Ahora la fe en Dios está centrada en *Cristo*. A la luz de la resurrección, la proclamación de Jesús del reino de Dios se tradujo en la proclamación de la iglesia primitiva de Jesús como el Mesías que encarna y también trae consigo ese reino. La comprensión que él tenía de Dios como su Padre se tradujo en la predicación de la iglesia primitiva de Jesús como Hijo de Dios y en una nueva compresión de Dios como "el Padre del Señor Jesucristo". La fe radical en el Dios creador "que resucita a los muertos" ahora se centra en el Cristo resucitado. La esperanza judía de la resurrección ahora se convierte en fe en Jesús, quien es, él mismo, la resurrección y la vida (p. ej., Jn 11:25). En la resurrección de Jesús, Dios regala la resurrección a aquellos que creen en él. Los autores del Nuevo Testamento van aún más allá: al resucitar a Jesús, Dios le da su poder de dar vida para resucitar a los muertos. Él es el "autor de la vida" (p. ej., Hch 3:15), "el que vive" (p. ej.,

---

68. Lewis, Alan E.: *Between Cross and Resurrection: A Theology of Holy Saturday* [Entre la cruz y la resurrección: una teología del Sábado de Gloria]. Grand Rapids, MI, y Cambridge, UK: Eerdmans, 2001, pág. 408.

Ap 1:18; cf. su uso como título divino en Dt 5:26; Jos 3:10; Sal 42:2; etc.), el "Espíritu que da vida" (p. ej., 1Co 15:45), aquel a quien el Padre ha dado "vida en sí mismo" para que pueda dar vida a otros (Jn. 5:21-26). Detrás de toda la variedad de símbolos y expresiones, encontramos una convergencia de creencias. Aún tenemos la compresión judía de Dios como fuente de toda la vida, pero ahora se le da una orientación cristológica. El poder de la vida resucitada de Jesús es el poder de Dios de dar vida a los muertos.

En las páginas del Nuevo Testamento se da una reorientación cristológica en el nivel más fundamental, en la transformación del lenguaje y del simbolismo. El fallecido G. B. Caird observó que "[los autores del Nuevo Testamento] opinaban que con la venida de Jesús la situación de la humanidad cambió tanto, que alteró el contenido semántico de la palabra 'Dios'"[69]. Entre otros ejemplos, él menciona el día de Yahvé, que pasó a ser "el día de nuestro Señor Jesús" (2Co 1:14); y, respondiendo a un grupo cismático que decía conocer a Dios y amarlo de un modo esotérico (1Jn 1:6; 2:4; 4:20), la primera epístola de Juan deja claro que no conocemos el significado de la palabra "amor" ni le damos su verdadero sentido ético hasta que creemos que el amor de Dios tomó forma humana en su "Hijo" Jesús, que fue "enviado" como sacrificio expiatorio por el pecado humano (1 Jn 4:9).

La afirmación singular del judaísmo —que el Dios creador, presente y activo en todas partes, había intervenido de forma específica en la historia de Israel— fue tomada por los primeros cristianos, quienes le dieron un nuevo enfoque: ese Dios creador había llevado la historia de Israel a su clímax interviniendo de forma específica en la persona de Jesús, y ahora intervenía por su Espíritu de una manera nueva inaugurada por su muerte y resurrección. Al hablar de Jesús, del Espíritu y de Dios

---

69. Caird, G. B.: *The Language and Imagery of the Bible* [Lenguaje e imágenes de la Biblia]. Londres: Duckworth, 1980, pág. 51.

en la misma frase no solo estaban haciendo afirmaciones extraordinarias sobre Jesús dentro del marco monoteísta del pensamiento judío, sino también sobre Dios.

(c) Ahora, la ética —entendida como la forma de ser verdaderamente humano— está centrada en *Cristo*. La crucifixión puede verse como el lugar en el que convergen dos visiones opuestas del ser humano. La primera la vemos en la autocomplacencia de los fariseos, en la búsqueda del interés propio y la calculadora autoprotección de la clase sacerdotal, en el pragmatismo despiadado de los políticos que los gobiernan y en la volubilidad de las "masas" con ansias de poder y venganza provocadas por la desilusión. La segunda la vemos en Jesús: una sumisión radical, una dependencia total de aquel al que conocía como Padre, que hace que esté dispuesto a entregar su vida por amor a los demás. Vemos el choque entre dos formas de definir al ser humano: *la afirmación de uno mismo* (o la "supervivencia" como el valor máximo) y *la negación a uno mismo* (o el camino de la cruz). Por tanto, la resurrección de Jesús es la vindicación por parte de Dios, dentro de la historia y como anticipo del *eschaton*, del camino de la cruz.

La fe radical en Dios que Jesús enseñó a sus discípulos y que él mismo vivió se basa en ver la vida como un regalo de parte de un Dios fiel. Aquello que uno recibe de forma gratuita, lo da gratuitamente (Mt 10:8). Puesto que él es el único al que le podemos confiar nuestra vida y nuestro futuro, vivir la vida centrado en uno mismo es vano y, en definitiva, autodestructivo. Jesús experimenta la paradoja de que "el que procure salvar su vida, la perderá; y todo el que la pierda, la salvará" (Lc 7:33, RVR1960; cf. Jn 12:24,25).[70] Solo si renunciamos al intento de asegurar (o establecer) nuestro propio bien y si nos

---

70. En los dichos paralelos de Lc 9:24, Mr 8:35 y Mt 16:25, este perder la vida es "por mi causa". En un apartado anterior ya hemos señalado las implicaciones que esto conlleva para la autoridad de Jesús.

olvidamos de nosotros mismos por amor a Dios y al prójimo (quien, según Jesús, también incluye a los enemigos personales y de nuestra nación), veremos nuestro verdadero yo satisfecho y recibiremos nuestro verdadero bien como un regalo de parte del Señor. La resurrección, al vindicar la fiabilidad y el poder de Dios, también vindica a Jesús como su Hijo único y el camino del amor entregado que él encarna.

Por último, unas breves palabras sobre las dos formas en las que la esperanza de la resurrección a veces se ha distorsionado o "secuestrado" en beneficio de una ideología dominante. Ambas se dan porque la tradición deja de estar fundamentada en la esperanza escatológica judía. La primera (siempre una tentación en los entornos helenistas, indios y secularistas) la convierte en una creencia en la supervivencia personal o una "experiencia religiosa" interior, y ya no la ve como la afirmación sobre la transformación del universo. El cielo se convierte en un refugio para el alma atormentada. Cuando la iglesia se acomoda al orden existente y se preocupa cada vez más por su vida interior, la teología deja de ser una reflexión misionera para convertirse en un pasatiempo académico, y la expectativa por la venida del reinado del Mesías a la Tierra se desvanece. No es de extrañar que, en la historia de la iglesia, los que han recuperado y conservado la esperanza bíblica de la resurrección han sido los grupos cristianos marginados por la ideología oficial.

La segunda distorsión aparece reflejada en los escritos de esos teólogos que, aunque continúan usando el lenguaje de la "resurrección" y el "reino", entienden la esperanza en términos de una característica antropológica general como la autotrascendencia o como un desarrollo evolutivo de las posibilidades inmanentes de un proceso. Pero la promesa de Dios de un "cielo nuevo y una tierra nueva, en los que habite la justicia" no tiene conexión necesariamente con el progreso humano o cósmico. Lo que el Señor desea para el mundo y lo que hará con él aparece en la descripción del *eschaton*.

Incluso si el mundo va de mal en peor y llegamos a la locura nuclear, no quiere decir que Dios no vaya a cumplir su promesa de convertir las espadas de las naciones en arados o que nuestro esfuerzo de pacificación sea en vano. La resurrección y el reino conforman un *regalo* sorprendente que no merecemos, no es un mérito propio, y todas nuestras obras de fe y amor son "señales" que apuntan más allá de nuestras acciones: apuntan a la nueva creación que él hará en la historia por su poder transformador.

En resumen, hemos visto que la esperanza judía de la resurrección expresaba, a la vez, esperanza en la reafirmación del pacto que el Dios creador había hecho con Israel y la reafirmación de toda su creación. La resurrección es una acción creativa de Dios en la que muestra su fidelidad con su creación dándole nueva vida en su presencia más allá de la muerte y la descomposición. La resurrección parece una violación inaceptable del orden creado solo si nos acercamos a la creación desde una perspectiva deísta. Pero, como Bauckham comenta sabiamente, la resurrección es algo que anticipamos en todas esas experiencias en las que la vida se halla perdiéndola:

> … rescatar una vida de las garras de la muerte,
> ver surgir la esperanza en medio de la desesperación,
> experimentar libertad ante la opresión, encontrar
> perdón más allá del círculo vicioso de la culpa y la
> retribución, dar contra toda probabilidad amor a los
> despreciables, experimentar nuestro verdadero yo a
> través de la negación y de la entrega de uno mismo.
> Ese tipo de posibilidades en esta vida mortal nos son
> dadas por el creador, quien sostiene, redime y renueva
> su creación ante el mal y la muerte que la acosan.[71]

La resurrección, por tanto, es la acción definitiva de la fidelidad del Creador con su creación, y la singularidad

---

71. Bauckham, Richard: *op. cit.*, pág. 153.

de la resurrección de Jesús *en* la historia encaja con *el rol único de Jesús* —rol que desempeña de forma consciente— en el propósito redentor de Dios para su mundo.

Un imaginario subversivo

Cuando reflexionamos sobre la importancia de Jesús, es extremadamente importante tener en cuenta ese tipo de conexiones y de coherencia. Hemos visto cómo el lenguaje de la "resurrección" aplicado a él surgió debido a sus apariciones después de su muerte; lejos de ser una mera anomalía histórica, dio coherencia a sus palabras y hechos anteriores a la crucifixión. Se ha hecho mucho daño desde los círculos teológicos, tanto liberales como conservadores, al despojar la predicación de Jesús y de los primeros cristianos de su trasfondo veterotestamentario y de la creencia y la práctica judía del primer siglo. Entonces, Jesús se convierte en otro gurú asiático, otro filósofo cínico u otro revolucionario político, dependiendo de la inclinación teológica del lector moderno.

En el capítulo anterior argumenté que el estilo de vida tan admirado de Jesús va de la mano de su enseñanza, y que esta última no se puede separar de las afirmaciones radicales que hizo sobre su persona y su ministerio. De hecho, hemos visto que esa particular combinación de su estilo de vida y sus declaraciones lo distingue como alguien único y totalmente diferente a Moisés, Buda, Mahoma, Confucio o cualquier otro personaje histórico —o incluso de ficción— que encontramos en las culturas del mundo.

Decir, como algunos hacen, que esto es irrelevante porque toda comunidad religiosa defiende la singularidad de su "agente soteriológico" es evadir la incomodidad de la *naturaleza única de la singularidad* que Jesús se otorga a sí mismo (o, si lo preferimos, que la iglesia temprana le otorga). Decir, como algunos hacen, que enfatizar su singularidad provoca división en sociedades donde hay múltiples cosmovisiones es perfectamente cierto; pero si eso se lleva al extremo para insinuar que la división debe evitarse *a cualquier precio*, entonces es en sí parte de una cosmovisión que Jesús y sus discípulos ponen en tela de juicio. Decir, como algunos hacen, que conceptos como "resurrección" y "expiación" son conceptos condicionados culturalmente que pueden desvincularse del mensaje cristiano y no perder su "experiencia esencial" es asumir cierta visión de la cultura (también condicionada culturalmente), experiencia y revelación que los autores bíblicos cuestionan. El evangelio de la resurrección lleva consigo su propia epistemología e imaginario social, al igual que su propia praxis revolucionaria.

La historia de la cruz y la resurrección de Jesús de Nazaret subvierte las historias fragmentadas y los tribalismos del mundo posmoderno. El posmodernismo ha llegado a significar cosas muy diferentes en diferentes contextos, pero una cosa en la que hay común acuerdo como parte de una "sensibilidad posmoderna" general es la desconfianza ante cualquier marco absoluto de significado. Ya no creemos en la historia sino solo en las historias, ni en el relato sino en los *relatos*; pero esas historias y esos relatos menores pueden ser tan opresivos como los grandes. Porque entonces ya no hay nada fuera de nosotros para juzgar nuestras acciones, menos aún las acciones de los demás; estamos a la merced de la tiranía de nuestras propias comunidades; no tenemos un lenguaje ni un marco de comprensión común para hacer que la comunicación con otros sea posible. El yo posmoderno implosiona hacia dentro: como el mensaje que recibo es que nadie ha escrito nada sobre mí, lo que me queda es recurrir a mi imaginación y crear mi personaje, infinitamente maleable.

Para muchas personas, no solo para los jóvenes, el consumismo se ha convertido en el medio para construir una identidad. Salimos a comprar un yo. Nuestra ropa, nuestras casas y nuestros automóviles cuentan quiénes somos (o en quiénes nos estamos convirtiendo). No es casualidad que el mundo de la moda se considere la industria de la identidad. Como el salvapantallas de nuestros ordenadores, nuestro yo posmoderno cambia constantemente, adoptando nuevas configuraciones. Algunos buscan la identidad a través de la terapia, la intimidad sexual o experimentando con técnicas de la nueva era. Para otros, el ciberespacio y la realidad virtual son el medio para crearse a sí mismos y luego buscamos el reconocimiento de ese yo uniéndonos a comunidades virtuales. Incluso en Internet, al igual que en nuestro vecindario físico, gravitamos hacia personas que son como nosotros. Si el yo moderno y autónomo imponía un universalismo falso y asfixiante sobre los demás, el yo posmoderno se aleja de aquellos que realmente son "el otro". Los reconocemos, incluso los toleramos, pero no podemos comunicarnos con ellos.

El mensaje de la cruz nos dice que Dios nos toma tal como somos: con todas nuestras miserias y miedos, nuestros fracasos y deficiencias, nuestras familias, nuestras culturas y nuestras ocupaciones. No tenemos que cambiar o esforzarnos para que él nos ame. Aunque Dios nos acepta tal como somos, no nos deja donde estamos. Con él iniciamos un viaje, y le da a nuestra cultura, a nuestro trabajo y a nuestro trasfondo (todo lo que hace que yo sea *yo*, y que tú seas *tú*) una nueva dirección. Nos une a personas con las que, si por nosotros fuera, nunca nos habríamos asociado. Algunas de ellas quizá no me caían bien, o me consideraba superior a ellas o me veía incapaz de hablar con ellas. La cruz nos pone a todos al mismo nivel y nos levanta como hijos e hijas de Dios. El mismo acto que me reconcilia con él ahora me reconcilia con mi vecino, incluso con mi enemigo. Al otro lado de la cruz emerge una nueva comunidad en la que las barreras desaparecen mientras que la diversidad se honra, y en la que se forman nuevas identidades a medida que interactuamos en la presencia del Jesús resucitado.

3

Globalización, nacionalismo y resurgimientos religiosos

*Por primera vez en la historia, un musulmán de
cualquier país y condición —un predicador en Harlem,
un terrorista de Mombasa, un líder de partido político
en Kuala Lumpur, una feminista en Marrakech—
puede tener acceso a una audiencia mundial tan
fácilmente como las autoridades tradicionales, como
un jeque al-Azhar en El Cairo, un ayatola en Náyaf
o un muftí designado por la realeza en Riad.*[72]

EL MUNDO EN QUE VIVIMOS ES *SOLO UNO*. HACE DOS décadas, el sociólogo alemán Ulrico Beck escribió acerca de una nueva "globalidad" que significa que "a partir de ahora, nada de lo que ocurra en nuestro planeta será solo un evento local, limitado; todos los inventos, las victorias y catástrofes afectan al mundo entero, y debemos reorientar y reorganizar nuestra vida y acciones, nuestras organizaciones e instituciones, según un eje local-global"[73].

Sin embargo, no se debe exagerar la novedad de este postulado. Uno de los mitos más persistentes sobre la globalización es que se trata de un fenómeno reciente, iniciado principalmente por el capitalismo occidental. Indudablemente, el alcance y la intensidad de las prácticas globalizantes se han incrementado en décadas recientes,

72. Bulliet, Richard W.: *The Case for Islamo-Christian Civilization* [En defensa de la civilización islamocristiana]. Nueva York: Columbia University Press, 2004, pág. 147.

73. Beck, Ulrich: *What is Globalization?* [¿Qué es la globalización?]. Publicado en alemán en 1997; en inglés: Cambridge: Polity Press, 2000, pág. 11.

pero las culturas y sociedades siempre han interactuado y se han influenciado mutuamente por el movimiento de productos, personas e ideas. Las culturas no son —ni han sido— simplemente receptoras pasivas u observadoras perplejas. La globalización ha tenido diferentes formas a lo largo de la historia, desde las expediciones globalizantes por mar y tierra del período bizantino y de la dinastía Tang, hasta los expansionismos islámicos y europeos del siglo XVI, el comercio de especias de la Compañía Británica de la India Oriental y la colonización imperialista, el canal de Suez y la dispersión de judíos, chinos y otros grupos étnicos. El té Lipton fue la primera bebida global, precursora de la Coca-Cola y el Starbucks.

Varios estudios históricos han desafiado la interpretación típicamente eurocéntrica de la globalización, argumentando que la modernidad debe verse como una empresa multicéntrica, que involucra la participación activa de muchas sociedades por todo el planeta.[74] A finales del siglo XVIII y comienzos del XIX se hizo evidente una inquietud profunda en los antiguos regímenes agrarios alrededor del mundo, y hubo fuertes presiones para cambiarlos en China, India, Persia y Arabia. Estas presiones hicieron erupción explosiva en las revoluciones americana y francesa, que desató una lucha por el poder que fue verdaderamente global. En este contexto más amplio, el futuro de la Europa del siglo XIX se decidió tanto por eventos en Egipto, India y las Antillas, como por las guerras peninsulares o la Revolución francesa. Napoleón mismo lo reconoció indirectamente cuando comentó que la batalla de Waterloo se había perdido en la

---

74. Los siguientes estudios me han sido particularmente útiles: Bayly, C. A.: *The Birth of the Modern World, 1780-1914* [El nacimiento del mundo moderno, 1780-1914]. Oxford: Blackwell, 2004; Hobson, John M.: *The Eastern Origins of Western Civilization* [Los orígenes orientales de la civilización occidental]. Cambridge: Cambridge University Press, 2004; Hopkins, A. G. (ed.): *Globalization in World History* [La globalización en la historia mundial]. Londres: Pimlico, 2002; Fernández-Armesto, Felipe: *Millennium*. Londres: Black Swan, 1996; van der Veer, Peter: *Imperial Encounters: Religion and Modernity in India and Britain* [Encuentros imperiales. Religión y modernidad en la India y Gran Bretaña]. Princeton, NJ: Princeton University Press, 2001; Goody, Jack: *Islam in Europe* [El islam en Europa]. Cambridge: Polity Press, 2004.

India.[75] Los eventos tuvieron repercusiones por todo el mundo. La rebelión de Taiping en China, la denominada Rebelión motín de la India de 1857 y la guerra civil estadounidense fueron todos eventos globales (aunque desencadenados por causas locales) que reflejaron y también impulsaron las fuerzas del cambio ideológico, económico y político. El gran historiador Christopher Bayly ha demostrado cómo "la creación de Estados colonialistas más fuertes e intervencionistas en Europa y fuera de Europa fue el legado más potente de la era de las revoluciones", y que los eventos de los años 1780–1820 aceleraron grandemente el surgimiento del "Estado nación moderno, definido y agresivo, y de sociedades comerciales, educadas y laboriosas por todo el mundo"[76].

La apreciación de Bayly sobre el mundo del siglo XIX es de una semejanza muy notable con el nuestro:

> En tanto que los eventos mundiales se iban haciendo más interconectados e interdependientes, las formas de acción humana se iban ajustando mutuamente, haciéndose muy similares alrededor del mundo ... Este incremento de la uniformidad era visible no solo en grandes instituciones como iglesias, cortes reales o sistemas de justicia. También se hizo evidente en lo que este libro denomina "prácticas corporales": las formas de vestir, hablar, comer y desarrollar relaciones en las familias ... Y al mismo tiempo, estas conexiones también podían acrecentar el sentido de *diferencia*, e incluso antagonismo, entre gente de sociedades diferentes y especialmente entre sus élites.[77]

Luego añade:

> De hecho, estaba surgiendo un cierto tipo de estructura de clase internacional. Paradójicamente, esta especialización dio origen a una impresión de uniformidad. Los grupos gobernantes, profesionales o incluso clases obreras de distintas sociedades se veían más y más similares, estaban sujetas a tipos de presiones similares,

---

75. Bayly, C. A.: *op. cit.,* pág. 86.

76. *Ibid.*, pág. 88.

77. *Ibid.*, pág. 1.

y comenzaron a albergar aspiraciones similares. De
nuevo, la convergencia, uniformidad y similitud no
significaba que todos fueran a pensar o actuar del mismo
modo. Pero por lo menos sí podían percibir y articular
intereses comunes que traspasaban los límites del Estado
nación, aun cuando este los influía profundamente.[78]

De manera que la segmentación geográfica de la historia, expresada
en la producción de "historias nacionales", es una distorsión de la
realidad, tanto como lo es también la segmentación geográfica de la
teología. La globalización que ha tenido lugar en el período desde
1800 hasta el presente es muy diferente a sus predecesoras en ciertos aspectos cruciales. Sin embargo, antes de ese período, hubo flujos significativos de bienes, recursos, divisas, capital, instituciones,
ideas, tecnologías y personas entre zonas geográficas a tal grado que
llegaron a transformar sociedades en distintos lugares del mundo.
Los sistemas de conocimiento siempre habían sido interactivos,
como, por ejemplo, cuando los letrados chinos entraron en contacto
con las ideas de Aristóteles por medio de los buenos oficios de los
jesuitas.

La complejidad del pensamiento no europeo en el siglo XIX nunca
fue simplemente un producto derivado de normas occidentales,
pero sí hubo gobernantes e intelectuales no europeos que adopta-
ban ideas europeas y las usaban en su intento de forjar herramientas
intelectuales para hacer frente a sus propias "modernidades primitivas". Robert Holton afirma:

> Una historia global no necesita tomar la forma de un
> solo proceso unificador [o metanarrativa], como sería,
> por ejemplo, el triunfo de la razón o de la civilización
> occidental. Tampoco tiene por qué implicar un
> inexorable proceso de homogeneización en un solo
> patrón ... Lo mínimo que se requiere para que podamos
> hablar de un hilo conector global es que existan

---

78. *Ibid.*, pág. 21.

> interconexiones tangibles entre las distintas regiones,
> lo cual conduce al intercambio y la interdependencia.[79]

Antes del año 1800, la mayoría de los principales protagonistas de la economía mundial de cualquier época no fueron europeos. Muchas de las tecnologías que resultaron ser cruciales para las revoluciones agrícolas, militares y políticas desde el Medioevo hasta los 1800 provenían del Oriente, por ejemplo: el estribo, el arnés, el molino de viento y de agua, los arados de acero y las herraduras, la pólvora y las pistolas, el cañón, la brújula, los sistemas de mástiles múltiples y los cascos cuadrados de los barcos, la fabricación del papel y las imprentas de tipos móviles metálicos. Recién a mediados del siglo XIX, Europa logró alcanzar el desarrollo que existía en muchas regiones de Asia y en el Imperio otomano.

Cien años antes que los primeros conquistadores europeos navegaran hacia América y hacia las Indias orientales, China controlaba la mitad de los océanos del mundo. Con su formidable fuerza naval podía fácilmente haber tomado el control de la otra mitad. Pero no lo hizo. Las grandes flotas de tesoro que tenía el capitán chino (musulmán) Cheng Ho, después de atravesar el océano Índico, rodearon Ciudad del Cabo en el otoño de 1421 y navegaron por la costa oeste de África hasta llegar a las islas de Cabo Verde.[80] Algunos de sus barcos fueron a explorar Antártida y el Ártico, América del Norte y del Sur, y cruzaron el Pacífico hasta llegar a Australia. "Habían resuelto el problema del cálculo de latitud y longitud y habían hecho mapas de la Tierra y de los cielos con igual precisión"[81]. Al retorno de Cheng Ho a Beijing en 1423, se encontró con que China había tenido no solo un "cambio de régimen", sino un retroceso abrupto en su política exterior. De pronto, se volvió hacia adentro, renunció al comercio marítimo y prohibió los viajes al extranjero. La corte china destruyó todos los mapas y documentos que registraban estos descubrimientos marítimos y logros científicos tan importantes. Volvió

---

79. Holton, Robert J.: *Globalization and the Nation-State* [La globalización y el Estado nación]. Londres: Macmillan, 1998, pág. 28.
80. Menzies, Gavin: *1421: The Year China Discovered the World* [1421: el año en que China descubrió el mundo]. Londres: Bantam Press, 2002. Cap. 4.
81. *Ibid.*, pág. 10.

al poder la nobleza rural tradicional, y China entró en un período largo de aislamiento y xenofobia.

Europa nunca ha sido una realidad geográfica aislada. Es problemático apelar a la antigua Grecia como la fuente de la civilización europea, porque los griegos tomaron prestado de otros pueblos muchos elementos culturales. En la mitología griega, "Europa" era la hija de la hija del rey de Tiro, un reino que se encuentra en la costa del Líbano. La mayoría de los platillos "europeos" fueron importados de otras regiones. La pizza primero se cocinó en el antiguo Egipto. Posteriormente tuvo su retoque en Estados Unidos, y volvió como el "platillo nacional" de Italia. Los árabes introdujeron el cultivo del arroz y el azafrán en Sicilia y España (lo cual permitió la hechura de la *paella*). El chocolate llegó de México, las especias del sureste de Asia, y el café de Etiopía (derivado del vocablo árabe *kahwa*). La importación actual de ingenieros de la India en Europa fue presagiada hace siglos por la dependencia europea en la habilidad de los expertos chinos. Como lo ha señalado Michael Edwardes:

> Los responsables de los primeros puentes de arco
> segmentado en Europa, como el Ponte Vecchio, que
> cruza el río Arno en Florencia (1345), seguramente
> fueron influidos por la pericia pionera de los chinos.
> De hecho, la fama de los técnicos chinos persistió
> (durante siglos) y Pedro el Grande de Rusia, en el proceso
> de modernización del país, trajo ingenieros chinos en
> 1675 para sus proyectos de construcción de puentes.[82]

Los primeros en desafiar la versión eurocéntrica de la historia del mundo fueron los jesuitas. Desde los días de la primera misión jesuita a China con Mateo Ricci en 1610, surgió en Europa un flujo constante de cartas, reportes y libros sobre aquel imperio, que mostraba a los europeos que la pólvora, la brújula para navegar, el papel y la imprenta habían sido invenciones chinas. Luis XIV de Francia envió a seis jesuitas a China en 1685 con una extensa lista de temas (preparada por la Academia Francesa de Ciencias) para recaudar

---

82. Edwardes, Michael: *East-West Passage* [El paso de Oriente a Occidente]. Nueva York: Taplinger, 1971, pág. 85, citado en Hobson, John M.: *op. cit.*, pág. 132.

conocimientos en varias disciplinas, desde ciencias, flora y fauna, hasta producción agrícola. El filósofo y matemático alemán Gottleib Leibnitz (1646-1716) solicitó a la misión jesuita en China que enviara información sobre la manufactura de metales, el té, el papel, la seda, la porcelana, tintes y vidrio, así como también sobre tecnologías navales y militares avanzadas. También pidió a los jesuitas que transportaran a Europa máquinas y modelos de tecnología agrícola y de manufacturas. La imaginación de intelectuales y monarcas europeos fue estimulada por abundantes libros de cartas jesuitas, relatos de viaje y traducciones de textos chinos.[83] Después de los misioneros jesuitas llegaron otros aventureros y marineros que no solo enviaron descripciones de todos los aspectos de la vida en ese imperio, sino que también trajeron varios modelos y máquinas que luego fueron copiadas y adaptadas para ser la punta de lanza de las revoluciones —agrícola e industrial— en Europa.[84]

Lo que nos muestra esta explicación es que las polarizaciones binarias entre "oriental" y "occidental", "nacional" y "foráneo" son tan problemáticas como esa distinción tan común entre lo "secular" y lo "religioso". Los orígenes de la modernidad no se hallan exclusivamente en la Ilustración occidental, entendida superficialmente como un "proyecto ateo", sino en una interacción compleja e histórica entre civilizaciones europeas y no europeas que comenzó desde el siglo XVIII. Los orígenes del cambio en la historia mundial siempre han sido multicéntricos. De modo que es necesario descentralizar la historia del mundo. Como afirma Peter van der Veer:

> La modernidad tiene una historia global. Esto implica que no hubo un solo origen de algunos conceptos y proyectos que se ejecutaron en la Ilustración (en sus versiones americana y francesa), y luego se exportaron, enfrentaron resistencia y se adoptaron en otras regiones. También implica que no hay dialéctica entre un discurso

---

83. En cuanto a la historia del impacto en Europa de la misión jesuita, ver Lach, Donald F. y Edwin J. Van Kley: *Asia in the Making of Europe*, Vol.3 [Asia en la hechura de Europa]. Chicago: Chicago University Press, 1993.

84. La relación específica de las máquinas agrícolas e industriales y los procesos que Europa aprendió de China se encuentra en Hobson, John M.: *op. cit.*, págs. 201-215.

ya fabricado de la modernidad que confronta a uno ya existente de la tradición, y que de ese enfrentamiento surge una síntesis. Más bien manifiesta una historia de interacciones de la cual surgió la modernidad, con un nuevo conjunto de problemas históricos, y que ofrece tensiones creativas antes que soluciones.[85]

El legado colonial

El gran historiador holandés Johan Huizinga concluye su magistral biografía de Erasmo de Rotterdam con el siguiente comentario:

> La historia de Holanda es mucho menos sangrienta y cruel que la de los países vecinos. No en vano Erasmo alabó como verdaderamente holandesas aquellas cualidades que podríamos bien denominar verdaderamente erasmianas: gentileza, amabilidad, moderación, y una moderada erudición generalizada entre la población.[86]

Recuerdo mi primera reacción al leer este pasaje de Huizinga: ¿Y qué de la brutalidad de la Compañía Holandesa de India Oriental, incluyendo el desalojo y la esclavización de poblados enteros y el incendio de toda la villa de Yakarta para crear un nuevo centro de poder colonial?[87] ¿O qué del rebautizar por la fuerza a católico romanos en Ceilán y Malaca para obligarlos a ingresar a la iglesia calvinista holandesa? Y en cuanto al legado holandés en Sudáfrica, tal vez sea mejor no hablar mucho. El punto es que, además de ser peligroso construir estereotipos nacionales, pasar por alto el hecho de que la propia historia nacional debe leerse en el contexto más amplio de la dimensión global produce distorsiones serias y genera descontento e ira en los demás.

---

85. van der Veer, Peter: *op. cit., pág.* 160.

86. Huizinga, Johan: *Erasmus and the Age of Reformation* [Erasmo y la era de la Reforma]. Publicado originalmente en 1924; Londres: Phoenix Press, 2002, pág. 194.

87. Ver: Milton, Giles: *Nathaniel's Nutmeg* [La nuez moscada de Natanael]. Londres: Hodder & Stoughton, 1999, págs. 309ss.

Es un hecho conspicuo que, aún hasta la década de 1930, ochenta y cuatro por ciento de la superficie del planeta estaba bajo el dominio colonial europeo. El colonialismo europeo no solo saqueó la riqueza de sus colonias, sino que con violencia reconfiguró la topografía de los terrenos físicos y sociales, de los sistemas de conocimiento y de las identidades humanas. Se reestructuraron las economías de los pueblos colonizados y quedaron encadenadas a las economías de Europa, de modo que hubo un flujo de recursos humanos y naturales entre países colonizados y colonizadores. Así como el opio era transportado a China desde la India por la Compañía Británica de India Oriental a cambio de té que luego era enviado a Inglaterra, se movían esclavos desde África al continente americano, y en las plantaciones de la cuenca del Caribe producían azúcar para su consumo en Europa. Cuando fue abolida la esclavitud en el Imperio británico, se reemplazó con un sistema de trabajo por contrato: los jornaleros de las castas más bajas del sur de la India eran enviados al este y sur de África y al Caribe a trabajar en plantaciones coloniales bajo condiciones no muy diferentes a las de la esclavitud.

Las dos producciones principales de la Revolución Industrial británica fueron el hierro/acero y el algodón. Sin embargo, en una fecha tan tardía como 1788, ¡los niveles de producción británica de hierro todavía estaban por debajo de los que se habían logrado en China en 1078! Lo sorprendente aquí es que, en ambas industrias, India estuvo a la cabeza hasta el año 1800 aproximadamente. El acero wootz de la India se exportaba a Persia, donde servía como materia prima para el famoso acero de Damasco. Además, el acero de la India era superior y más barato que el producido en Sheffield. En 1842, había alrededor de cincuenta veces más hornos para la producción de acero (altos hornos) en India que en Gran Bretaña. Todavía en 1873, el año de mayor producción, seguía habiendo en India diez veces más.[88] Cuando los británicos finalmente se interesaron en la

---

88. Hobson, John: *op. cit.*, pág. 211. La base de gran parte de la primera industrialización de Inglaterra fue la madera y no el acero. Hobson señala que, en la víspera de la Gran Exposición de 1851 en el Palacio de Cristal de Londres, diseñada para mostrar la superioridad industrial británica al resto del mundo, noventa por ciento de los barcos de guerra británicos todavía estaban hechos de madera (pág. 216).

producción de acero, naturalmente fijaron su atención en este país y China. Comenzaron a manufacturarlo en grandes cantidades a partir de 1852, ya que el proceso se abarató gracias al descubrimiento del proceso Bessemer de conversión (que, por cierto, se desarrolló por la influencia de métodos anteriores utilizados en China).

En lo que respecta al algodón, hay una historia similar. India era la mayor productora de textiles de algodón en el mundo, y también fabricaba textiles de seda en gran escala. Hay vocablos como caqui, pijamas, calicó, estampado, indiana, chintz y chal, que tienen origen indio y han entrado al idioma castellano como prueba de la influencia dominante de aquel país en la industria textil. Aunque en el siglo XVII la economía británica importaba más textiles de la India de las que exportaba, para mediados del siglo XIX esta se había transformado en un proveedor de algodón básico para la industria textil británica, que a su vez exportaba el producto terminado de vuelta a la India. Primero, los británicos impusieron tarifas muy altas a los manufactureros indios de textiles y luego, apelando al "libre comercio", presionaron con sus textiles, fabricados con procesos más caros, para apoderarse del mercado indio sin impedimento alguno. Después de observar la superioridad del desarrollo industrial de la India por sobre el de Gran Bretaña en el período anterior al establecimiento de la dominación británica, Felipe Fernández-Armesto señala con ironía:

> En una ocurrencia extrañamente exacta, la debacle
> industrial de la India coincidió con el establecimiento de
> la hegemonía británica … La competencia potencial de
> su economía podía ser sofocada. Ningún episodio ha sido
> más decisivo para cambiar el equilibrio de los recursos
> del mundo que este cambio en las fuentes de dominio.[89]

Frantz Fanon (1925-1961), psiquiatra y activista político argelino, en una fuerte acusación contra el colonialismo, afirmó que Europa había sido "literalmente creada por el Tercer Mundo", es decir, que "la riqueza que las sofoca es aquella que fue robada de los pueblos subdesarrollados". La opulencia de este continente había sido "cimentada en la esclavitud" y nutrida por "el sudor y los cadáveres

---

89. Fernández-Armesto, Felipe: *op. cit.*, págs. 361-362.

de negros, árabes, indios y razas amarillas"[90]. Un hombre de temperamento más pacífico que Fanon, Mohammed Iqbal (1877-1938), tenía opiniones similares. Fue el poeta filósofo que sustentó el concepto de Pakistán, quien, como Fanon, debía su formación intelectual a Occidente, y que llegó a recibir el grado de caballero por parte de la corona británica. En su libro *Salmos persas*, publicado en 1927, declaró lo siguiente:

> Contra Europa yo protesto,
> del oeste la atracción detesto.
> ¡Ay de Europa y su encanto,
> captura y desarma tan pronto!
> Las hordas de Europa con flama y con fuego
> al mundo destruyen, entero...[91]

Aunque fluían ganancias desde las colonias hacia la "madre patria", también había un flujo de personas en el sentido inverso, hacia las colonias. Iban como administradores, soldados, comerciantes, aventureros, misioneros, eruditos, capellanes y colonizadores. En algunas sociedades, el colonialismo europeo penetró de manera más honda. Las formas de dominación colonial variaban bastante, desde el gobierno (con varios grados de rudeza) por medio de élites nativas en el subcontinente indio, hasta la "diplomacia cañonera" y las "guerras del opio" de los años 1840 en Asia oriental y la masacre y exterminio de tribus por parte de colonos blancos en las regiones sureñas y occidentales de África.

Sin embargo, hasta la dominación extranjera más represiva requería no solo concesiones, sino también la incorporación parcial de ideas y prácticas de los dominados. El trabajo del marxista italiano Antonio Gramsci (1891-1937) sobre la hegemonía ha inspirado mucho del análisis poscolonial de las sociedades coloniales, ha alimentado movimientos de resistencia y ha sustentado el discurso

---

90. Fanon, Frantz: *The Wretched of the Earth* [Los miserables de la Tierra]. Londres: Penguin, 1967, págs. 76-81.

91. Citado en Robinson, Francis: "Present Shadows, Past Glory" [Sombras presentes; gloria pasada] en *The Times Literary Supplement*, septiembre 6, 2002, pág. 15.

poscolonial.[92] La hegemonía es poder logrado por medio de una combinación de coerción y consentimiento. Gramsci señaló que la subjetividad y la ideología son absolutamente centrales para el proceso de dominación. Argumentó que las clases dominantes logran imponerse no solo por la coerción, sino por inducir a los súbditos para que sean colaboradores dispuestos de su sometimiento. La ideología es el medio por el cual las ideas de la clase dominante se transmiten y son aceptadas por los gobernados, y es crucial para fabricar el consentimiento.

El liberalismo y la democracia representativa se convirtieron en parte de la "tradición política británica" en el siglo XIX a pesar de su supresión efectiva, tanto dentro como fuera de sus fronteras. De hecho, la experiencia de la Revolución francesa, denunciada elocuentemente por Edmund Burke, hizo que la opinión de liberales y conservadores en Gran Bretaña se volviera en contra de extender rápidamente el derecho al voto universal. Tener propiedades o actividad comercial era un requisito esencial para ejercer la participación política. Según esta perspectiva, la persona debía ser económicamente independiente para poder tener opinión independiente. El fantasma de la "dictadura" de Luis Napoleón en Francia, que había concedido el sufragio universal masculino en 1830, acechaba las propuestas a favor de este sufragio. Aunque tales derechos se habían promulgado de forma relativamente completa para la última década del siglo, se instalaron mecanismos poderosos de regulación y control. La Cámara de los Lores, que principalmente representaba los intereses de los terratenientes, mantuvo su derecho al veto legislativo hasta 1911.

En las colonias francesas de África e Indo China, de modo similar, la idea de que el pueblo tenía que lograr un nivel de "civilización" (en este caso, "civilización francesa") se usó para suprimir cualquier idea de derecho universal a representación política, hasta bien entrado el siglo XX. Los colonos franceses se encargaron de poner obstáculos infranqueables para impedir que gente de otras razas, no blancas, obtuvieran la ciudadanía francesa. En muchos Estados occidentales, el sufragio universal llegó después del fin de la Segunda Guerra Mundial: en Estados Unidos tardó hasta 1965 (con la ley de

---

92. Gramsci, Antonio: *Cuadernos de la cárcel*. México: Ediciones Era, 1981.

Derecho al Voto) y en Suiza hasta 1971. Ahí queda el argumento de que la democracia es una "antigua tradición europea" que el resto del mundo necesita aprender de Occidente.

Transformaciones religiosas

Bayly y otros autores han observado que la modernidad del siglo XIX no fue un período de escepticismo religioso generalizado sino de fermento religioso multicéntrico. La religión, el secularismo y el nacionalismo se influyeron mutuamente alrededor del mundo, y se crearon permutaciones e híbridos de diversidad vertiginosa. Haciendo uso de las nuevas posibilidades de comunicación masiva y de la imprenta, y también como respuesta a la evangelización cristiana, el islam, el hinduismo y el budismo comenzaron a reconfigurarse como "religiones mundiales"; competían por ganar adeptos, copiando muchas de las estrategias del Occidente cristiano, pero también recurriendo a lo profundo de sus tradiciones teológicas y culturales. Los textos religiosos hinduistas ahora podían estandarizarse, imprimirse y diseminarse a escalas sin precedentes. La llegada de las comunicaciones modernas significó que el peregrinaje a la Meca se hiciera más realizable y accesible que antes, y se estimuló un mayor sentido de hermandad islámica global. La epidemia de construcción de iglesias en el siglo XIX en Inglaterra tuvo su equivalente en la construcción de templos, mezquitas y otros lugares de culto no cristiano en África y Asia. Y como resultado de la vigorosa afirmación y renovación de las religiones no europeas, el cristianismo se vio obligado a repensar su propia identidad.

El colonialismo actuó como partera del capitalismo europeo y ahora, en la disciplina académica de la "literatura poscolonial", es acusada de ser responsable de todos los males de las sociedades no occidentales. Desde que Edward Said transformó la palabra "orientalista" en un término de abuso académico, se ha dado por sentado que todo intento de académicos occidentales por entender el mundo no occidental tiene como objetivo la subyugación imperialista del otro. Casi siempre se olvida que la meta final del rey en la tradición hinduista era lograr un imperio universal, y que la mayor parte de los estudios orientalistas en el siglo XIX (la cúspide de los imperios) tenía origen alemán, y no británico. Ciertamente Inglaterra llevó a cabo la explotación de India e hizo cosas terribles ahí, pero, como nos recuerda David Smith, "El orientalismo en su significado original no era la opresión del Oriente sino la colonización de la mente occidental por parte del Oriente. La fortaleza de las ideas y textos de la India es lo que domina al erudito occidental, y lo obliga a dedicar la vida entera a su servicio"[93].

Además, es profundamente engañoso interpretar los conflictos del mundo presente como un choque entre "los ideales racionalistas occidentales" y "el celo religioso oriental". Si los poderes europeos justificaban sus conquistas imperiales con pretensiones de progreso e ilustración, los gobernantes asiáticos tradujeron esas mismas pretensiones en brutales proyectos nacionalistas, asesinando a millones de sus propios compatriotas. En el siglo XX dieron como resultado las fosas comunes del Gulag y los campos de exterminio de China, Indonesia y Camboya. Según la observación de Ian Baruma y Avishai Margalit, la destrucción de las estatuas budistas talladas en la roca por parte de los talibanes en Afganistán en el 2000 fue prefigurada por los samuráis Meiji que, en su reforma modernista del Estado japonés en 1867, cambiaron sus kimonos por fracs y sombreros de copa, y se dispusieron a destruir templos budistas y a transformar su país en nombre del progreso, la ciencia y la ilustración. Casi todas las revueltas en contra del imperialismo occidental y sus vástagos locales hacían uso intensivo de ideas occidentales.

Por esto es tan desafortunado que el Medio Oriente se haya encontrado con el Occidente moderno a través de los ecos de la Revolución francesa.

> Robespierre y los jacobinos fueron héroes que inspiraron
> al radicalismo árabe: progresivos, igualitarios y opuestos
> a la iglesia cristiana. Los modelos posteriores del progreso
> árabe —la Italia de Mussolini, la Alemania nazi y la
> Unión Soviética— fueron todavía más desastrosos.[94]

¿Podemos entender los movimientos islamistas radicalizados que hoy en día acaparan la atención de los medios de comunicación

---

93. Smith, David: *Hinduism and Modernity* [Hinduismo y modernidad]. Oxford: Blackwell, 2003, pág. 101.
94. Baruma, Ian y Avishai Margalit: "The Seeds of Revolution" [Semillas de revolución] en *New York Review of Books*, marzo 11, 2004, pág. 12.

masiva en Occidente, sin referirnos al secularismo violento de Kemal Ataturk y Reza Shah, o a los experimentos socialistas de estados fallidos en Egipto, Siria y Argelia? ¿O podemos ignorar la influencia del fascismo y del nacionalismo europeo sobre el baazismo de Siria y el régimen de Saddam Hussein en Irak?

El culto moderno al emperador en Japón (que motivó a los famosos *kamikaze*, bombarderos suicidas en la Segunda Guerra Mundial) se basaba en parte en un malentendido de la religión en Occidente. Acostumbrados a códigos confucionistas de obediencia a la autoridad, los académicos japoneses de la reforma Meiji asumieron que el cristianismo era el cemento social que mantenía unidas a las naciones europeas, como comunidades disciplinadas. Llegaron a la conclusión de que la respuesta al poder europeo estaba en que Japón tuviera su propia religión oficial, y debía ser el sintoísmo estatal, una versión politizada de ritos ancestrales, principalmente relacionados con la naturaleza y la fertilidad.

> La alternativa para hacerle frente al Dios cristiano debía ser Amaterasu, la diosa del Sol; y el emperador, que hasta entonces había sido una figura remota y sin poder político en Kioto (la antigua capital), debía trasladarse a Tokio para ser una combinación de káiser, generalísimo, papa sintoísta y la más excelsa divinidad viviente.[95]

De manera que necesitamos una comprensión más matizada de las transformaciones religiosas y del lenguaje de "conflicto religioso", si hemos de presentar una respuesta con integridad. Si alguien ha estudiado seriamente al islam y al cristianismo en su teología, no puede negar que hay diferencias fundamentales, por ejemplo, en la comprensión cristiana e islámica de Dios o de la "salvación"; diferencias que se traducen en formas distintas de percibir y actuar en el mundo. (No es necesario ser un filósofo idealista para aceptar que nuestro modo de ver al mundo informa el *cómo actuamos* en él). Estas diferencias, así como también lo mucho que se comparte, las exploramos en el curso normal de convivir y comunicarnos mutuamente en

---

95. *Id.: Occidentalism: A Short History of Anti-Westernism* [Occidentalismo. Historia breve del antioccidentalismo]. Londres: Atlantic Books, 2004, pág. 63.

conversaciones significativas. Pero si se recalcan las diferencias entre sistemas de creencias, ¿esto conducirá *necesariamente* al conflicto violento, como parecen asumir algunos teólogos occidentales y comentaristas religiosos? Si lo que *siempre* origina un conflicto violento es que existen conceptos contrarios de Dios o de la salvación, ¿por qué las guerras más amargas en la historia (y hasta el día de hoy) han sido entre correligionarios y no entre adeptos de comunidades religiosas rivales?

Fred Halliday menciona en cuanto a las naciones de mayoría musulmana:

> En algunos contextos, el islam puede ser la principal forma de identidad política y social, pero nunca es la única forma, y muchas veces no es la principal. Al interior de las sociedades musulmanas, las divisiones étnicas cuentan mucho, casi siempre más que una identidad religiosa compartida; y así también es en el caso de la emigración … Por ejemplo, nadie puede entender las políticas de Turquía, Pakistán o Indonesia solo basándose en el islam. A pesar del discurso retórico, el islam explica poco de lo que sucede en esas sociedades.[96]

Halliday, como muchos sociólogos secularistas y comentaristas políticos, tiende a desestimar los factores religiosos que subyacen a los sistemas sociales y al cambio político porque sus presuposiciones escépticas le impiden entender cómo los actores sociales otorgan tanta importancia religiosa a sus acciones. Sin embargo, sus advertencias son recordatorios importantes sobre el modo en que las motivaciones y prácticas religiosas siempre se ubican dentro de contextos políticos seculares.

La construcción de "espiritualidad"

En 1893, un apasionado joven bengalí conocido como Swami Vivekananda provocó con su discurso una respuesta electrizante en el Parlamento Mundial de las Religiones, en Chicago. Vivekananda

---

96. Halliday, Fred: *Two Hours That Shook the World: Sept 11 2001: Causes and Consequences* [Dos horas que sacudieron al mundo: septiembre 11, 2001. Causas y consecuencias]. Londres: Saqi Books, 2002, pág. 126.

representaba al hinduismo en el Parlamento, y declaró su orgullo por "pertenecer a una religión que había enseñado al mundo tanto la tolerancia como la aceptación universal"[97]. Tanto en su discurso como en sus escritos en inglés, él hacía un contraste entre la "espiritualidad" oriental, encarnada principalmente en el vedanta hinduista, y el "materialismo" de Occidente. El Oriente tenía que recibir la ciencia y la tecnología de Occidente, pero el Occidente aprendía sabiduría y espiritualidad del Oriente. El mensaje de Vivekananda tuvo amplia resonancia en el público estadounidense. Sus conferencias por los Estados Unidos y Europa después del Parlamento condujeron a la fundación de sociedades vedanta en muchas ciudades occidentales.

Antes de ser Swami Vivekananda, nombre que adoptó al tomar sus votos ascéticos, Narendranath Datta había sido educado en filosofía occidental y había recibido la influencia tanto de misioneros cristianos como del movimiento reformador del hinduismo, el Brahmo Samaj. Pero la transformación más profunda en su vida se debía a su encuentro con Ramakrishna, un sacerdote en el templo de Kali en Calcuta, que se había convertido en una especie de personaje de culto entre los *letrados* bengalíes de esa ciudad. Ramakrishna era un médium, pero no de espíritus ancestrales, lo cual lo habría puesto en el rango de grupos de castas bajas que se asocian con el mundo de los muertos, sino de la diosa madre Kali. Sus trances frecuentes se interpretaban como posesión divina. El joven Datta quedó fascinado con el carismático Ramakrishna y se convirtió en un ferviente discípulo. Por el resto de su relativamente corta vida se dedicó a desinfectar las creencias y prácticas tántricas de Ramakrishna, altamente erotizadas, y a convertirlas en un discurso modernizador de "espiritualidad" anticolonial y anticristiana para las clases medias de Calcuta. El evento de Chicago le dio un público más amplio en

---

97. Esto formaba parte de la Exposición Mundial Colombina, en celebración de los 400 años del viaje de Colón al Nuevo Mundo y también por la recuperación de Chicago del Gran Incendio de 1871. El mayor impulsor del Parlamento fue el ministro congregacionalista John Henry Barrows (1847-1902), quien luego fue presidente de Oberlin College, y un defensor incansable de la hermandad mundial por medio de la comprensión y la tolerancia religiosa.

Estados Unidos y Europa entre quienes simpatizaban con su desdén por el discurso cristiano de pecado y redención, y quienes buscaban arrebatarle la "espiritualidad" al discurso controlador del orden eclesiástico.

La estrategia de Vivekananda era sutil, aunque su campaña era polémica. Por un lado, universalizaba el vedanta hinduista y lo describía como una auténtica *sanatana dharma* (religión eterna), capaz de contrarrestar a un cristianismo colonial sin autenticidad. Insistía en que abrazaba a todas las experiencias espirituales y reconocía una diversidad de senderos religiosos válidos en distintos niveles, cada uno apropiado para el temperamento espiritual del practicante. Sin embargo, afirmaba que el apego a "personajes fundadores" y las particularidades no fidedignas de la historia no pueden fundamentar la verdad universal. La religión verdadera es experiencia personal de un individuo, asunto privado entre un hombre y Dios. Así lo expresó:

> Los hinduistas no toleramos, nos invitamos junto
> con todas las religiones, orando en la mezquita del
> musulmán, adorando frente al fuego del zoroástrico,
> y arrodillados ante la cruz del cristiano. Sabemos que
> todas las religiones, desde el fetichismo más primitivo
> hasta el absolutismo más alto, son simples intentos
> del alma humana por aprehender y comprender el
> Infinito. De modo que reunimos todas esas flores,
> las atamos con el cordón del amor, y las convertimos
> en un maravilloso ramo de adoración.[98]

Así, Vivekananda homogeneizó las diversas tradiciones discursivas del hinduismo en una "espiritualidad hinduista" totalizadora que luego él esgrimió como herramienta ideológica en el nacionalismo emergente de la India. Esto resultó ser una iniciativa de notable influencia. Dejó su marca en hombres como Mohandas Gandhi y Sarvepalli Radhakrishnan (primer vicepresidente de la India poscolonial), y también moldeó la ideología "hindutva" de la política nacionalista actual en la India. La "espiritualidad" se convirtió

---

98. Citado en Thomas, M. M.: *The Acknowledged Christ of the Indian Renaissance*, 2ª ed. [El Cristo reconocido del renacimiento indio]. Madrás: CLS, 1976, pág. 121.

en un término militante, polemista, para ser usado en la oposición al cristianismo colonial. Se buscó superar a las misiones cristianas en acción social y en participación en la educación (los fondos abundantes que Vivekananda trajo de los Estados Unidos le permitieron establecer una orden ascética en 1897, la Misión Ramakrishna, la cual combinaba meditación disciplinada con proyectos de servicio social, y que se ha esparcido a otras ciudades alrededor del mundo); y la "devoción desinteresada" a la diosa madre Kali ahora se traduce como devoción desinteresada a la Madre India. Ser un "renunciante" a la manera tradicional del hinduismo ahora era compatible con estar comprometido con causas sociales y políticas. No había dicotomía entre el despertar espiritual individual y la emancipación política de la India como nación.

En este discurso, incluso el conocimiento científico ya no queda como propiedad exclusiva del Occidente moderno, sino que puede descubrirse en las escrituras sagradas de la India ancestral. Autores como Peter van der Veer han señalado la importancia persistente de la creación del *yoga* como ciencia india de la "supraconciencia", obra de Vivekananda. *Yoga* es un vocablo sánscrito que puede traducirse como 'disciplina'. Tiene una historia compleja con varias tradiciones divergentes, pero el texto clásico es *Yoga-sutras* de Patanjali, que probablemente fue compuesto alrededor del siglo v d. C. Por influencia de Vivekananda, el yoga se convirtió en el signo unificador de la India como nación, elemento central de lo que van der Veer denomina la "implacable mercadotecnia de la espiritualidad india"[99] en el mundo occidental contemporáneo:

> Esta es una doctrina nueva, aunque Vivekananda
> insistía que era "sabiduría" ancestral. Especialmente
> los ejercicios corporales del hatha yoga, apuntalados
> por una metafísica de unidad entre mente y cuerpo,
> siguen siendo un elemento fundamental de la industria
> de la salud, especialmente en Estados Unidos. Lo
> que me parece importante en la construcción que
> realizó Vivekananda del yoga como el corazón de la
> "espiritualidad" hinduista es que está desprovisto de

---

99. van der Veer, Peter: *op. cit.*, pág. 74. Buena parte de esta sección sigue el trabajo de van der Veer.

> contenidos devocionales específicos que involucrarían, por ejemplo, el culto a un templo y por tanto una postura ritual y teológica en debates sectarios. Vivekananda estaba primordialmente interesado en la unidad del hinduismo.[100]

Por supuesto, la ironía es que Vivekananda, Gandhi, los ideólogos modernos de la hindutva y los gurús de la Nueva Era en el mundo occidental, todos toman prestada esta construcción de la espiritualidad hinduista (y de su "otredad" esencial) de la erudición orientalista de los siglos XVII y XIX.[101] El surgimiento de la erudición orientalista fue lo que condujo a la creación del "hinduismo" como una "religión" monolítica. Posteriormente se identificó con un corpus de textos (Vedas, Upanishads, Bhagavad Gita, etc.)[102] minuciosamente editados y traducidos a las lenguas modernas de Europa y de la India, y que ahora se les ha dado autoridad canónica para regir las prácticas "hinduistas" de un modo similar a las religiones semíticas. La historia de la India se dividió en etapas: hindú, musulmana y británica, y hoy en día se identifica a la "civilización india" con la etapa más temprana, en tanto que la presencia musulmana ha quedado efectivamente ocluida.

Es más, fue una historia orientalista lo que atribuyó el concepto moderno de "tolerancia" al hinduismo, porque como noción doctrinal no tenía lugar específico en sus tradiciones discursivas. Los pensadores hinduistas modernos han llegado a interpretar el relativismo jerárquico del discurso hinduista en términos orientalistas, como "tolerancia". Wilhelm Halbfass ha demostrado convincentemente que el paso para reconciliar a todas las tradiciones religiosas y filosóficas no se dio antes del período colonial.[103] Y el modo característico

---

100. *Ibid.*, pág. 73.

101. Utilizo el término "orientalista" en el sentido pre-Said para referirme a especialistas occidentales cuya erudición del "Oriente" estaba motivada por la curiosidad y por el amor al aprendizaje.

102. Los Vedas se transmitían oralmente hasta que fueron transcritos en forma de textos por los orientalistas del siglo XIX, comenzando con Max Müller y su edición de seis volúmenes del *Rg-Veda*.

103. Cf. Halbfass, W.: *India and Europe*. Albany, NY: SUNY Press, 1988, págs. 403-418.

en que se realizó fue por la relativización de las pretensiones de verdad y la inclusión de todas las tradiciones religiosas en el Vedanta, la esencia espiritual del hinduismo filosófico "puro", como dice la famosa sentencia de Radhakrishnan: "El Vedanta no es una religión sino la religión misma en su significado más universal y profundo"[104].

Los trabajos orientalistas sobre textos de la India se realizaron principalmente en Alemania, país en donde surgieron casi de la noche a la mañana múltiples cátedras universitarias especializadas en filología y en sánscrito.[105] El énfasis de Herder en el lenguaje y la cultura como el corazón del *Geist*, o espíritu de la nación alemana, y la filosofía lingüística de Humboldt, Hegel y Grimm, llegaron a ser el centro del nacionalismo étnico alemán. Para Herder:

> Hay una pluralidad inconmensurable de culturas. Pertenecer a una comunidad determinada, estar conectado con sus miembros por lazos indisolubles e impalpables de lenguaje común, memoria histórica, hábito, tradición y sentimiento, es una necesidad humana básica, tan natural como lo son la necesidad de alimento, o bebida, o seguridad o procreación.[106]

---

104. Citado en Halbfass, W.: *Ibid.*, pág. 409.

105. El budismo fue descubierto para Occidente, principalmente, por misioneros británicos y servidores públicos en Ceilán en el siglo XIX. Los trabajos de un ministro metodista, Rev. Robert Spence Hardy, fueron fuentes importantes para el conocimiento del budismo en Occidente, y se usaron con frecuencia extractos de sus obras para enciclopedias de religión. Una de las primeras obras que aparecieron en inglés sobre este tema (escrita por un especialista británico en budismo, Rhys Davids) fue publicada por la SPCK en 1877. ¡Hasta el día de hoy yo no he sabido que exista una obra cristiana publicada por una casa editora hinduista, budista o musulmana! Cf. Gombrich, Richard F.: *Precept and Practice: Traditional Buddhism in the Rural Highlands of Ceylon* [Doctrina y práctica. Budismo tradicional en las tierras altas de Ceilán]. Oxford: Clarendon Press, 1971; Allen, Charles: *The Buddha and the Sahibs,* Londres: John Murray, 2002.

106. Berlin, Isaiah: "The Counter-Enlightenment" [La Contrailustración] en *Against the Current: Essays in the History of Ideas,* ed. Henry Hardy. Londres: Hogarth Press, 1979, pág. 12.

Esta cosmovisión influyó sobre las primeras obras de Max Müller, erudito alemán que dedicó su vida entera al estudio de textos indios ancestrales desde su biblioteca en Oxford; también habría de tener un efecto duradero en la antropología estadounidense del siglo XX, gracias a su fundador alemán, Franz Boas. Müller era crítico de las pretensiones de superioridad racial del nacionalismo británico de su época, y su obra recibió una acogida muy entusiasta en la India como el sustento de un nacionalismo hindú basado en la superioridad racial de los arios.

> Hicieron uso de la filología como la usaron los
> alemanes en su propio país. La filología sánscrita les
> dio las herramientas para desenterrar el origen y la
> esencia de la nación, es decir, de la nación hinduista.
> También les dio un lenguaje científico para excluir a
> quienes "llegaron después", como los musulmanes,
> por ser extraños a la historia de la nación.[107]

Es comprensible que, hoy en día, un buen número de hinduistas deseen construir su religión como una "religión mundial", con historia ancestral, cohesiva y centrada, capaz de competir con el islam y el cristianismo en la sociedad global.

Ningún estudio que trate sobre el resurgimiento moderno del hinduismo y budismo puede ignorar el raro fenómeno del movimiento teosófico de finales del siglo XIX. Una de las dos personas que representaban a la Sociedad Teosófica en el Parlamento de las Religiones en Chicago era una extraordinaria mujer británica, Annie Besant (1847-1933), que viajó a la India en ese mismo año (1893) y se quedó a vivir ahí por el resto de su vida. En 1917, Besant llegó a ser la dirigente del Congreso Nacional de India; fue la cúspide de una carrera llena de controversias y contradicciones. Se casó a los 20 años, se separó de sus hijos y de su esposo, quien era ministro anglicano; rechazó tanto su fe cristiana como los valores burgueses, y se entregó a las causas educativas, socialistas y secularistas. Era amiga cercana y colaboradora de Charles Bradlaugh, ateo militante

---

107. van der Veer, Peter: *op. cit.*, pág. 132.

que fue el primer presidente de la Sociedad Secular Nacional (constituida en 1866),[108] y le ayudó a editar su publicación *The National Reformer*. Fue la primera mujer en matricularse para obtener un grado de ciencias en la Universidad de Londres. Besant estuvo activa en Gran Bretaña, durante los años 1870, a favor de los derechos de la mujer, del sindicalismo, del control de la natalidad, del socialismo y del secularismo. En esos círculos radicales donde ella se movía había mucho interés en sesiones espiritistas y en religiones orientales. En la teosofía encontró la religión anticristiana que anhelaba, y esta se convirtió en su gran entusiasmo durante el resto de su vida.

En Inglaterra, durante la segunda mitad del siglo XIX, el espiritismo era algo así como una religión de "hágalo usted mismo en casa". No contenía doctrinas teológicas ni códigos de ética, se consideraba que formaba parte de la ciencia racional y experimental (los mítines secularistas en la Sala de Ciencias en Londres incluían a muchos oradores espiritistas entre sus invitados), esquivaba la autoridad de la iglesia y la capilla, e incluía participantes de las distintas clases sociales, cosa que ninguna denominación cristiana había hecho. Sanidades con medicina alternativa, adivinaciones con bolas de cristal, hipnotismo y otras formas de parapsicología atraían tanto a la élite social de Londres como a gente de la clase obrera. Durante los años inmediatos posteriores a la Primera Guerra Mundial, como es de suponerse, se alcanzó un punto máximo de interés en contactar a los muertos por medio de sesiones espiritistas, así como ocurrió en los Estados Unidos inmediatamente después de la Guerra Civil. La teosofía, que se había convertido en la pasión de Besant, compartía el mismo radicalismo anticristiano y anticolonial del espiritismo de la clase obrera británica. Aunque Bradlaugh no dedicaba mucho tiempo al espiritismo, sí se interesó por asuntos de la India y tuvo

---

108. George Holyoake (1817-1906), quien fue sustituido por Bradlaugh como presidente de la Sociedad Secular de Londres en 1858, adoptó la palabra "secularismo" en 1851 para hacer una alternativa positiva al ateísmo y para delimitar "la provincia de lo real, lo conocido, lo útil y lo afirmativo". Los grupos secularistas habrían de ser muy activos en su campaña a favor de los derechos de los ateos y en su tarea de ridiculizar la iglesia y la Biblia. Ver Herrick, Jim: "Bradlaugh and Secularism" en *Against the Faith: Some Deists, Sceptics and Atheists*. Londres: Glover and Blair, 1985, págs. 156-169.

mucha popularidad entre estudiantes indios en Inglaterra gracias a sus posturas antiimperialistas. A pesar de haber ganado las elecciones en Northampton en 1880, dedicó los seis años siguientes a pelear batallas legales que le permitieran ocupar un escaño en la Cámara de los Comunes porque se había negado a hacer el juramento parlamentario sobre la Biblia. Entre la multitud que lamentaba su muerte el día de su funeral, se encontraba un estudiante de 21 años llamado Mohandas Gandhi.

Después de la muerte de Bradlaugh, Besant se quedó a vivir en la India. Ahí se incorporó a la sociedad teosófica e incluyó entre sus amistades a muchos miembros de las élites nacionalistas. En la sociedad teosófica participaron durante un breve período Motilal Nehru y su hijo, Jawaharlal (que después llegaría a ser el primero en ocupar el cargo de primer ministro de la India independiente). Después de la fundación de una universidad musulmana en Aligarh, Besant encabezó la respuesta hindú por medio del establecimiento de la Universidad Hindú de Benares, en 1911. Recientemente se ha demostrado que ella y otros entusiastas de la teosofía eran archipartidarios de los mitos de la evolución racial, altamente difundida tanto entre los imperialistas británicos como entre los nacionalistas hindúes.[109]

Irónicamente, todos ellos creían en la teoría (y se la apropiaban al servicio de sus objetivos diferentes) de que la India era una nación hinduista con un "dorado pasado ario" que posteriormente había declinado. Cuando la raza reemplazó a la religión como el elemento dominante del nacionalismo británico a finales del siglo XIX, florecieron esas ideas. Muchos escritores utilizaron las ideas de "razas superiores e inferiores", junto con mitologías de orígenes raciales, para argumentar que la conquista por parte de razas más fuertes podía conducir a la regeneración de las más débiles. También fue lo que permitió que grandes liberales como John Stuart Mill defendieran la libertad en su país, pero se hicieran campeones del colonialismo en

---

109. Ver Viswanathan, Gauri: *Outside the Fold: Conversion, Modernity, and Belief* [Afuera del redil. Conversión, modernidad y creencia]. Princeton, NJ: Princeton University Press, 1998, cap.6.

otros países.[110] También Besant recibió una influencia muy fuerte de los escritos de Matthew Arnold y Ernst Renan. Además, los teósofos soñaban con la evolución de la humanidad por medio de un mestizaje espiritual que llevara hacia una Hermandad Universal, gobernada por una jerarquía espiritual. La espiritualidad más alta era la que tenía la raza aria. No es accidental que la esvástica, un antiguo símbolo sánscrito que representa la buena fortuna, fuera adoptado como emblema propio de la teosofía y también por el partido nazi en los años 1930.

La teosofía no prosperó mucho en la India, y pronto cayó en abandono cuando la reforma del hinduismo y el movimiento nacionalista de la India, con todas sus facciones, ganaron impulso y fuerza. La fascinación inicial entre las élites indias se hallaba en el descubrimiento de occidentales que consideraban al hinduismo y al budismo como muy superiores al cristianismo y que apoyaban la formación de un gobierno independiente en la India. Pero cuando los nacionalistas indios encontraron en Mohandas Gandhi un líder que aportaba su propia marca de espiritualidad universal, la teosofía perdió su papel político. Sin embargo, en Ceilán (Sri Lanka), la influencia de esta en el desarrollo del nacionalismo budista fue inmensa.[111]

Las ironías de la modernidad

Esta explicación histórica ha mostrado que las polarizaciones binarias entre "espiritual" y "secular", "oriental" y "occidental", "nacional" y "extranjero", son más problemáticas de lo que supone su uso corriente. El "cristianismo", el "hinduismo", el "budismo" y otras tradiciones religiosas, bajo las coyunturas históricas de la construcción de las nacionalidades en el siglo XIX, se transformaron en discursos nacionalistas muy poderosos. Los evangélicos, los utilitarios, los teósofos y los reformadores hinduistas y musulmanes debatían en cuanto al cambio social y las nociones de "progreso", "libertad",

---

110. John S. Mill, como su padre James Mill antes de él, fue empleado de la Compañía de India Oriental y, al acercarse al final de su carrera, fue ascendido al puesto administrativo más alto de esa compañía.

111. Ver Gombrich, Richard y Gananath Obeysekera: *Buddhism Transformed: Religious Change in Sri Lanka* [Budismo transformado. Cambio religioso en Sri Lanka]. Princeton, NJ: Princeton University Press, 1988.

"religión" y demás, desde sus diversas ubicaciones sociales dentro del proyecto más amplio del imperio global. Un erudito indio ha señalado que "la primera y única comunidad de seguidores de la religión de la humanidad, de [Augusto] Comte, con toda su parafernalia de rituales orientados hacia el ser humano, se estableció en la ciudad de Calcuta"[112]. Desde entonces, el racionalismo al estilo occidental y la revuelta nativa coexisten en las mismas instituciones y en la mente de las mismas personas.

Es necesario subrayar varias ironías que pueden observarse en esta historia de interacción entre civilizaciones en modernización y la falta de nitidez de fronteras académicas convencionales:

(1) La cultura "secular" contemporánea representa un rechazo al cristianismo que está basado en sus logros sociales y culturales. Hendrikus Berkhof observó que "la secularización es hija del evangelio, pero una hija que tarde o temprano se levanta contra su progenitor"[113]. Ya se ha señalado que el concepto mismo de lo "secular" se originó en el cristianismo. Lo opuesto de "secular" no es lo espiritual o lo sagrado, sino lo eterno. Lo "secular" denota el orden temporal que, aunque por sí mismo es incapaz de traer el reino de Dios, es santificado por la creación y la encarnación, y es llamado a anticipar este reinado en el modo de ordenar la vida humana. La constelación de ideas sociales y políticas que floreció en los siglos XV y XVI, y que terminó por limitar la autoridad de papas y obispos, fue nutrida en el vientre del cristianismo.

(2) Las misiones cristianas tuvieron un fuerte impulso *secularizante* en la medida en que las actitudes cristianas hacia el lenguaje y cultura locales (paradójicamente negaban

---

112. Raychaudhuri, Tapan: "The Pursuit of Reason in Nineteenth-century Bengal" [La búsqueda de la razón en la Bengala del siglo XIX] en Rajat Kanta Ray (ed.): *Mind Body and Society: Life and Mentality in Colonial Bengal*. Calcutta: OUP, 1995, pág. 60.

113. Citado en Runia, Klaas: "The Challenge of the Modern World to the Church" [El desafío del mundo moderno a la iglesia]. *European Journal of Theology*, II (1993):2.

su sacralidad intrínseca en tanto que las elevaban al estatus de vehículos de comunicación divina) estaba en contradicción evidente con las nociones musulmana e hindú de las lenguas eternas y divinas (árabe y sánscrito respectivamente) y de una patria religiosa. Sin embargo, el proyecto modernizador del Estado colonial secular de hecho le dio a la religión *un nuevo impulso y prominencia*. En el contexto del sur de Asia, la Compañía Británica de India Oriental había buscado distanciarse del cristianismo, y durante mucho tiempo mostró hostilidad a cualquier intento de conversión religiosa, por miedo a ofender las sensibilidades locales y a interferir en el comercio local. Los oficiales de la Compañía continuaron la práctica tradicional que tenían los gobernantes asiáticos de mantener y sostener templos hinduistas, musulmanes y budistas, con sus rituales religiosos. Las presiones de los evangélicos en Gran Bretaña hicieron que todo eso cambiara. Cuando India se convirtió oficialmente en una colonia del gobierno británico, se estableció una nueva política de "no interferencia" religiosa. La administración y mantenimiento de templos y rituales hinduistas se entregó a élites nuevas que estaban surgiendo, que tenían su propia agenda reformista en cuanto a educación religiosa y acción ceremonial. Utilizaron el aparato legal británico para crear un nuevo "hinduismo corporativo" cuyas repercusiones todavía resuenan en el paisaje político y social de la India.

De modo que las religiones de la India experimentaron transformaciones por su oposición a la misión cristiana y al Estado colonial; y la religión adquirió importancia crucial en la esfera pública que estaba comenzando a surgir. Debido a que se les negaba participación en las instituciones políticas de su nación en vías de modernización, un buen número de indios —hindúes y luego musulmanes— comenzó a desarrollar instituciones alternativas de naturaleza tanto política como religiosa. Irónicamente, los esfuerzos de iglesias cristianas y agencias misioneras a favor del secularismo del Estado colonial condujeron a la formación de una esfera pública en la cual diversos movimientos religiosos produjeron una "espiritualidad hindú" de índole anticolonial que era plenamente moderna. La renovación religiosa y cultural india, la transmisión de ideales políticos seculares y científicos desde Europa al resto del mundo por vía de escuelas y universidades cristianas, y la postura arrogante de superioridad cultural transmitida por algunos de los últimos misioneros y administradores europeos, todo esto sirvió, a la larga, para socavar la credibilidad de la predicación cristiana. Ahora ya podían existir alternativas viables ante el cristianismo de Occidente.

(3) En su brillante estudio sobre la formación de Inglaterra a partir de 1707, Linda Colley escribe que "fue la religión lo que primero convirtió a campesinos en patriotas, mucho antes de la llegada de la modernización con ferrocarriles, educación masiva, redes avanzadas de prensa y democracia"[114]. Y así ocurrió también en muchos otros países europeos y en Estados Unidos. Sin embargo, en la teoría política contemporánea hay una tendencia a pasar por alto el impacto del cristianismo protestante en el desarrollo de la identidad nacional británica. Los teóricos liberales dan por sentado que el discurso religioso es la antítesis de la libertad y de la racionalidad para la plaza pública. Pero todo lo contrario: la convicción religiosa fue una de las principales fuentes de indignación moral y debate político en los movimientos abolicionistas y en la conciencia nacional en cuanto a las operaciones de la Compañía Británica de India Oriental. Las inquietudes a favor y en contra de la emancipación católica, las peticiones y campañas evangélicas en contra de la esclavitud, el surgimiento de sociedades bíblicas y asociaciones misioneras voluntarias: todo esto tuvo importancia crucial para la creación de una esfera pública y una iden-

---

114. Colley, Linda: *Britons: Forging the Nation 1707-1837* [Bretones. La forja de la nación 1707-1837]. New Haven y Londres: Yale University Press. 1992, pág. 369.

tidad nacional. Su contraparte en la India del siglo XIX fueron los movimientos de reforma hinduista anti *sati*, las misiones Ramakrishna, y las campañas de los Arya Samaj en favor de la protección a las vacas.

Andrew Walls ha señalado la influencia de los reportes de noticias y revistas misioneras para la creación de un núcleo de ciudadanos cristianos informados y con sensibilidad social:

> La revista misionera llegaba a muchas personas que nunca habían sido lectores de ese tipo de literatura. Las revistas los ayudaban a formar su opinión, desarrollaban imágenes mentales, construían actitudes. Tuvieron un efecto considerable en libros de referencia de amplia circulación durante el siglo XIX. El lector promedio de *Missionary Register* o de las otras revistas misioneras sabía exactamente lo que debía hacer el gobierno británico en cuanto al impuesto del templo en Bengala, o el *sati* de las viudas hinduistas, o el comercio de opio o de esclavos. Se produjo una masa crítica de lectores, ciudadanos preocupados e informados sobre el mundo más allá de sus fronteras, tal vez más que cualquier otro grupo de la nación.[115]

(4) Sin embargo, al ser puesto al servicio de un discurso nacionalista y posteriormente uno imperialista, el protestantismo sufrió transformaciones profundas. Para muchos cristianos victorianos, los acorazados británicos eran agentes de la voluntad divina. Los evangélicos tenían puntos ciegos enormes que paralizaban el desafío que debían haber presentado al mal cometido por sus propios gobiernos coloniales. Tomemos por ejemplo el sistema del trabajo por contrato (usualmente se trataba

---

115. Walls, Andrew F.: "Missionary Societies and the Fortunate Subversion of the Church" [Sociedades misioneras y la afortunada subversión de la iglesia] en *The Missionary Movement in Christian History: Studies in the Transmission of Faith*. Edimburgo: T & T Clark y New York: Orbis, 1996, pág. 252.

de inmigrantes indios) que fue introducido en muchas colonias británicas donde se requería mano de obra para las plantaciones tradicionales. Aunque en teoría la esclavitud había sido abolida, permaneció la supraestructura de la esclavitud. Kumari Jayewardene, en el contexto de las plantaciones de café y posteriormente de té en Ceilán, donde las tasas de mortalidad general y materno infantil eran más altas que en el resto del país, señala que el sistema de la plantación era estrictamente "una forma de organización jerárquica y autoritaria", donde "los trabajadores eran sometidos por intimidación a un tipo de disciplina militar, albergados en barracas austeras en los terrenos de la plantación"[116].

Se trata de una historia sombría de negligencia por parte del gobierno colonial y de maltrato por parte de los hacendados británicos. La estrechez de visión de los misioneros en asuntos de política social se muestra en su indiferencia hacia este problema.[117] Las palabras mordaces de un gran historiador de Sri Lanka contienen un fundamento de verdad, aunque no esconden el sesgo tendencioso en su comprensión de los motivos misioneros:

Los bautistas y anglicanos tenían misiones para
los migrantes indios, pero solo les interesaban
como posibles conversos, o como cristianos

---

116. Jayawardena, Kumari: *Nobodies to Somebodies: The Rise of the Colonial Bourgeoisie in Sri Lanka* [De nadie a alguien. El surgimiento de la burguesía colonial en Sri Lanka]. Colombo: Social Scientists' Association and Sanjiva Books, 2000, pág. 98.

117. Una excepción notable (aunque tardía) fue el misionero anglicano Charlie Andrews, amigo cercano de Tagore y de Gandhi. Andrews luchó exitosamente por la abolición del sistema de trabajo por contrato en el Imperio británico y por la plena independencia de la India. Él disfrutó de muy buena reputación entre los indios en general, y se lo denominaba con el título honorífico de *Deenabhandu*, "Amigo de los pobres". Cf. Tinker, Hugh: *The Ordeal of Love: C.F. Andrews and India* [Las tribulaciones del amor. C.F. Andrews y la India]. Oxford: Oxford University Press, 1979.

que había que mantener en el redil. Guardaron
silencio, aunque seguramente conocían los
abusos del sistema migratorio; nunca se alzó
una voz misionera en contra de los hacendados,
ni para presionar a que el gobierno adoptara
medidas de protección o de seguridad social.[118]

La religión y el orden global contemporáneo

Hace apenas unos cien años, nuestro pueblo era el mundo. Ahora el mundo se ha convertido en nuestro pueblo. En el corazón de las ciudades europeas y estadounidenses se han arraigado culturas del "tercer mundo", así como también diversas expresiones de la iglesia global. Iglesias formadas por grupos étnicos provenientes de lugares remotos son ahora parte de nuestro barrio. Casi siempre, estas iglesias monoétnicas son resultado de la inseguridad: las iglesias "blancas", compuestas por población nativa (no por inmigrantes), son grupos cerrados que no practican la hospitalidad hacia los extranjeros (a diferencia de la iglesia primitiva), incluso si se trata de otros cristianos que tienen un color de piel distinto o hablan otro idioma.

Gert Noort, en un estudio sobre nuevas iglesias de migrantes en los Países Bajos, observa que aunque hay alrededor de 1000 iglesias de migrantes, además de otras 200 que utilizan un idioma distinto al holandés (principalmente parroquias católico-romanas), "la teología sistemática que se produce y enseña en los principales seminarios ha quedado intacta e inmune a la influencia teológica del sur global y no refleja un compromiso serio con las iglesias de migrantes"[119]. Mientras que estas se concentran (al menos inicialmente) en ayudar a sus miembros a adaptarse y a resolver problemas cotidianos en una sociedad cuya mayoría tiende a ser hostil hacia los recién

---

118. De Silva, K. M.: *Social Policy and Missionary Organizations in Ceylon 1840-1855* [Política social y organizaciones misioneras en Ceilán 1840-1855]. Londres: Longmans, Green & Co., 1965, págs. 287-288.

119. Noort, Gert: "Emerging Migrant Churches in the Netherlands: Missiological challenges and mission frontiers" [Iglesias emergentes de migrantes en los Países Bajos. Desafíos misiológicos y fronteras de misión] en *International Review of Mission*, abril 2011, pág. 10.

llegados, las iglesias protestantes tradicionales están obsesionadas con la supervivencia. Se necesita humildad, arrepentimiento y valor por parte de los líderes de estas iglesias en Europa y América del Norte para estar dispuestos a aprender de las iglesias no blancas, para compartir recursos y para cooperar con ellas en la misión urbana.

La iglesia cristiana ha tenido un viraje hacia el sur en el último siglo, y esto significa que la misión también se ha convertido en una realidad multidireccional: de cualquier lugar hacia cualquier lugar. "Los cristianos en varias partes del mundo se comprometen con la misión de modos nuevos y diferentes. Estamos experimentando el cristianismo como una especie de entretejido de muchos colores y de muchas capas, con muchas formas, tamaños, texturas y telas"[120]. Así, por ejemplo, en los Estados feudales represivos del golfo Pérsico, hay mujeres filipinas que son trabajadoras domésticas y que chismean el evangelio con sus patronas ricas, quienes luego lo comparten con sus esposos cuando ellos vuelven a casa. Hay cristianos de Sudán y de Chad que llevaron el evangelio como refugiados hacia las regiones "no alcanzadas" del norte de África y más allá. Hay pastores coreanos que trabajan en favelas brasileñas.

Al mismo tiempo, la proporción de cristianos en el Medio Oriente es más baja ahora de lo que fue en 1910, y la emigración de cristianos de esa región está acelerando un proceso que ha durado varios siglos. Esos cristianos enfrentan una presión muy grande, que debería ser comprensible, pero al llegar a su nuevo hogar en alguna ciudad de Occidente, reciben una bienvenida muy fría y muy poco apoyo, tristemente incluso de las iglesias occidentales. Algunas de estas están orando por la conversión de musulmanes en el Medio Oriente e incluso envían allí los denominados "equipos misioneros de corto plazo". Podrían hacer mucho más por sus hermanos cristianos en esa parte del mundo si practicaran la hospitalidad hacia los musulmanes en sus propias ciudades, si se movilizaran públicamente en apoyo a sus hermanos palestinos oprimidos en Gaza y en Cisjordania, presionando para que Estados Unidos y la Unión Europea detengan su venta de armamentos a Israel o suspendan su comercio preferencial

---

120. Ross, Cathy: "Great Commission Christians" [Cristianos de la gran comisión] en Todd M. Johnson & Kenneth R. Ross (eds.), *Atlas of Global Christianity, 1910-2010*. Edimburgo: Edinburgh University Press, 2009, pág. 291.

con Israel hasta que mejore su expediente de derechos humanos. Esas acciones también pueden hacer que muchos musulmanes en el Medio Oriente y en otros lugares estén más dispuestos a escuchar lo que sus vecinos cristianos quieren comunicarles.

Hemos visto que la religión ha sido, y sigue siendo, un recurso importante para los movimientos nacionalistas y modernizadores. Los procesos de globalización corroen las identidades culturales y personales heredadas, y al mismo tiempo estimulan la creación y revitalización de identidades particulares como forma de adquirir más poder o influencia en este nuevo orden global. La misma dinámica que operó en el cristianismo protestante británico en la era victoriana también se aplica a las transformaciones nacionalistas del hinduismo neovedanta, del budismo theravada, del sintoísmo y del islam chiita en el mundo no occidental. Las religiones no son inmutables, ni son "esencias" ahistóricas, y no podremos entenderlas ni comprender a sus adeptos fuera de sus contextos históricos, políticos y sociales.

Hoy en día, en muchas naciones de mayoría musulmana, son los islamistas quienes han creado buena parte de la estructura ideológica y organizacional para que los musulmanes de clase media y media baja entren al funcionamiento del Estado y la economía modernos. Apoyan la burocratización y la promoción con base en el mérito, el uso de las urnas electorales, el estado de derecho, y la codificación de ese derecho, la *sharía*, en formas que puedan aplicarse a contextos judiciales modernos. Sus escuelas, clínicas, hospitales y lugares de asamblea pública casi siempre se han desarrollado porque el Estado no ha provisto la infraestructura para atender a las decenas de millones que han emigrado recientemente del campo a las ciudades. Estas instituciones contribuyen sustancialmente a la estructura de la sociedad civil. Sin embargo, el programa occidental de derechos humanos recibe oposición vigorosa, especialmente en lo referente a libertad religiosa e igualdad para minorías religiosas y para mujeres (aunque, en algunas naciones, las mujeres han logrado progresos considerables en educación y empleo).

La proliferación de comunicaciones globales, la radicalización de algunos grupos islamistas, y el surgimiento de un ejército trasnacional de población flotante (los "yihadistas") que recibe su apoyo de Pakistán, del mundo árabe, de Afganistán y de la diáspora musulmana en Europa, han hecho que un conflicto en alguna parte del mundo musulmán, con sus causas específicas y su carácter local, inmediatamente se presente y se utilice como parte de otro conflicto en otra región. La globalización del conflicto local sirve a los propósitos poderosos de la propaganda.

Las diásporas india y china actualmente son portadoras importantes de globalización cultural y religiosa, especialmente porque la mano de obra barata de los migrantes de los siglos XIX y XX ha sido reemplazada por estudiantes, profesionales, comerciantes y empresarios. Algunos ejemplos de la diáspora india son los 200 000 sijes de Punjab en Columbia Británica, provincia de Canadá, los patel de Guyarat en Kenia, los keralites en los países del Golfo, y los tamiles en Singapur y Malasia. Hay más de 400 templos hinduistas construidos por indios en Estados Unidos. En 2013, el 76 % de los inmigrantes indios a los Estados Unidos (de 25 o más años) tenía un grado universitario o un posgrado; el porcentaje general para todos los inmigrantes mayores de 25 años es 28 %, y para la población de adultos nativos es de 30 %. Es notable que, entre los inmigrantes indios con educación universitaria, más de la mitad ya cuenta con un posgrado o una certificación profesional. Los estudiantes indios son el 14 % de todos los estudiantes internacionales que cursan doctorados en universidades de Estados Unidos.[121]

Además, el movimiento de algunas formas de hinduismo y budismo alrededor del mundo a través del esfuerzo de gurús y monjes viajeros es un evento importante en estos tiempos. Esto ha ocurrido al mismo tiempo que la migración de poblaciones del sur de Asia que llevan consigo su cultura. El relanzamiento del hinduismo vedanta como una "espiritualidad global", primero por Vivekananda y luego por innumerables gurús que han seguido su camino, sigue resonando entre las clases altas de nuestro mundo posmoderno. Esa "espiritualidad global" se constrasta con lo que se considera el particularismo histórico y estrecho de la fe cristiana. La idea central del vedanta, de la existencia de una jerarquía espiritual y de niveles de verdad, le permite englobar a todas las religiones sin dejar duda alguna de su propia superioridad. También, las técnicas espirituales

---

121. Información tomada de: http://www.migrationpolicy.org/article/indian-immigrants-united-states, acceso 1 de septiembre, 2015.

individualistas de las tradiciones hinduista y budista (sin relación con las prácticas sociales y rituales de sus templos) las hacen parecer más atractivas para las culturas de consumo individualista. El *statu quo* político y económico queda intacto y no se le presenta desafío alguno.

La orientación empresarial del gurú moderno tiene su contraparte cristiana en las misiologías gerenciales exportadas de los Estados Unidos y las estrategias de "iglecrecimiento" que amenazan con subvertir la integridad de la misión de la iglesia. La obsesión con la sociología y con las estadísticas hasta el punto de llegar a excluir la reflexión histórica y teológica, y su complicidad con el capitalismo global, ha dado como resultado que las iglesias evangélicas en general han quedado despojadas de su voz profética en la sociedad civil global.

Es necesario confrontar esos puntos ciegos, similares a los de misioneros británicos de generaciones anteriores. Los líderes evangélicos (y mucho menos los misioneros y agencias misioneras que proclaman tanto la "globalización de la iglesia") han presentado muy pocos desafíos públicos a la doble moral que practican los gobiernos de Estados Unidos y del Reino Unido cuando se trata de derechos humanos, democracia, libre comercio, armas de destrucción masiva y demás. Incluso antes del 11 de septiembre (2001), Estados Unidos estaba rompiendo reglamentos internacionales y tratando de hacer que el mundo se ajustara a sus intereses económicos y militares. Varios tratados internacionales (desde el protocolo de Kioto hasta la restricción del comercio de armas pequeñas y ligeras) fueron saboteados, y dañada la autoridad de instituciones internacionales como la Corte Internacional de Justicia y la Organización Mundial del Comercio. El poco disimulado desprecio que han mostrado las administraciones estadounidenses ante convenciones, tratados y organizaciones internacionales deja a todo aquel que se interesa por la justicia global y la cooperación internacional un sentido profundo de inquietud y de mal augurio.

Además, como señala Philip Jenkins:

> … la mentalidad localista de la opinión pública
> occidental es alarmante. Cuando ocurre un solo
> asesinato motivado por razones raciales o religiosas
> en Europa o América del Norte, el evento ocasiona

> un examen de conciencia generalizado, pero cuando
> miles de personas son masacradas por su fe en
> Nigeria, Indonesia o Sudán, la nota casi nunca se
> registra. Algunas vidas valen más que otras.[122]

El silencio de la iglesia ante la hegemonía de los Estados Unidos y ante los medios de comunicación tendenciosos e hipócritas está socavando la credibilidad de las misiones evangélicas estadounidenses a comienzos del siglo XXI, del mismo modo que la colaboración de grandes sectores del cristianismo británico en el proyecto imperialista ha tenido consecuencias desastrosas para la credibilidad del evangelio entre los no cristianos tanto en Occidente como en el mundo poscolonial.

El Dios cuya identidad se revela en el relato de Jesús desea estar en comunión con los seres humanos en todo tiempo y en todos los rincones del mundo. Rowan Williams nos recuerda que la teología cristiana "celebra a un extranjero divino que crea un mundo común; y al hacerlo establece de una vez por todas la posibilidad de una humanidad que para su armonía no depende de alianzas humanas transitorias o de definiciones de interés común o de propósito común". Él termina un breve repaso de la historia de la iglesia occidental con las siguientes palabras:

> Si nuestra exploración de la historia de la iglesia puede
> avivar el desafío pleno que esta le presenta al tribalismo
> religioso y secular, bien habrá valido la pena. Si puede
> contribuir a una cierta humildad conversacional en
> nuestra cultura tan charlatana y falta de autocrítica,
> a una mejor conciencia de la labor que se requiere
> para realizar la autocomprensión histórica, entonces
> habrá abierto varias ventanas de aire fresco en lo que
> pudiera ser un ambiente peligrosamente sofocante.[123]

---

122. Jenkins, Philip: *The Next Christendom: The Coming of Global Christianity* [La nueva cristiandad. La llegada del cristianismo global]. Oxford: Oxford University Press, 2002, pág. 163.

123. Williams, Rowan: *Why Study the Past: The Quest for the Historical Church* [Por qué estudiar el pasado. La búsqueda de la iglesia histórica]. Londres: Darton, Longman and Todd, 2005, pág. 114.

4

Compromiso

con personas de otras creencias

Cuanto más exclusivamente reconozcamos a Jesucristo como nuestro Señor y lo proclamemos así, tanto más ampliamente se nos manifiesta la extensión del ámbito de su dominio.[124]

¿CÓMO HEMOS DE RELACIONARNOS CON PERSONAS de creencias distintas y con sus tradiciones religiosas? Ciertamente nuestro punto de partida debe ser considerarlos como lo que son, hombres, mujeres (y quienes no se identifican así) hechos a imagen de Dios, y no primordialmente como seguidores de alguna tradición religiosa en particular. Debido a que el otro está hecho a imagen de Dios, estamos en la obligación de responder con respeto. Y respetar a la gente involucra tomar muy en serio sus creencias, miedos y aspiraciones, e incluso estar dispuestos a ser inquietados y desafiados por ellos.

Para descubrir lo que una persona realmente cree y atesora en su vida se requiere establecer una relación personal comprometida. En Asia, muchos de los que se denominan budistas comparten más con las religiones primitivas que con el racionalismo de los eruditos theravadas o el misticismo de los mahayanes. Buena parte del budismo urbano gira en torno a gurús populares hinduistas y astrólogos personales. Es cierto que un aspecto necesario del respeto a otras tradiciones religiosas es mostrar disposición a explorar sus textos sagrados; sin embargo, nada puede sustituir el trabajo más demandante que implica sostener una amistad personal. Como nos recuerda un antiguo proverbio chino: "Quien se acerca oliendo a

---

124. Bonhoeffer, Dietrich: *Ética*. Madrid: Trotta, 2000, pág. 268.

enemistad está invocando el choque de armas; y quien viene con la fragancia de la amistad será amado como un hermano"[125].

Esto significa que debemos prepararnos para escuchar con atención, para escuchar y también para hablar; de hecho, escuchar bien antes de hablar. Este es el camino de la amistad y del cultivo de confianza y receptividad mutua. Solo por medio de relaciones de confianza mutua podemos comprendernos unos a otros y hablar la verdad en amor.

Hay razones políticas y pragmáticas para el diálogo interreligioso. Hans Küng lo ha expresado de manera un tanto dramática: "No habrá paz mundial sin paz entre las religiones; no habrá paz entre las religiones sin diálogo interreligioso; y no habrá diálogo interreligioso sin conocimiento preciso los unos de los otros"[126]. El conflicto entre comunidades religiosas casi siempre es provocado por estereotipos mal intencionados y por la caricaturización de las prácticas, creencias y aspiraciones del otro. En este sentido es muy interesante la observación de Anantanand Rambachan, erudito hinduista originario de Trinidad, profesor en una institución cristiana de educación superior en Estados Unidos: "Las comunidades en donde conviven diferencias reales, pero estas son minimizadas y no se les da mucha importancia, son más propensas a sufrir violencia y disturbios traumáticos cuando esas diferencias se tornan prominentes en tiempos de tensión y conflicto". Luego añade:

> En cambio, las comunidades que se comprometen
> en una búsqueda profunda de comprensión mutua,
> que reconocen honestamente las diferencias y
> cultivan el respeto, son menos propensas a explotar
> en tiempos de conflicto. Es menos probable que
> esas comunidades señalen sus diferencias como
> justificación para la hostilidad mutua. Constantemente

---

125. Citado en Needham, John: *Within the Four Seas: Dialogue of East and West* [En los cuatro mares. Diálogo entre Oriente y Occidente]. Londres: Allen & Unwin, 1964, pág. 159.

126. Küng, Hans: "Christianity and World Religions: Dialogue with Islam" [El cristianismo y las religiones del mundo. Diálogo con el islam] en Leonard Swidler, ed. *Toward a Universal Theology of Religion*. Maryknoll, NY: Orbis Books, 1987.

> reflexiono sobre este asunto cuando vemos vecinos
> que de pronto, en muchos conflictos recientes, se
> vuelven unos contra otros feroz y violentamente,
> destrozando la apariencia de civilidad y armonía.[127]

Jonathan Sacks, anteriormente el principal rabino de Gran Bretaña, comenta algo sobre su país que es muy alentador y a la vez muy desafiante:

> Esta es la nación —tal vez la única— donde los líderes
> de todas las principales religiones se conocen unos a
> otros como amigos personales; donde cristianos, judíos,
> musulmanes, sijes e hinduistas, que en otras regiones
> del mundo están en conflicto, tienen encuentros
> de calidez y de apoyo mutuo. Es donde yo, como
> rabino, tengo la oportunidad de hablar a gente de
> todas las religiones y de ninguna; no solo a quienes
> creen igual que yo. No sé si existe otro lugar en donde
> ocurra esto con el mismo grado de intensidad.[128]

En el transcurso del día y de las actividades cotidianas, los cristianos interactúan y colaboran con personas no cristianas en diversos proyectos sociales, desde el comité de una asociación provivienda hasta un grupo consultivo de políticas gubernamentales. Este es el contexto normal donde surgen oportunidades para el diálogo serio. Cuando hablamos de diálogo religioso, a menudo nos imaginamos a grandes dignatarios religiosos sentados alrededor de una mesa en una consulta muy planificada sobre algún tema teológico o esotérico. Ese tipo de eventos tiene su lugar y razón de ser, especialmente si esos dignatarios representan a sus respectivas comunidades religiosas; pero sería muy desafortunado si fuera el único modo de diálogo, el estado normal de la interacción. En mi opinión, no confío

---

127. Rambachan, A.: "Discurso magistral. Consulta de diálogo hinduista-cristiano, Varanasi, India, octubre 23-27, 1997" en *Current Dialogue*, 31, pág. 34.
128. Sacks, Jonathan: *The Home We Build Together: Recreating Society* [El hogar que construimos juntos. La recreación de la sociedad]. Londres y New York: Continuum, 2007, págs. 168-169.

mucho en ese tipo de eventos formales, planificados detalladamente, y pongo más entusiasmo en reuniones informales de cristianos con no cristianos para dialogar sobre temas que afectan su vida en común en la sociedad. Casi siempre es en esos encuentros donde pueden generarse preguntas que llevan el diálogo a un nivel más personal, más inquisitivo, donde se descubren las cosmovisiones, y las presuposiciones básicas que rigen la vida se abren al cuestionamiento y a la crítica amable.

En primera instancia, el diálogo no es un evento, sino una actitud; de hecho, es una forma de vida. Es una actitud de hospitalidad, una disposición que alcanza al otro y deja espacio para quien es diferente o incluso antagonista. Si se entiende y se practica como un estilo de vida intencional, llega mucho más lejos que la simple coexistencia, la tolerancia o la aceptación amable.

Tal diálogo ha sido visto con sospecha por algunos líderes "evangélicos", por la forma en que se ha utilizado en ciertos círculos "ecuménicos". Por ejemplo, en varias publicaciones del Consejo Mundial de Iglesias se afirma que, a menos que estemos dispuestos a reconocer la validez salvífica de todas las tradiciones religiosas, nuestro encuentro con otros no será auténtico. Como una muestra representativa de esta idea, permítanme citar una declaración sobre diálogo cristiano-hinduista que apareció en *Current Dialogue*, publicación del Consejo Mundial de Iglesias:

> Las religiones, según se han manifestado en la
> historia, son percepciones complementarias del
> inefable misterio divino, del Dios-más-allá-de-Dios …
> Nosotros, creyentes religiosos, somos coperegrinos,
> que compartimos unos con otros reflexiones y
> experiencias espirituales íntimas con cuidado, interés
> y compasión, con apertura genuina a la verdad y a la
> libertad de quienes están en una búsqueda espiritual
> … El diálogo que tiene como objetivo la "conversión"
> del otro a su propia religión y tradición es deshonesto
> y falto de ética; no es el camino de la armonía.[129]

---

129. "Working for Harmony in the Contemporary World: A Hindu-Christian Dialogue" [Trabajar en pro de la armonía en el mundo contemporáneo.

Este es básicamente el punto central de la cosmovisión del hinduismo neovedanta. La religión es una, fundada en "experiencias espirituales íntimas". De manera que ya están predefinidas las fronteras. Quedan automáticamente fuera todas aquellas religiones que no giren en torno a algún Absoluto impersonal, sino que tienen un Dios personal que habla y se revela a sí mismo en eventos históricos. Es porque una religión así no comparte la presuposición de que todos comenzamos a buscar al Misterio divino desde nuestro punto y momento particular, que todo individuo tiene el mismo acceso a la Verdad. Debido a que las Escrituras cristianas cuestionan la creencia ingenua de que todos seamos buscadores de la Verdad, esas Escrituras —y quienes las tomen en serio— se convierten en una vergüenza en este tipo de diálogo. Pareciera entonces que todos los que participan en este deben renunciar a las convicciones de sus propios sistemas de creencia y adoptar esta cosmovisión particular como condición previa para el diálogo.

Es una forma muy extraña de comenzar una conversación. Si nuestras presuposiciones básicas no pueden ser desafiadas, entonces no habrá diálogo sino solo monólogo. Es por eso por lo que este tipo de diálogo ecuménico se convierte en un ejercicio de clientelismo, en vez de ser un entendimiento mutuo. Lejos de ser deshonesto y falto de ética, el diálogo que incluye la posibilidad de conversión se convierte en algo real e interesante. Así lo señala el jesuita Michael Barnes:

> Como toda actividad humana, la conversación tendrá discusión, argumentación y malentendidos, pero si se conduce con respeto hacia la dignidad y libertad del individuo, hará que la gente cambie bajo la dirección del Espíritu de Dios en vez de ser simplemente manipulada por la voz más fuerte o por el argumento más sofisticado.[130]

Diálogo hinduista-cristiano] en *Current Dialogue*. Ginebra, WCC, 29 de enero, 1996, págs. 18-19.

130. Barnes SJ, Michael: *Religions in Conversation: Christian Identity and Religious Pluralism* [Religiones en conversación. Identidad cristiana y pluralismo religioso]. Londres: SPCK, 1989, pág. 180.

Para la fe cristiana, el diálogo con el otro es un aspecto del *testimo-nio* de la verdad de Cristo. Dar testimonio es la primera vocación de la iglesia. Ahí donde hay un deseo genuino de que el otro venga para "iluminación del conocimiento de la gloria de Dios en la faz de Jesucristo" (2Co 4:6, RVR1960), siempre habrá una postura de *escucha*. Porque el deseo de comunicar es lo que también nos motiva a escuchar. Refiriéndose a nuestros vecinos musulmanes, Kenneth Cragg dice: "La tarea de nuestra vida es construir puentes hacia su mente; esto implica que hay que acercarse para ser oídos"[131].

> Temple Gairdner (1873-1928) fue un misionero anglicano que trabajó en El Cairo durante más de treinta años. Era un lingüista talentoso y entendía bien el islam, de modo que podía debatir públicamente en árabe con jeques de la Universidad al-Azhar. Cuando Gairdner murió, su colega en aquella ciudad, Yusef Effendi Tadras, comentó: "Otros maestros nos enseñaron cómo refutar al islam; él nos enseñó cómo amar a los musulmanes"[132].

Hay que añadir que la crítica a las creencias de la gente (con genti-leza, sin agresiones, con comprensión empática) también significa tomarlas en serio. Rehusarse a criticar al otro, o tratarlo como si fuera solo otra versión de mí mismo, es insultarlo. ¡Irónicamente, es un rechazo al verdadero pluralismo! Porque entonces nos habremos aislado de la posibilidad de ser convertidos; ya sea a sus creencias o a una comprensión más profunda de las nuestras. Elevar las similitu-des y reducir las diferencias fundamentales entre creencias equivale simple y llanamente a no tomarlas en serio. Es también una traición a nuestra propia herencia.

Kenneth Cragg, desde su compromiso profundo y de muchos años de contacto con la cultura islámica y con gente musulmana, desafía a los cristianos con un llamado a recuperar el evangelio por medio del diálogo auténtico:

---

131. Cragg, Kenneth: *The Call of the Minaret* [La llamada del alminar]. Oxford: Oxford University Press, 1956, pág. 247.
132. Padwick, Constance: *Temple Gairdner of Cairo*. Londres: SPCK, 1929, pág. 302.

> Si Cristo es lo que es, debe ser pronunciado. Si el islam es lo que es, ese "deber" es irresistible. Donde haya conceptos erróneos, debe penetrar el testimonio; donde se oscurezca la belleza de la cruz, se debe develar; donde alguien haya dejado de ver a Dios en Cristo, se le debe mostrar de nuevo … En la situación que presenta el islam, la iglesia no tiene otra opción más que presentar a Cristo.[133]

También entramos en diálogo para descubrirnos a nosotros mismos. Realmente no sabemos lo que creemos, y mucho menos hasta dónde nuestra vida toma la forma de lo que profesamos creer, hasta que entramos en diálogo con otros, especialmente con quienes son profundamente diferentes a nosotros. Michael Barnes señala lo siguiente:

> Ser cristiano o hinduista, judío o sij, musulmán o budista es aprender a hablar el lenguaje de una tradición ancestral; un proceso de crecimiento más que un modo de ser. El diálogo se basa en el principio de que el otro juega un papel crucial para mi aprendizaje de ese lenguaje, porque solo aprendo a hablar cuando hay alguien que está dispuesto a escucharme. Y solo cuando aprendo a hablar es que realmente sé lo que tengo que decir. La conversación ayuda a ambos participantes a articular su experiencia, a llegar a ser no solo "el otro", sino a ser sí mismo en verdad.[134]

En ocasiones, escuchar traerá un nuevo aprecio; otras veces, habrá desacuerdos profundos y debate vigoroso. A veces las diferencias que descubrimos por medio del diálogo pueden ser menos importantes de lo que pensábamos, y en otras ocasiones las similitudes que asumíamos resultan ser muy superficiales cuando se inspeccionan más de cerca.

Todo testimonio —y, por lo tanto, todo diálogo verdadero— conlleva riesgos. Transforma a ambos participantes. Quizás es por esto por lo que muchos dudamos en entablar amistades y diálogos con

---

133. Cragg, Kenneth: *op. cit.*, págs. 304-305.
134. Barnes SJ, Michael: *op. cit.*

quienes son diferentes, y preferimos el monólogo de predicarles a cierta distancia. Estamos tan ocupados con programas y actividades de la iglesia, y con supuestas reuniones evangelísticas, que no dedicamos tiempo al cultivo de relaciones que traspasen barreras de malentendidos e ignorancia mutua. Pero eso es una traición a nuestro llamado en Cristo; equivale a decir que no tenemos nada más que aprender de él.

El misionero menonita estadounidense David Shenk comparte su experiencia de participación en un encuentro cristiano-musulmán en Irán:

> Hace varios años tuve un diálogo de cuatro días con una chiita iraní en Alemania. Cuando le presenté la reconciliación de la cruz, respondió con enojo: "Nunca me hubiera imaginado que la cruz tuviera algo que ver con el perdón y la reconciliación. Los musulmanes consideramos a la cruz como un símbolo para matar musulmanes". Inmediatamente vinieron a mi mente imágenes de las cruzadas o, más recientemente, de las guerras de Bosnia. Lloré al considerar tales contradicciones a la cruz y le pedí perdón por las formas en que la iglesia ha traicionado tantas veces el significado de la cruz como el abrazo reconciliador de Dios. Después de un receso de tres horas para comer le tocaba el turno a ella, y dijo: "Estas últimas tres horas han sido las más transformadoras de mi vida, porque con tus lágrimas de arrepentimiento por los pecados de la iglesia contra nosotros los musulmanes me has abierto los ojos a un Jesús que yo no conocía. No sé hacia dónde voy a llegar con todo esto, pero te agradezco, porque nunca antes había experimentado a un cristiano pidiendo perdón a un musulmán".[135]

Cuando comencé mi trabajo con estudiantes en Sri Lanka, en los años ochenta, recuerdo que me sentaba con estudiantes marxistas

---

135. Shenk, David W.: "The Praxis of Reconciliation" [La praxis de la reconciliación]. Trabajo presentado en *Mission and Reconciliation in Pluralist Contexts* [Misión y reconciliación en contextos pluralistas], ASEAN y Sri Lanka, Conferencia Edimburgo 2010, Malasia, junio 2009.

en la Universidad de Colombo y escuchaba todas las preguntas que me "disparaban": ¿Qué dice la Biblia sobre la revolución? ¿Qué tiene de malo usar la violencia para derrocar un régimen tirano? ¿Por qué los cristianos son colonialistas y capitalistas? ¿Es que un grupo étnico no tiene derecho a ser una nación? Durante mis siete años como estudiante cristiano en la Universidad de Londres nunca me dediqué a reflexionar profundamente sobre estas cuestiones. Desde entonces constantemente he procurado escuchar a los no cristianos más pensantes (trátese de ateos, humanistas, budistas, musulmanes o cualquier otro), tanto por medio de sus escritos como en encuentros personales y diálogos públicos. También he sido diligente en el cultivo de amistades con cristianos de todas las opiniones y tradiciones teológicas. Gracias a esas experiencias, me he visto desafiado, humillado y profundizado en mi lectura de las Escrituras y en mi discipulado y seguimiento de Cristo. He tenido que arrepentirme de mis prejuicios, mis estereotipos y mi ingenuidad.

¿Quién puede negar que en las últimas décadas Dios ha usado a voces no cristianas e incluso a anticristianos combativos para que la iglesia profundice en su obediencia? Pienso en feministas seculares, ambientalistas y defensores de los derechos de los animales, activistas budistas pro democracia y autores poscoloniales que me han ayudado a descubrir mis propios puntos ciegos. El encuentro con el que genuinamente es "el otro" nos libera de nuestras perspectivas unilaterales. Lo mejor del pensamiento posmoderno, con su protesta radical contra sistemas opresivos de pensamiento, me ha ayudado a poner más atención al lenguaje, incluyendo el lenguaje teológico, que moldea mi autocomprensión. Escuchar las experiencias que han tenido con la iglesia personas de orientación homosexual me obliga a arrepentirme de mi homofobia y de la idolatría del matrimonio y la familia, sin que yo tenga que aceptar toda la agenda política "gay".

La Biblia está llena de relatos sobre cómo la fe del pueblo del pacto de Dios fue desafiada por quienes estaban (en ese momento) fuera del pacto. Pienso que el libro de Jonás es una parábola como las de Jesús, advirtiéndole al pueblo de Israel: ¡los paganos que no conocen a Yahvé son más sensibles y responden a él, y como seres humanos son más atractivos que el profeta de Yahvé cuyo nombre siempre está en sus labios! Y el libro de Jonás debe leerse lado a lado con el relato que escribió Lucas sobre el apóstol Pedro rehusándose a encontrarse con el centurión romano Cornelio. El etnocentrismo de Pedro fue desafiado por Dios incluso antes de que entrara a la casa de Cornelio. Y cuando finalmente entra, él no predica, sino que *escucha* al centurión que cuenta su propia experiencia genuina del Señor. Es solo entonces que el apóstol confiesa su prejuicio (y su comprensión estrecha del evangelio) y narra la historia de Jesús como el cumplimiento maravilloso de la búsqueda de Cornelio.

Ahí está ocurriendo una conversión doble: el centurión llega a Jesús y recibe su Espíritu, en tanto que Pedro profundiza su conocimiento y su obediencia de Jesús. Podemos distinguir el comienzo de nuestra conversión, pero no su final. Seguros de nuestra nueva identidad en Cristo, no tenemos miedo de hacer preguntas, explorar la vida en abundancia, ser corregidos y aprender (incluso de los no cristianos).

La iglesia se compromete en la misión al mundo no solo por el mundo en sí mismo, sino por la iglesia, es decir, para crecer y desarrollarse más profundamente a la imagen de Cristo, y para comprender mejor el significado del Jesús de quien da testimonio. Después de dos milenios de testimonio cristiano imperfecto pero fiel, la fe se ha traducido y transmitido más allá de muchas fronteras culturales y lingüísticas. Gracias a esto, el Espíritu ha "desempacado" para la iglesia más y más del significado y la gloria del Cristo resucitado. El historiador de la misión Andrew Walls observa que "las traducciones nuevas, al llevar la palabra sobre Cristo a un área nueva, y al aplicarla a nuevas situaciones, tienen el potencial de reconfigurar y expandir la fe cristiana".[136]

De modo que los cristianos no enfrentan al mundo afirmando: "Tenemos la verdad" sino diciendo: "Él es la verdad". Y ese conocimiento que tenemos es fragmentario, parcial y susceptible a recibir la acusación de ser no más que una mera opinión. La verdad sobre Dios, Jesús y nosotros mismos queda a la espera de su demostración pública y externa. Antes de ese día, cuando todos los poderes

---

136. Walls, Andrew F.: "The Translation Principle in Christian History" [El principio de traducción en la historia cristiana] en *The Missionary Movement in Christian History: Studies in the Transmission of Faith* [El movimiento misionero en la historia cristiana]. Edimburgo: T & T Clark y Nueva York: Orbis Books, 1996, pág. 29.

hostiles sean sometidos a Cristo y participemos en la resurrección de los muertos (1Co 15:24-28), solo vemos "por espejo, oscuramente" (1Co 13:12, RVR1960). Soy *simul justus et peccator* ('santo y pecador al mismo tiempo'). He sido atrapado por la verdad según se muestra en Cristo Jesús, pero sigo creciendo hasta la plenitud de esa verdad. En este peregrinar, incluso cuando comparto la historia de Jesús con los demás, me encuentro atraído hacia lo más hondo de la historia y se me concede tener nuevas perspectivas. La humildad es lo que me permite ver las maneras en que soy propenso a utilizar mi "cristianismo" para esconder verdades inconvenientes sobre Dios y sobre mí mismo o para reforzar mi propio ego en autojustificación. La evangelización, si es auténtica, transforma tanto a los portadores como a los receptores del evangelio.

Reflexión bíblica

Los estudiosos del Pentateuco saben que los patriarcas, incluyendo a Abraham, adoraban a El, la divinidad suprema de Mesopotamia. Ellos recibieron promesas y mandatos directamente de El (usualmente con otros epítetos, como El-Shaddai), sin la intervención de otros profetas; y respondieron a El construyendo altares y presentando sacrificios, así como también en obediencia y confianza. El escritor de Génesis tiene cuidado de retener el nombre El en las secciones del libro donde hay diálogos, especialmente donde Dios es quien habla. Pero en las secciones narrativas, Yahvé es el nombre que se utiliza. Desde la perspectiva de fe del Israel posterior, fue Yahvé quien se había dirigido a los patriarcas como El y entró en relación con ellos (cf. Éx 6:3).

Ahora bien, a partir de esta observación no podemos concluir que la Biblia valida el culto a El y a todo su panteón, y mucho menos a toda la mitología repugnante que lo acompañaba. El texto no asevera que todos los que adoraban a esta deidad llegaran a tener una relación personal con el Dios vivo y verdadero; y tampoco menciona nada sobre la hipocresía o sinceridad del culto de Abraham. El hecho que a este le haya hablado Dios y lo haya llamado a estar en relación personal es un acto de gracia, una iniciativa divina. Dios acomodó su autorrevelación para adaptarse al marco de referencia religioso de los patriarcas, incluyendo rituales religiosos, costumbres y títulos divinos de su cultura. Pero todo eso ocurrió como preparación para la experiencia de sus actos liberadores, una revelación más profunda y plena de su carácter y sus propósitos, que con el paso del tiempo los llevaría más allá de su marco religioso ancestral cuyas pretensiones centrales sacudiría. Una vez que han caminado con Yahvé en el desierto, no hay vuelta atrás (cf. Jos 24:14–15).

Aquí hay mucha instrucción, y mucha relevancia contemporánea. Podemos afirmar que el Hijo/Verbo de Dios preencarnado ha estado dirigiéndose a hombres y mujeres de culturas e historias diferentes a Israel, y ha trabajado con ellos en formas y con nombres que parecen extraños a los cristianos, e incluso repulsivos (cf. Jn 1:1–3,9; Heb 1:1). Seguramente se trata de la autohumillación y adaptación de Dios a nuestra humanidad finita y pecadora. Si el Señor ha de hablar a la humanidad y si ha de ser convincente, debe hacerlo dentro de las limitaciones particulares de contextos sociales y culturales específicos. Así que no nos atrevemos a negar un conocimiento genuino de Dios entre los pueblos que no han sido tocados por el evangelio simplemente porque su lenguaje y sus conceptos sean extraños a nuestros oídos. ¡Qué extraño (y, de hecho, repulsivo) es nuestro lenguaje para ellos (especialmente "la locura de la cruz")!

Pero este hecho, lejos de eliminar la necesidad de proclamar el evangelio de Jesús a todas las culturas, en realidad la *impone*. Porque si es Cristo el que ha estado hablando a todo ser humano en su pecado, es para sacarlos de lo que Pablo denomina los "tiempos de ignorancia de la gente" (en su diálogo con los filósofos atenienses en Hch 17:30, DHH), para que puedan entender y experimentar la libertad que él forjó para todos por medio de la cruz. La iglesia es portadora de buenas nuevas de libertad, y el Espíritu Santo la capacita para discernir esos "marcadores" de Cristo en cada situación humana, para que su Palabra pueda ser articulada con poder y con relevancia en cada época.

Las diferencias soteriológicas son reales y terminantes. La pregunta tan popular sobre si "hay salvación en otras religiones" es engañosa porque esencialmente el significado de 'salvación' depende de la narrativa más amplia en la cual se encuentra arraigada. Para todas las religiones, incluyendo al budismo, es natural tener pretensiones soteriológicas exclusivas. Cuando se le preguntó al Dalai Lama si solo Buda puede proveer "la verdadera fuente de refugio", él contestó:

> Mire, aquí es necesario examinar lo que se quiere decir con liberación o salvación. Si liberación es cuando una mente que entiende la esfera de la realidad aniquila todas las impurezas en esa esfera de la realidad, se trata de un estado que solo los budistas pueden lograr. Este tipo de *moksha* o *nirvana* solo se explica en las escrituras budistas, y solo se logra por medio de prácticas budistas.[137]

Además, debido a que las narrativas soteriológicas y los valores éticos están entrelazados, es natural que narrativas diferentes conduzcan hacia juicios éticos divergentes. Edward Conze, el gran erudito del budismo, ha dicho: "En una ocasión leí una colección de vidas de santos católico-romanos, y no había ni uno solo que pudiera ser aprobado plenamente por un budista … aunque fueron buenos cristianos, todos fueron malos budistas".[138] Aquellos valores morales que aparentemente son iguales, como la compasión o la humildad, pueden significar cosas distintas en las diferentes cosmovisiones, y también pueden ocupar lugares diferentes en los códigos morales.

En la visión gloriosa al final del libro de Apocalipsis (caps. 21—22),[139] el trono de Dios está colocado justo en medio de la Nueva Jerusalén, donde el agua viva fluye desde el trono, las hojas del árbol de la vida son para la sanidad de las naciones, y los siervos de Dios, marcados con el sello del Señor, lo verán a él cara a cara. En contraste con el capítulo 4, donde la morada de Dios está en el cielo, aquí él tiene su tabernáculo con la humanidad en la Tierra. La separación entre cielo y tierra ha desaparecido en la nueva creación. La existencia humana fracturada, ahora ha sido sanada. Pero la

---

137. Su Santidad el Dalai Lama XIV, "'Religious Harmony' and the Bodhgaya Interviews" ["Armonía religiosa" y las entrevistas de Bodhgaya] en Griffiths, Paul J. (ed.): *Christianity Through Non-Christian Eyes* [El cristianismo en la mirada de los no cristianos]. Maryknoll, NY: Orbis Books, 1990, pág. 169.

138. Conze, Edward: *Thirty Years of Buddhist Studies: Selected Essays* [Treinta años de estudios budistas. Selección de ensayos]. Oxford: Cassirer, 1967, pág. 47.

139 El lenguaje "apocalíptico" judío utiliza imágenes cósmicas para expresar la importancia teológica de eventos dramáticos de *este mundo*.

presencia directa del Señor solo puede ser disfrutada después de que el mal haya sido arrancado de raíz en su reino. Él y la humanidad no pueden morar en armonía mientras que el mundo sin arrepentirse persista en su rechazo de la verdad y la justicia de Dios. Así que una figura central en la imagen apocalíptica es *el Cordero que comparte el trono de Dios* en la Nueva Jerusalén. En esa ciudad ya no habrá más templos (¿religiones?), porque el Señor Dios todopoderoso y el Cordero son su templo (Ap 21:22). La riqueza material y cultural de las naciones embellecerá la ciudad, pero no hay más Sol ni Luna (¿poderes rivales?) porque el Cordero mismo es su lámpara, y emite la luz de la gloria de Dios, por la cual andarán las naciones de la Tierra (Ap 21:23-24). La habitación del Señor con la humanidad ha comenzado con la exaltación del Cordero (Ap 5). El suyo es un domino escondido; solo será manifestado en plenitud en el día de la resurrección final. Entonces, el mundo se dará cuenta de la gran importancia de lo que ya ha ocurrido en Jesús, cuando vean a aquel "a quien traspasaron" (Ap 1:7).

Testimonio cristiano: responsabilidad y sensibilidad

Al confesar que el Cristo resucitado está activo en todo el universo por medio del Espíritu Santo, la iglesia afirma que no hay parte del mundo de Dios que esté cerrada a su influencia sustentadora, renovadora y transformadora. De modo que la iglesia que no ponga atención tanto al medio ambiente religioso como al secular en donde está llamada a ser portadora del evangelio, será culpable por no estar atenta a los impulsos del Espíritu. Nos cerramos a la dirección del Espíritu hacia la profundidad de la verdad, de la belleza y de la santidad. Esa falta de atención, esa indisposición a ser sorprendidos por el Señor es idolatría.

Preguntas sobre, por ejemplo, el destino final de las personas que, por causas ajenas a su voluntad, nunca han tenido la oportunidad de escuchar las buenas nuevas de Jesucristo, podemos dejarlas en manos de un Dios que, según el evangelio, es justo y misericordioso en su trato con la humanidad. A nosotros se nos llama a ser testigos, no jueces. Argumentar que todos los que no hacen una confesión explícita de fe en Jesús como Señor están eternamente perdidos no solo va más allá de la evidencia bíblica, sino que también niega la salvación al pueblo de Dios en el Antiguo Testamento, a muchas personas con discapacidad intelectual y a los niños pequeños. Del mismo modo, argumentar que todo hombre y mujer ya es salvo, sin que Cristo tenga nada que ver, es contradecir todo el testimonio bíblico. Todo lo que podemos decir, con humildad, pero con firmeza, es que, si alguien *es* salvo, no lo es por medio de ninguna religión ni por logros humanos, sino únicamente por la muerte expiatoria y por la resurrección objetiva de Jesucristo, ya sea que se apropie conscientemente de ello o no.

En su gracia, Dios puede otorgar la fe salvífica a hombres y mujeres que viven en contextos religiosos no cristianos, e incluso puede estar trabajando en la transformación de tradiciones religiosas para que reflejen sus propósitos para el mundo. Pero esto no es lo mismo que afirmar que las religiones son vehículos de salvación divina y que todas han surgido con ese objetivo. Si los seres humanos encuentran al Señor, es posible que sea *a pesar* de sus prácticas religiosas y no *por medio* de ellas.

Peter Cotterell, educador teológico que también trabajó muchos años como misionero cristiano en Etiopía, se duele porque en muchos diálogos académicos existe la "idealización sin esperanza" de las religiones:

> Los horrores de las religiones cananeas todavía siguen
> presentes entre nosotros, el *chamán* sigue diciendo que
> tiene el poder de manipular a sus dioses, la brujería
> todavía florece, la gente sigue engañada y explotada, el
> logro humano sigue siendo exaltado, los ricos siguen
> llenándose de más cosas buenas, y son los pobres
> quienes son despedidos con las manos vacías.[140]

De hecho, ¿por qué se asume, en todo el enorme exceso de literatura teológica sobre pluralismo religioso, que el encuentro divino-humano ha de ubicarse primordialmente en el terreno de las "religiones del mundo", y que entre todas las actividades del espíritu humano (exploración científica, producción musical, búsqueda de

---

140. Cotterell, Peter: *Mission and Meaninglessness: The Good News in a World of Suffering and Disorder* [Misión y carencia de significado. Las buenas nuevas en un mundo de sufrimiento y desorden]. Londres: SPCK, 1990, pág. 51.

justicia, cuidado de los ancianos y demás) solo es en el territorio de las "experiencias religiosas" que ha de discernirse la actividad salvífica del Espíritu divino? Ciertamente la Buena Nueva de Cristo Jesús cuestiona radicalmente esta presuposición.

Por tanto, vamos a recibir con brazos abiertos y nos vamos a regocijar en todo signo de la gracia de Dios que obra en la vida de toda persona y grupo de personas, de cualquier trasfondo. Asimismo, hay luchas por la justicia, por la paz y la dignidad humana, en las cuales podemos (y debemos) cooperar con personas de otras cosmovisiones para lograr metas específicas que concuerdan con nuestra visión del reino de Dios. Obviamente vamos a diferir en nuestras respectivas perspectivas sobre el significado último y el final de la historia, así como también en nuestra motivación para la lucha. Habrá puntos en nuestro viaje compartido en donde vamos a descubrir que es necesario separar los caminos. Pero esos puntos de divergencia son oportunidades reales para el diálogo genuino y el testimonio fiel.

Richard Bauckham nos recuerda que la historia bíblica no solo es crítica de otras historias, sino que también muestra hospitalidad hacia ellas:

> En su camino hacia el reino de Dios, no cancela todas
> las otras historias, sino que las trae hacia una relación
> consigo misma y hacia el camino del reino. Se convierte
> en la historia de todas las historias, llevando para el reino
> todo lo que pueda relacionarse positivamente con el Dios
> de Israel y con Jesús. La presencia de tantas historias
> pequeñas dentro de la metanarrativa bíblica, de tantos
> fragmentos y destellos de otras historias dentro de las
> Escrituras, ciertamente es un signo fidedigno de eso.
> La verdad universal es que el reino de Dios no es una
> uniformidad lúgubre ni una negación opresiva de toda
> diferencia, sino el medio en el cual todos los particulares
> alcanzan su verdadero destino en la relación con el
> Dios que es el de todos porque es el Dios de Jesús.[141]

---

141. Bauckham, Richard: *Bible and Mission: Christian Witness in a Postmodern World* [Biblia y misión. Testimonio cristiano en un mundo posmoderno]. Grand Rapids, MI: Baker Academic, 2003, pág. 110.

Ya hemos visto en otros capítulos que la cruz y la resurrección de Jesús de Nazaret hablan de un Dios que está enredado con nuestro mundo, que se sumerge en nuestra historia trágica, que abraza nuestra humanidad con toda su vulnerabilidad, dolor y confusión, incluyendo nuestra maldad y nuestra muerte. Aquí hay un Dios que viene a nosotros no como señor, sino como un siervo, que se inclina para lavar los pies de sus discípulos y para sufrir la brutalidad y la deshumanización a manos de sus criaturas. Al identificarse con nosotros en nuestra humanidad, atrae al ser humano hacia su propia vida divina. Esto significa que mientras más nos acercamos a él, nos volvemos más humanos, no menos. Nuestro cuerpo físico creado tiene un futuro. Al levantar a Jesús de la muerte, el Creador estaba afirmando nuestra humanidad, confirmando que esta existencia encarnada e histórica tiene futuro.

Así pues, nuestra salvación no se encuentra en escapar de este mundo sino en su transformación. No se ha perdido para siempre todo lo bueno, verdadero y hermoso en la historia, sino que será restaurado y dirigido hacia la adoración a Dios. Todas nuestras actividades humanas (en las artes y ciencias, en el mundo de la economía y la política) —e incluso la creación no humana— todo formará parte del gobierno liberador de Dios, y esta gran visión se centra en la cruz de Cristo Jesús. Ahí es donde se abre para el mundo una visión de esperanza futura. Y no vamos a encontrar esperanza alguna para el mundo en ninguno de los sistemas religiosos ni filosóficos de la humanidad. La visión bíblica es única.

La iglesia, a la cual se le ha encomendado este mensaje por causa del mundo, está todavía descubriendo la riqueza y las implicaciones de ese mensaje por medio de su encuentro con otros, un encuentro que no se limita al terreno de lo "religioso" o "espiritual", sino que abraza lo económico, lo cultural, lo político, y todas las áreas de la vida.

El movimiento cristiano es la acción más extendida y permanente del mundo para afirmar y comprometerse con la diferencia humana. Ahí donde la iglesia ha sido fiel al evangelio, ha reconocido el valor intrínseco de pueblos y culturas que habían recibido desprecio durante mucho tiempo por las élites del dominio religioso y político. La iglesia ha sido motivada a servir a la "basura" de la humanidad: los desamparados, las personas con discapacidad y los desposeídos. Y esta es la historia continua del testimonio cristiano en muchas partes del mundo. El mensaje de la encarnación de Dios en la persona humana de Jesús de Nazaret está muy lejos de generar una idea de superioridad religiosa o cultural; más bien es un mensaje que humilla a todo orgullo humano.

5

Globalización y derechos humanos

*…cuando en presencia del Altísimo se le niegan
al hombre sus derechos y no se le hace justicia,
¿el Señor no se da cuenta? (Lm 3:35–36).*

EL ANTROPÓLOGO JACK GOODY RECUERDA UNA manifestación a comienzos de los años 1950 en el pueblo de Bobo-Diolassou en el territorio colonial francés del Alto Volta (ahora Burkina Faso), donde estaba protestando una multitud de obreros africanos, rodeada de policías franceses, con pancartas que proclamaban *"Liberté, Ègalité, Fraternité"*.[142] Esta es solo una de las muchas ironías y equivocaciones que acompañan el discurso actual sobre derechos humanos, y que vamos a explorar en este capítulo.

Durante las décadas de 1950 y 1960, los países de África y Asia que recientemente se habían independizado, junto con algunas naciones árabes, se hallaban entre los campeones más entusiastas de los derechos humanos. De hecho, Roland Burke ha identificado esta fase como la del "universalismo militante del tercer mundo". El ataque a los derechos humanos desde la perspectiva del "relativismo cultural" surgió primero no en las naciones del tercer mundo sino en las más viejas democracias occidentales. En los debates que hubo a comienzos de los años 1950 sobre la aplicación de los derechos humanos, los delegados del Reino Unido, Francia y Bélgica argumentaban a favor de una cláusula especial para eximir a los territorios coloniales.

---

142. Goody, Jack: *The Theft of History* [El robo de la historia]. Cambridge: Cambridge University Press, 2006, pág. 237.

"Justificaban esta cláusula con una falsa reverencia por las diferencias culturales".[143]

René Cassin, uno de los arquitectos de la Declaración Universal de los Derechos Humanos de 1948, fue uno de los principales exponentes del caso a favor de cierto relativismo al aplicar los derechos humanos en el tercer mundo. Él aseveraba que los derechos humanos podían "poner en peligro el orden público" en las poblaciones coloniales rezagadas y "someter a pueblos diferentes a obligaciones uniformes". El representante belga utilizó argumentos similares con términos mucho más ofensivos. Los derechos humanos eran para "pueblos avanzados y civilizados, no para esas colonias africanas y asiáticas".[144] Estos argumentos pronto fueron revertidos. En las décadas de 1980 y 1990, fueron los dictadores africanos y asiáticos quienes estaban invocando el argumento "cultural" para hacer frente a las críticas por sus prácticas contra los derechos humanos.

Justicia y derechos[145]

La justicia no es una idea primordialmente forense, sino inherentemente social. Involucra nuestros compromisos sociales. Una sociedad es justa hasta donde sus miembros disfrutan de los bienes a los cuales tienen derecho. ¿A qué nos referimos cuando hablamos de derechos? Los derechos son relaciones sociales normativas. El otro viene a mi presencia ya portando ciertas pretensiones sobre mí y viceversa.

En otras palabras, un derecho es la pretensión de que alguien debe ser tratado de cierta manera por los demás y *no* ser tratado de otras. Un derecho también es la pretensión a algún bien que le

---

143. Burke, Roland: *Decolonization and the Evolution of Human Rights* [La descolonización y la evolución de los derechos humanos]. Filadelfia, Pa: University of Pennsylvania Press, 2010, pág. 962.

144. *Ibid.*

145. Los siguientes párrafos están en gran deuda con el trabajo de Wolterstorff, Nicholas: *Justice: Rights and Wrongs* [Justicia. Derechos y agravios]. New Jersey: Princeton University Press, 2008. Ver también el capítulo "Myths About Human Rights" [Mitos sobre derechos humanos] en mi libro *Subverting Global Myths* [La subversión de mitos globales]. Londres: SPCK, 2008.

corresponde legítimamente. Cuando usamos el lenguaje de "derechos" no estamos apelando a la generosidad de los gobiernos, instituciones civiles u otros individuos. Más bien, estamos afirmando un asunto de *justicia*: queremos recibir aquello que se nos debe. No suplicamos por nuestros derechos, los reclamamos.

La mayoría de las sociedades reconocen distintos tipos de "derechos" (o prerrogativas legítimas). Hay algunos que están basados en *logros*: si ganara la maratón en los juegos olímpicos, tendría derecho a la medalla de oro. Nadie más que yo disfrutaría ese derecho. Si los jueces me negaran la medalla simplemente por el color de mi piel, o digamos, por alguna desavenencia personal, mi derecho sería violentado. Otros derechos están basados en *contrato*: si me prometieras pagar por algún trabajo que hiciera, y luego te rehusaras a pagarme, aunque el trabajo fue hecho a plena satisfacción, has quebrantado tu promesa. He sido dañado moralmente porque mi derecho a remuneración ha sido violentado. Otros derechos que la sociedad reconoce están, basados en el *estatus* (un padre tiene derechos con respecto a sus hijos, que otros no tienen; un magistrado tiene el derecho de castigar, que otros no tienen, etc.); y otros están basados en *habilidades* (un empleador tiene la facultad de rehusarse a contratarme si no estoy bien calificado para el puesto vacante) y en el *estatuto legal* (un policía tiene derecho a multarme por una falta al reglamento de tránsito).

Para cada derecho contractual existe un *derecho natural* subyacente, que no es conferido por la sociedad: puesto que nuestro derecho a que nadie traicione nuestra confianza es un derecho natural, no algo que tengamos por decisiones de seres humanos. Los derechos naturales fundamentan el marco de referencia de justicia al cual apelamos cuando moralmente evaluamos las leyes y prácticas sociales que nos confieren derechos. Estos derechos naturales están fundamentados en el valor de las entidades. Si una persona tiene el derecho a que la traten de cierta forma, y yo no lo hago así, el resultado sería que la persona habría *sido agraviada*. Un tipo especial de derechos naturales es lo que denominamos derechos *humanos naturales*. Estos son derechos que están ligados al estatus de ser simplemente humanos, miembros de la especie *Homo sapiens*. Los derechos humanos son inherentes al estatus de ser humanos.

Además, si tienes un derecho en mi contra que afectará el bien de alguna acción de mi parte, entonces, realizar esa acción debe tener prioridad sobre todas las demás consideraciones. No tengo que calcular si realizar o no esa acción particular hará o no una mayor contribución a tu bienestar. Tales consideraciones son secundarias. Los derechos tienen mayor importancia. Mientras no esté violentando al mismo tiempo los derechos de otros, yo debo hacer esa acción a la cual tienes derecho.

Muchos de los que se describen como "derechos humanos" en declaraciones oficiales no son, estrictamente hablando, derechos humanos porque se confieren socialmente y no aplican a todos los seres humanos. Por ejemplo, la mayoría de aquellos pronunciados en la Declaración Universal de las Naciones Unidas de los Derechos Humanos, no aplican a niños, ni a ancianos ni a enfermos mentales. La Declaración habla de un "derecho a la propiedad" (artículo 17), que es reflejo de una cultura individualista; y de un "derecho a tomar parte en el gobierno de su país" (artículo 21), que no aplica a extranjeros residentes e inmigrantes indocumentados; y de un "derecho a descansar y divertirse … a tener vacaciones pagadas periódicamente" (artículo 24), que claramente no considera a quienes trabajan por cuenta propia. En la misma línea con esta proliferación de discursos sobre los derechos, la Carta Olímpica llega a declarar que "la práctica del deporte es un derecho humano. Todo individuo debe tener la posibilidad de practicar un deporte, sin discriminación de ningún tipo y en el espíritu olímpico…".

En nuestro mundo contemporáneo a menudo se abusa mucho del lenguaje de los derechos, como en el caso del aborto de bebés no deseados, que se defiende como el ejercicio de los "derechos reproductivos", o cuando se degrada a otros seres humanos con la pornografía, o en discursos de odio, y se argumenta tener "derecho a la libertad de expresión". En las sociedades de la modernidad tardía hay una "mentalidad de víctima" que lo ha invadido todo, y que ha socavado cualquier sentido de obligaciones morales; el discurso de los derechos humanos ha asumido el estatus de una religión secular: la gente responde a cualquier accidente o desilusión con demandas, y cualquier motivo de queja se redacta usando el lenguaje de "derechos". Por esta razón, muchos cristianos ahora consideran con sospecha todo lo que se diga sobre ellos.

Este lenguaje de derechos o demandas también parece arrogante y agresivo, especialmente a la luz del llamado del evangelio a entregar nuestra vida a servir a los demás. Pero aquí hay una confusión seria. Si dejamos de lado el derecho a algún beneficio por causa de otra persona, es para darnos cuenta del derecho legítimo que tiene el otro (incluso Dios) sobre nuestra vida. Cuando perdono a otro el daño que me ha hecho, no estoy negando que mis derechos hayan sido violados sino, más bien, estoy renunciando a tomar represalias. La justificación teológica para exigir derechos no tiene nada que ver con el individualismo que desprecia al otro; más bien está fundada en el reconocimiento de una dignidad humana intrínseca a nombre de la cual protestamos contra el maltrato de algunos individuos y grupos como algo efectivamente subhumano.

Cuando los dictadores (y en ocasiones también las democracias liberales) invocan el concepto de "soberanía nacional" para desviar la atención de su brutalidad, las organizaciones no gubernamentales, como Amnistía Internacional, y la sociedad civil regularmente emplean el lenguaje de los "derechos humanos". Es el único recurso o arma que pueden usar los pobres y oprimidos en contra de sus propios gobiernos. Por eso es desafortunado el rechazo de algunos líderes cristianos occidentales a este discurso. Es un rechazo basado en la confusión, porque el énfasis en los derechos humanos no es producto de un individualismo posilustración. Todo vocabulario moral puede ser abusado (y, de hecho, es abusado), razón de más para que los cristianos estén a la vanguardia de la articulación y la defensa de los derechos de los pobres y oprimidos en contra de sus gobiernos.

Nos hacen falta varios vocablos éticos (obligación, responsabilidad, deber, cuidado) para explorar plenamente la condición humana. Una cosa es decir que el lenguaje de los derechos es inadecuado, y que requiere suplementarse con esos otros vocablos; pero es muy diferente decir que hay que descartar todo discurso sobre derechos. Es mejor pensar que deberes y derechos forman dos lenguajes éticos diferentes, y que ambos son necesarios para la acción humana, pero que no se superponen nítidamente uno sobre el otro. Uno tiene que ver con la dimensión de agente del orden moral, y el otro con la dimensión de receptor de ese orden. Cuando yo no cumplo con mi obligación ética hacia el otro, soy moralmente *culpable*. Sin embargo, si mis derechos han sido violentados, soy moralmente *agraviado*. Aunque nos sentimos agradecidos cuando alguien se toma la molestia de ayudarnos, o cuando somos amados y deseados, la gratitud por los bienes que nos corresponden por derecho en el fondo daña nuestra autoestima y erosiona nuestra dignidad.

Por lo tanto, podemos estar de acuerdo con Neera Chandhoke, especialista india en ciencias políticas, cuando afirma lo siguiente:

> En lugar de sentir gratitud por cosas que nos pertenecen, o sentirnos menos porque se nos obliga a mostrar gratitud por cosas a las que tenemos derecho, ganamos en respeto propio y seguridad porque estamos en posición de demandar esas cosas por derecho. Por lo tanto, no importa lo beneficioso o caritativo que pueda ser un mundo que no habla este lenguaje de los derechos, en términos morales, un mundo en el que la gente no se relaciona unos con otros por medio de derechos será tristemente deficiente.[146]

Volver a narrar los derechos humanos

En toda sociedad hay un impulso muy arraigado por considerar que los seres humanos que pertenecen a nuestro propio grupo tienen derecho a mejor trato que los que pertenecen a otros grupos. Sin embargo, los estudiosos de la historia del derecho (John de Witte, Brian Tierney) y filósofos como Jeremy Waldron y Nicholas Wolterstorff nos han recordado que, en la visión ética de los autores de las Escrituras hebreas y cristianas, así como en el caso de algunos de los padres de la iglesia, se asumían no solo los derechos naturales inherentes, sino también los derechos *humanos* naturales e inherentes. Su conceptualización explícita tuvo que esperar hasta los escritos de legistas canónicos europeos del siglo XII, y posteriormente fueron desarrollados por disidentes calvinistas en los siglos XVI y XVII.[147] Sin embargo, el reconocimiento general de esos derechos fue

---

146. Chandhoke, Neera: *Beyond Secularism: The Rights of Religious Minorities* [Más allá del secularismo. Derechos de las minorías religiosas]. Delhi: Oxford University Press, 1999, pág. 190.

147. Ver p. ej. Tierney, Brian: *The Idea of Natural Rights: Studies in Natural Rights, Natural Law and Church Law, 1150-1625* [La idea de derechos naturales. Estudios en derechos naturales, ley natural y ley eclesiástica, 1150-1625].

un proceso excesivamente lento, hasta los horrores de la Segunda Guerra Mundial. Aunque el siglo xx fue el más horrendo que ha experimentado la historia humana, uno de sus logros más grandes fue el reconocimiento y la articulación de los derechos humanos en la Declaración Universal de los Derechos Humanos en 1948.

La historia que se cuenta en círculos liberales seculares sobre el surgimiento de los derechos humanos es muy diferente. En Europa occidental y en las nuevas colonias inglesas de Norteamérica (se nos dice), después de la desaparición de las sociedades tribales y feudales, surgió entre pensadores "ilustrados" un claro reconocimiento de los derechos naturales que tiene todo ser humano. En estos comienzos del mundo moderno se gestó el reconocimiento de una amplia gama de derechos humanos, cuyo estatus era evidente para los pensadores de la época: el derecho a la libertad religiosa, el derecho a la libre expresión, el derecho a la propiedad privada, el derecho a la libertad de asamblea y asociación, el derecho a no ser arrestado arbitrariamente, el derecho a tener voz en el gobierno civil y demás.

Esta manera de contar la historia no convence. Si la igualdad de todos los humanos es "evidente" (como dice el famoso preámbulo de la Declaración de Independencia de Estados Unidos) no sería necesario dedicar más tiempo a esta reflexión. En el mundo clásico, la desigualdad se consideraba un aspecto natural de la vida, y no era motivo de sorpresa ni de reclamo. La dignidad humana no se consideraba universal en la sociedad grecorromana ni en las civilizaciones de China ni de India. No existía un concepto de derechos humanos intrínsecos. Los derechos se definían judicialmente y dependían de la pertenencia a una sociedad (familia, grupo de pertenencia o estado)

Atlanta: Scholar's Press, 1997; Witte, John: *The Reformation of Rights: Law, Religion, and Human Rights in Early Modern Calvinism* [La reforma de los derechos. Ley, religión y derechos humanos en el calvinismo moderno temprano]. Cambridge: Cambridge University Press, 2007; Witte, John y Frank S. Alexander (eds.): *Christianity and Human Rights: An Introduction* [Cristianismo y derechos humanos. Introducción]. Cambridge: Cambridge University Press, 2010; Waldron, Jeremy: *God, Locke, and Equality: Christian Foundations in Locke's Political Thought* [Dios, Locke y la igualdad. Fundamentos cristianos en el pensamiento político de Locke]. Cambridge: Cambridge University Press, 2002.

que los otorgaba. Los que estaban fuera de esos grupos (extranjeros, esclavos, adoptados) no podían reclamar ningún derecho inherente, aunque en ocasiones se les daban ciertos privilegios.

Ciertamente hay formas de justificar la disidencia legítima, las críticas al gobierno y el respeto a la libertad de conciencia y de religión en marcos de referencia islámicos, budistas o confucionistas. También hay pensadores en la mayoría de las tradiciones religiosas que han enarbolado los derechos humanos, pero lo han hecho por influencia occidental —ya sea cristiana o secular— y no tanto como resultado de haber razonado desde las creencias centrales de sus cosmovisiones religiosas.

Entonces, ¿cómo hemos de interpretar lo que sucedió a comienzos de la era moderna en Europa occidental? Fue el reconocimiento de las prerrogativas que acompañan al *ciudadano de pleno derecho*. Fue la expresión de descontento por ser meramente *súbditos* de un Estado y de una sociedad feudal y, en cambio, el deseo de ser *ciudadanos*. El corolario de ese deseo fue un nuevo catálogo de derechos: los derechos del ciudadano. Y nadie suponía —ni en ese momento ni ahora— que todo ser humano debe ser tratado como un ciudadano de pleno derecho.

Además de todo esto, el teólogo y filósofo estadounidense Nicholas Wolterstorff señala lo siguiente:

> El mayor desafío que enfrenta cualquier teoría de derechos es explicar la siguiente diferencia: ¿por qué tenemos derecho a ciertas acciones y restricciones a ciertas acciones de otras personas y entidades sociales, en tanto que para otras acciones y restricciones no tenemos derecho, incluso cuando esos otros pudieran ser bienes vitales para ayudar a nuestro florecimiento? ¿Por qué tengo derecho a una respuesta cortés por parte de la recepcionista de la clínica cuando le pregunto a dónde dirigirme para que me inyecten contra la influenza, pero no tengo derecho a que me dé ese grabado fino que cuelga en su pared, aunque, a la larga, si me diera el grabado ayudaría mucho más a mi florecimiento que lo que disminuiría una respuesta tosca a mi pregunta?[148]

---

148. Wolterstorff, Nicholas: *op. cit.*, pág. 287.

Los derechos de ciudadanía son inmensamente importantes, pero no son idénticos a lo que identificamos como derechos humanos. Ya que no todo ser humano es capaz de realizar las funciones garantizadas por esos derechos, como libertad de expresión o de asociación política: por ejemplo, los niños pequeños, los enfermos o los adultos con discapacidad intelectual severa. Entonces, ¿qué es lo que garantiza los derechos de todos esos seres humanos?

En este punto nos acecha el desafío de Friedrich Nietzsche (1844-1900). Después de abandonar toda referencia a Dios, ¿podemos seguir hablando de "dignidad", "igualdad" y "derechos" de seres humanos individuales simplemente por ser seres humanos? Nietzsche percibió esta conexión con su acostumbrada claridad, denunció la igualdad como algo inmoral y dañino (la "moral del rebaño"), y la relacionó con el *ressentiment* de los cristianos, débiles e ineficientes, que aspiran, pero no logran el estatus de la clase dominante. "El veneno de la doctrina de la igualdad de derechos para todos fue vertido y difundido por el cristianismo; partiendo de los rincones más ocultos de los malos instintos, ha librado una guerra mortal a todo sentimiento de respeto y de distancia entre hombre y hombre…"[149] Y en otro lugar: "La vida, en realidad, no reconoce solidaridad alguna, ninguna 'igualdad de derechos' entre las partes sanas y las partes enfermas de un organismo; estas últimas deben ser amputadas, o el todo sucumbe"[150].

Nietzsche despreciaba a los débiles, a los pobres y a los lisiados. Proponía un "código moral para los médicos" de tipo contracristiano. El médico, decía, debería alimentar en sí mismo un vivo desprecio por el inválido, considerarlo como un parásito de la sociedad cuando alcanza cierto estado de degeneración. Pero la mayoría de los pensadores seculares, aunque reconocen que Nietzsche fue brillante, no han llegado a conclusiones tan radicales.

---

149. Nietzsche, F.: *El anticristo*, versión electrónica: http://www.pensament.cat/filoxarxa/filoxarxa/pdf/Nietzsche,%20Friedrich%20-%20El%20anticristo.pdf pág. 37; acceso: 19 de junio, 2018.

150. *Idem.*: *Voluntad de poder*, versión electrónica: https://ferrusca.files.wordpress.com/2013/08/voluntad-de-poder.pdf pág. 488, acceso: 19 de junio, 2018.

Para que tengan sentido, los derechos humanos deben percibirse como reclamos incondicionales sobre el valor intrínseco de todo ser humano. Se requiere fundamentarlos en una explicación del ser humano que muestre que hay algo en ellos que exige respeto incondicional. Esos derechos dependen de cómo es la realidad; no de cómo quisiéramos que fuera.

¿Es posible identificar algo en todos y cada uno de los seres humanos que les da un valor intrínseco e igual, y que sea adecuado para fundamentar los derechos humanos? El valor no puede estar simplemente flotando en el aire. Una entidad tiene valor en virtud de alguna propiedad o capacidad que posee, alguna actividad que ha realizado o está realizando, o alguna relación en la que se sostiene. Su valor deviene por tener ciertas propiedades (capacidades, actividades, etc.) o por estar en ciertas relaciones.

Esto no es un mero interés académico. Cuando no hay entendimiento público en cuanto al *porqué* el ser humano como tal tiene valor intrínseco, entonces los reclamos políticos se vestirán con el lenguaje emotivo de "derechos" (y se despojará de su poder especial al lenguaje de "derechos humanos") o se atacará como algo sin sentido el gasto público de los pocos recursos que hay en asegurarles ciertos bienes a los miembros "improductivos" de la sociedad, porque son sus "derechos humanos naturales".

Los pensadores seculares de la tradición filosófica occidental usualmente han buscado fundamentar esos derechos en la capacidad humana de acción racional o autonomía moral. Sin duda esas capacidades son una fuente de gran valor. Pero eso no puede ser un fundamento adecuado para los derechos humanos: porque entonces los que las ejerciten de manera más excelente que otros, obviamente serán de mayor valor. Además, como ya se ha mencionado, hay muchos seres humanos que todavía no se han dado cuenta de que tienen esas capacidades, y algunos de ellos nunca lo harán.

El pensamiento cristiano afirma que lo que da a cada ser humano un valor inmenso, a pesar de nuestros errores o deficiencias físicas, es el ser amados por Dios. Los aspectos relacionales y representativos de la *imago Dei*, además de las doctrinas de la encarnación y la resurrección, son señales del valor intrínseco de los humanos. El pensamiento cristiano regularmente ha afirmado que es el abrazo amoroso de Dios a nuestra humanidad lo que en el fondo le otorga a cada ser humano un gran valor. Él no solamente ha creado al ser humano como su imagen, sino que se ha apropiado de esa humanidad en su vida divina para siempre por medio del acto de la encarnación en Jesucristo.

Nicholas Wolterstorff argumenta que la defensa de los derechos de quienes son incapaces de tener autonomía y de gestionar sus relaciones (niños, pacientes con Alzheimer, enfermos mentales) requiere tener una noción muy robusta del *valor conferido*. Así como valoramos una pintura de Rembrandt porque viene de la mano del maestro, cuando estamos frente a otra persona, aunque se trate de un destituido, de alguien con discapacidad, de un enfermo o de alguien que ha sido degradado, estamos ante alguien cuyo gran valor le ha sido *conferido* por Dios.[151] De modo que esa persona se nos presenta con pretensiones legítimas: hemos de comportarnos de cierta manera delante de él o ella, y restringiremos ciertas otras acciones y conductas.

Jeremy Waldron, experto en leyes, argumenta de modo más convencional, que la obra fundacional que realiza la doctrina de *imago Dei* por la dignidad humana es indispensable para "vencer la tentación de demonizar o bestializar a 'lo peor de lo peor'" (p. ej., a los terroristas):

> Esta tentación es tan natural que solo puede ser
> contrarrestada con algo que tenga un alcance más allá
> de nuestras actitudes, incluso de "nuestra" moral, algo
> ordenado desde las profundidades de aquellos a quienes
> quisiéramos tratar de esa manera. *Imago Dei* representa
> el respeto que merecen los humanos por sí mismos,
> como algo fundamentado —no en lo que pasajeramente
> nos interesa ni en lo que coyunturalmente nos hemos
> comprometido, sino en hechos que se refieren a lo
> que somos como humanos, o más precisamente, a lo
> que hemos sido hechos por el Creador— semejantes
> a sí mismo y en virtud de esa semejanza, sagrados e
> inviolables. No somos simplemente animales inteligentes,
> y aquellos entre nosotros que hacen el mal no son
> simplemente buenos animales que se hicieron

---

151. Wolterstorff, Nicholas: *op. cit.*, pág. 360.

> malos: nuestra dignidad está asociada con un
> rango especialmente alto en la creación, que nos
> ha conferido nuestro Creador y que refleja nuestra
> semejanza con él. Nuestro estatus, incluso como
> malhechores, se debe entender en relación con esto.[152]

Como dijo G.K. Chesterton, usando una comparación muy pintoresca: todos somos iguales, así como todas las monedas de un centavo son iguales. Algunas son brillantes, otras son opacas; algunas están desgastadas, otras están como nuevas. Pero todas son de igual valor, porque cada moneda lleva la imagen del soberano; cada persona lleva la imagen del Rey de reyes. Este marco de referencia es lo que provee la convicción que sustenta el discurso sobre derechos humanos y garantiza justicia para hombres, mujeres, transexuales y niños de todo el mundo.

Charles Taber ha señalado "la triste ironía de Occidente", que ha levantado su torre alta de derechos humanos, "y ha ido añadiendo a la lista a lo largo de los siglos, mientras que, al mismo tiempo, con mucho entusiasmo, ha ido atacando el único fundamento en el que esa torre puede basarse con seguridad. Sin ese fundamento trascendental, la estructura de los derechos humanos es una casa construida sobre la arena".[153]

De modo que los derechos humanos forman parte de un orden moral que puede ser denominado "natural" en tanto que no fueron creados por el ser humano. Si estos derechos se construyeran por mutuos acuerdos y arreglos consensuados, no podrían aplicarse a quienes no participaron en su construcción. Y aquellos que rechazan el lenguaje de los derechos son casi siempre los que más necesitan someterse al escrutinio y juicio de estos.

---

152. Waldron, Jeremy: "The image of God: rights, reason, and order" [La imagen de Dios. Derechos, razón y orden] en Witte, John, Jr. y Frank S. Alexander (eds.): *Christianity and Human Rights: An Introduction*, pág. 226.

153. Taber, Charles R.: "In the Image of God: The Gospel and Human Rights" [A imagen de Dios. El evangelio y los derechos humanos]. IBMR, vol. 26. n°. 3, julio de 2002, pág. 99.

Intersecciones: Derechos ciudadanos y derechos humanos

Aunque sería anacrónico tratar de encontrar en textos bíblicos los derechos de ciudadanía que hoy se reconocen como "derechos humanos" en leyes internacionales y en muchas constituciones nacionales, fácilmente se podría demostrar que la enseñanza bíblica es consistentemente contraria a la tortura, a la esclavitud y al castigo arbitrario, que apoya la libertad de disidencia y de asociación política, y que todas las leyes e instituciones nacionales están sujetas a una ley moral superior. De hecho, el concepto del "imperio de la ley" y el desarrollo del derecho internacional a finales de la Edad Media son herencia directa del ideal de la cristiandad: disminuir el gobierno arbitrario, y recordarle a los reyes y gobernantes que están sujetos a una autoridad moral universal que no ha sido inventada por ellos.

No siempre es fácil reconocer los límites del gobierno. Pero sí hay un buen fundamento teológico para afirmar que hay límites para las usurpaciones del Estado, que están implícitos en el lenguaje de "libertad de expresión" y "libertad de creencias y prácticas religiosas". Ninguna práctica religiosa forzada puede ser auténtica, y posiblemente ahí se represente una de las violaciones más básicas de la dignidad de un individuo. Por esa razón, para los cristianos disidentes que huyeron de la persecución en Europa y fueron hacia Estados Unidos, el derecho a la libertad de culto fue la libertad fundamental de la cual surgieron todas las demás. Alexis de Tocqueville percibió que: "La religión que, entre los estadounidenses, no se mezcla nunca directamente con el gobierno de la sociedad debe, pues, ser considerada como la primera de sus instituciones políticas"[154]. Sin dejar de ser crítico de la democracia estadounidense y sin exhibirla como modelo para todas las sociedades, con todo, él observó que, en Nueva Inglaterra, "la educación y la libertad son hijas de la moral y de la religión"[155].

---

154. de Tocqueville, Alexis: *La democracia en América* (1841). Versión electrónica: https://mcrcalicante.files.wordpress.com/2014/12/tocqueville-alexis-de-la-democracia-en-america.pdf pág. 347, acceso 19 de junio, 2018.

155. *Ibid*, pág. 247.

En la antigua legislación israelita, un aspecto muy notable era la sensibilidad a los *derechos de los extranjeros*. "Así mismo debes tú mostrar amor por los extranjeros, porque también tú fuiste extranjero en Egipto" (Dt 10:19). El argumento sigue esta estructura: En el carácter de Yahvé está el deleitarse en amar al "otro", especialmente a quienes están en situación económica y social vulnerable (Dt 10:18). Israel fue una nación de "otros" en Egipto, y como chivos expiatorios, sufrieron actos de violencia xenofóbica cuando las fortunas nacionales declinaban. Así que Yahvé, congruente con su carácter, los amó y los rescató de su opresión. Habiendo experimentado su amor por el extranjero, ellos ahora deben reflejar el carácter de Yahvé por medio de su amor a los extranjeros que habitan entre ellos. Además, se añade otro argumento en Levítico 25:23. La tierra que están ocupando es propiedad de Dios, así que ellos, los israelitas, están delante de él solo como huéspedes e inquilinos. Los israelitas tienen la obligación de brindar hospitalidad a los "otros", como quienes comparten el hospedaje en una tierra que no es de su propiedad.

La palabra *gerim*, que casi siempre se traduce 'viajeros' o 'extranjeros residentes' es el equivalente hebreo del concepto 'inmigrantes' de hoy en día. Es que *ger* se refiere a alguien de otro trasfondo étnico y que se ha quedado a vivir en Israel. Los *gerim* que no se asimilaban (que no profesaban su lealtad a Yahvé) quedaban excluidos de participar en eventos litúrgicos, como la cena de la Pascua. Sin embargo, todos los *gerim*, asimilados o no, debían ser tratados ante la ley del mismo modo que los israelitas nativos. Recibían la misma protección económica (Éx 20:8-11; Dt 24:14-15), y compartían los mismos beneficios de la asistencia pública (Dt 14:28-29; 24:19-22; 26:12-13; Lv 19:9-10) que se daba a los miembros más vulnerables de la sociedad. En el Nuevo Testamento vemos que Jesús expandió este mandamiento de amar al extranjero a amar a los enemigos, tanto nacionales como personales, y también vemos a la iglesia primitiva que comprendió su propia vocación de ser "extranjeros residentes" (en griego, *paroikoi*) en las ciudades y naciones de la Tierra.

Las contradicciones entre los discursos de "soberanía estatal", la "aldea global" y los "derechos humanos" se ponen en evidencia en los debates recientes sobre el movimiento de pueblos, especialmente por el influjo de refugiados. El Estado nación moderno reemplazó los límites de los viejos imperios con aduanas y controles fronterizos.

La frontera ya no es simplemente una ubicación geográfica, sino una construcción política, que define las identidades de quienes viven a ambos lados. Los que quedan dentro de las fronteras son los *ciudadanos*, y los que quedan fuera son *extranjeros* o *forasteros*. Dentro de los límites de sus fronteras, un Estado supone que tiene control territorial exclusivo, y al cruzar esta frontera, todos los individuos y propiedades están bajo la autoridad territorial de ese Estado. Por cierto que ha habido un consenso internacional creciente en cuanto a que la soberanía de un Estado para disponer de la vida, la libertad y la propiedad de sus ciudadanos está sujeta a normas reconocidas internacionalmente, que prohíben el genocidio, las expulsiones en masa, la esclavitud, las violaciones sistémicas y los trabajos forzados.

Sin embargo, al mismo tiempo las fronteras no solo se están fortificando en las naciones ricas, sino que se están "globalizando" de tal manera que una persona puede experimentar una frontera extranjera mientras aún está en el territorio de su propio país. Los africanos que solicitan asilo o permisos migratorios a Francia o España son transportados a centros de detención y trámites de tránsito en algunos países del norte de África. De modo que quienes ya habían entrado a un país de la Unión Europea son llevados a una ubicación afuera de esta, desde donde tienen que renegociar la entrada. El centro de trámites en territorio no europeo se convierte en el lugar donde experimentan las fronteras de la Unión Europea.

En este momento, hay ciudadanos de países relativamente pobres que están frente a un oficial de migración en la embajada de algún país rico, o en sus aduanas y puertos de entrada, y se encuentran en una situación totalmente fuera de todo procedimiento legal normal. En lugar de ser considerados inocentes hasta que se pruebe lo contrario, se asume que son criminales a menos que puedan comprobar que sus historias son verídicas. Esto se aplica no solo a los que buscan refugio o residencia permanente, sino a quienes quieren ir a estudiar, asistir a congresos o conferencias, visitar familiares y amistades, o simplemente viajar como turistas. Ya no se las considera personas humanas singulares que tienen una dignidad intrínseca. Ahora son colectividades ("chinos", "ghaneses", "haitianos" o "cingaleses") cuyo valor depende del nivel de ingreso nacional de sus países. Mientras que para una persona rica de un país rico las fronteras son una mera formalidad, para una persona pobre —o incluso para alguien rico de un país pobre— la frontera es un obstáculo que hay que enfrentar. Si se trata de alguien buscando asilo, la frontera se convertirá en su residencia permanente.

A diferencia de la tradición republicana occidental, que pone al ciudadano en el centro de la *polis* (históricamente solo el varón que poseía propiedades), la tradición bíblica cristiana, especialmente en el modo que se recuperó por medio de la teología latinoamericana reciente, les da prioridad a *los pobres*. Esto es un corolario natural a partir del reconocimiento de que la vida es nuestro derecho más básico. Los pobres son todos aquellos cuya vida está en situación de vulnerabilidad, amenaza o negación. Y esta prioridad por los pobres aparece en la *preferencia* declarada de Dios hacia ellos. De manera que en los textos bíblicos hay una vena muy rica de pensamiento que defiende sus derechos. Por ejemplo, "¡Levanta la voz por los que no tienen voz! ¡Defiende los derechos de los desposeídos! ¡Levanta la voz, y hazles justicia! ¡Defiende a los pobres y necesitados!" (Pr 31:8-9).

Decir que los pobres tienen *derecho al sustento* y *derecho a tener voz* para participar en los asuntos de la sociedad implica que les debemos justicia y no simplemente caridad. Esto tiene implicaciones profundas en los niveles personal y político. Los primeros teólogos cristianos desafiaron la comprensión absolutista y exclusivista de riqueza y propiedad que cimentaba el derecho romano.[156] Si en mi casa tengo comida que no necesito para mi supervivencia, pero mi vecino está muriéndose de hambre, entonces esa comida no me pertenece a mí sino a mi vecino y a su familia. Si me rehúso a compartirla con ellos, estaré cometiendo un robo. El derecho a la vida es más importante que el derecho a la propiedad privada.

---

156. Se puede leer una muestra de citas en Avila, C.: *Ownership: Early Christian Teaching* [Propiedad: enseñanza cristiana primitiva]. Maryknoll, NY: Orbis books, 1983; Frederick Nolde, profesor de seminario que fue uno de los principales arquitectos de la Declaración Universal de los Derechos Humanos en 1948, nos recuerda que "la influencia cristiana internacional jugó un papel determinante para lograr las provisiones más extensas a favor de los derechos humanos y de las libertades fundamentales que luego quedaron plasmadas en el documento": *Free and Equal* [Libres e iguales]. Ginebra: Consejo Mundial de Iglesias, 1968, pág. 25.

Desafíos adicionales

(1) Libertad religiosa. La dimensión religiosa, con sus impulsos y compromisos, es un aspecto fundamental de la naturaleza humana, y todos los documentos de derechos humanos consagran un derecho a la libertad de creencias y prácticas religiosas. Hoy en día esto se encuentra en riesgo en algunas jurisdicciones europeas que procuran tener una orientación uniforme en cuanto a la igualdad y la no discriminación, y atropellan las sensibilidades religiosas de la gente.

La implementación de derechos, ya sean humanos o civiles, no siempre es fácil y sin polémicas. Algunos derechos chocan con otros, y es necesario encontrar un equilibrio. La aplicación de un derecho específico puede verse restringida en un contexto dado (p. ej. el derecho a la vida en situaciones de defensa propia o en tiempos de guerra). Sin el compromiso y la negociación de todas las partes involucradas, no se puede decidir de manera abstracta y por anticipado cuál derecho tiene prioridad en un momento específico. Si algunos conceptos como "dignidad intrínseca", "igualdad", y "derechos inherentes" tienen un origen y fundamento teológico, es totalmente irónico que haya legistas de militancia secular en Europa que procuran restringir las libertades religiosas en nombre de la implementación forzosa de un derecho formal, la "igualdad".

En una democracia sana, la igualdad no puede ser reducida a uniformidad de creencias y prácticas. En la esfera pública se debe propiciar el debate y estimular el desacuerdo, no sofocarlo. La libertad religiosa es más que solo una subespecie de la libertad de conciencia; y se aplica no solo a los individuos, sino a las comunidades religiosas a las que pertenecen. Estas son las que deciden cuáles elementos son centrales y cuáles no en sus identidades históricas; no son los gobiernos ni las cortes, aunque debe haber un diálogo profundo entre las varias partes involucradas.

Los grupos e instituciones también tienen derechos, y son capaces de gestionarlos; pero la exploración de este punto nos llevaría a desarrollar un capítulo adicional. Baste por ahora afirmar que los Estados son solamente una entre varias autoridades humanas, aunque desempeñan un papel específico como la corte que en última instancia emite juicios. Ahí donde un gobierno disminuye este *pluralismo de asociación* en una sociedad, como cuando busca absorber en sí mismo todas las estructuras de autoridad, es donde comienzan a generarse los poderes totalitarios. Los políticos seculares siempre verán como amenaza a las narrativas y lealtades cristianas y musulmanas, porque desafían a las tendencias hegemónicas del Estado nación.

El filósofo británico Roger Trigg señala los siguiente:

> El vacío que por lo menos en Europa ha dejado la caída del cristianismo institucional ha sido llenado por el lenguaje de igualdad, no discriminación y derechos humanos en general. Este discurso puede proclamarse con el tipo de dogmatismo que asociamos con los peores elementos de la religión, con muy poco uso de razones o de justificaciones.[157]

(2) Derechos de la niñez. John Stuart Mill, a quien casi todos consideran el padre del liberalismo moderno, era de la opinión que todo niño o niña no solo tiene el derecho a la vida, sino que también el derecho a la presencia responsable y cuidadosa de quienes le dieron la existencia. En el capítulo 5 de su libro clásico *Sobre la libertad*, afirmó lo siguiente:

> El hecho mismo de dar existencia a un ser humano es una de las acciones de la vida humana que más responsabilidad entrañan. Es un crimen asumir esta responsabilidad —la de traer al mundo una vida, que puede ser una maldición o una bendición—, si el nuevo ser al que se da existencia no va a tener, por lo menos, las oportunidades corrientes para que su existencia sea deseable.[158]

A Mill le preocupaba particularmente la educación de la niñez; y en el caso de padres demasiado pobres para proveer esa educación, el Estado estaba obligado a ayudar. Pero, a la luz de su propia educación tan estrecha a manos de su padre (en la cual se desarrollaron

---

157. Trigg, Roger: *Equality, Freedom, and Religion* [Igualdad, libertad y religión]. Oxford: Oxford Sunversity Press, 2012, pág. 133.

158. Mill, John Stuart: *Sobre la libertad* (1859). Versión electrónica: https://ldeuba.files.wordpress.com/2013/02/libro-stuart-mill-john-sobre-la-libertad.pdf pág. 119; acceso 20 de junio, 2018.

mucho sus habilidades intelectuales, pero quedó empobrecido en su vida emocional y en sus habilidades sociales), podemos extender este argumento para afirmar el derecho al amor incondicional de los padres, con todo lo que esto implica en cuanto a la centralidad del matrimonio y la vida familiar en una sociedad determinada.

(3) Discurso de odio. Los migrantes recientes, los refugiados y las minorías religiosas son particularmente susceptibles al "discurso de odio" que tiene como objetivo humillar e incitar al rechazo hacia personas de un trasfondo cultural, religioso o social en particular. En sociedades que tienen una historia de conflictos violentos de ese tipo, todas las comunidades deben llegar a acuerdos por el bien de la armonía social en cuanto a prohibiciones legales contra ese tipo de discurso. Quejarse de la prohibición del discurso de odio y decir que es intolerancia ya es en sí mismo un acto de intolerancia cultural. Incluso las sociedades más liberales tienen leyes contra la calumnia que restringen la libertad de expresión para prevenir la difamación.

Hay que saber distinguir entre una *crítica* apropiada (donde el objeto de la crítica tiene voz y está invitado a responder) y el *abuso* (donde se le niega la voz al objeto de esto). Como ha señalado Rowan Williams, las maneras de hablar ofensivas y degradantes contra individuos, grupos o clases de personas presuponen que el objeto de esas ofensas está ausente:

> Si puedo decir lo que me gusta, es porque tengo el poder y el estatus para hacerlo. Pero eso debería imponer el claro deber de considerar, al entrar en cualquier tipo de debate, la posición relativa de mi oponente en términos de su acceso a este medio dominante y a este estilo de comunicación … Rechina en el oído el sonido de una voz socialmente segura y próspera que afirma su libertad ilimitada tanto para definir como para condenar las creencias de una minoría. El contexto lo es todo.[159]

(4) El ídolo de la "seguridad nacional". No se puede dar por sentada la continuidad de las instituciones políticas representativas y liberales en el mundo occidental. Su permanencia requiere de una

---

159. Williams, Rowan: *Faith in the Public Square* [La fe en la plaza pública]. Londres: Bloomsbury, 2012, págs. 147, 148.

vigilancia constante por parte de un público bien informado que no sucumbe ante el letargo inducido por el consumismo masivo. La virulencia de los ataques contra Bradley Manning y Edward Snowden en amplios sectores de los medios de Estados Unidos solo reveló la ignorancia de muchos estadounidenses sobre lo que ocurre en su propio país, por no decir de lo que ocurre en el extranjero.

Cuando el todopoderoso dios de la Seguridad Nacional toma el control, los seres humanos son descartables, impera la paranoia, y la megamáquina industrial y militar enloquece. Justo en el momento en que más individuos están abriendo su vida privada en las redes sociales, el gobierno se hace más y más entrometido. Hay más de 1300 instalaciones de monitoreo y vigilancia gubernamental en los Estados Unidos. La fusión del gobierno con el mundo de las grandes compañías se manifiesta por el grado en el que la "seguridad nacional" se terceriza a contratistas privados. La compañía de Edward Snowden, que recibe todos sus fondos del gobierno federal, a su vez es propiedad de la firma de capital privado Grupo Carlyle. La vigilancia y el encubrimiento de información se han convertido en un negocio de millones de millones de dólares, y como señala Oliver Stone: "Ahora vivimos en un estado de seguridad global, no solo en un estado de seguridad nacional".

(5) Gobernanza global. Los teóricos políticos y los juristas internacionales discuten entre sí sobre cómo se puede promover a escala internacional el estado de derecho y la justicia social. Hay pensadores cosmopolitas como David Held, que argumentan a favor de un Pacto Global que ligue las agendas de seguridad con las de derechos humanos y las junte en un marco de trabajo internacional y coherente.[160] Para Held, se trata de la elaboración de la democracia social más allá del nivel del Estado nación y hacia niveles regionales y globales. Algunos bienes públicos básicos deberán ser provistos de manera global si es que acaso han de ser provistos. El énfasis está en encontrar modos duraderos de colaboración internacional, desde la estabilidad financiera y el establecimiento de regulaciones

---

160. Held, David: *Global Covenant: The Social Democratic Alternative to the Washington Consensus* [Pacto global. Alternativa socialdemócrata al consenso de Washington]. Cambridge: Polity, 2004.

comerciales más justas hasta la lucha contra el hambre y la degradación ambiental.

Aunque tal vez los cristianos muestren correctamente algo de escepticismo en cuanto a la aplicación práctica de un Pacto Global, con todo, sugiero que pueden apoyar la idea de Held de reconcebir la democracia social para que incluya cinco metas esenciales:

- La promoción del estado de derecho en el nivel internacional.
- Mayor transparencia, rendición de cuentas y democracia en la gobernanza global.
- Un compromiso más profundo con la justicia social en la búsqueda de una distribución más equitativa de oportunidades de vida.
- La protección y reinvención de la comunidad en varios niveles.
- La regulación de la economía global por medio de la gestión pública del comercio global y de los flujos financieros y por la participación en la gobernanza corporativa de todas las partes interesadas.

Para otros, el énfasis no debe estar en instituciones internacionales y reglas impuestas "desde arriba" sino en la acumulación de "mejores prácticas" transfronterizas y en la incorporación doméstica de regulaciones y procedimientos aplicados o propuestos primero en otros lugares. Anne-Marie Slaughter piensa que esto puede llegar a producir un sistema legal global establecido no por la Corte Internacional de Justicia de La Haya, sino por cortes nacionales que trabajan juntas alrededor del mundo. Ella sostiene que un mundo de redes colaborativas que reconocen la soberanía del Estado al mismo tiempo que facilitan mayor cooperación entre las naciones no solo es algo deseable, sino que tendrá más probabilidades de éxito.[161]

Al mismo tiempo que los países occidentales pretenden extender la democracia y el estado de derecho alrededor del mundo, se hacen ciegos a un sistema financiero que opera en gran medida fuera de cualquier marco legal o de gobernanza. Con la utilización de paraísos

---

161. Slaughter, Anne-Marie: *A New World Order* [Un nuevo orden mundial]. Princeton: Princeton University Press, 2004.

fiscales y otros elementos de una red financiera "en la sombra", grandes sumas de dinero ilícito son transferidas diariamente por la economía global y quedan virtualmente sin ser detectadas. Este dinero es generado por tres tipos de actividades: soborno y robo; crimen organizado; y actividades contables de las grandes corporaciones, como evasión de impuestos y precios falsificados en el comercio internacional. Por medio de la combinación de impuestos bajos o nulos, pocos requisitos de reportes financieros, la defensa del encubrimiento de información y regulación muy suave, se estima que los paraísos fiscales han llegado a controlar unos seis billones de dólares en activos. Las islas Caimán, las Bahamas, Liechtenstein y la isla de Jersey desde hace tiempo han sido famosos en este sentido, pero los bancos en Singapur y Dubái tienen el nivel más bajo de transparencia. En comparación, los 50 a 80 mil millones de dólares anuales que se asignan como "ayuda" al desarrollo de países pobres, son insignificantes ante los 500 a 800 mil millones que el Banco Mundial calcula que se envía ilegalmente desde esos mismos países pobres. Por cada dólar que Occidente da sobre la mesa, recibe 10 por debajo.[162]

En términos de la gobernanza global, están surgiendo nuevas redes que presentan asuntos que han sido descuidados por gobiernos o tratados que no se han implementado. Estas redes ayudan a facilitar un discurso público global sobre esos asuntos. Ya hay en funcionamiento más de cien redes globales de políticas públicas.[163] Algunos ejemplos son la Comisión Mundial de Represas, que incluye al Banco Mundial, corporativos, gobiernos y organizaciones no gubernamentales dedicadas al medio ambiente; la Coalición para Detener el Uso de Niños Soldados; y Transparencia Internacional, que se concentra en exponer y reformar el grado de corrupción en

---

162. Baker, Raymond y Eva Joly: "Illicit Money: Can It Be Stopped?" [Dinero ilícito. ¿Puede detenerse?]. *New York Review of Books*, diciembre 3-16, 2009.

163. Estos ejemplos provienen de Coleman, S.J., John: "Global Governance, the State, and Multinational Corporations" [Gobernanza global, el Estado y las corporaciones multinacionales] en Coleman, S.J, John A. y William F. Ryan, S.J. (eds.) *Globalization and Catholic Social Thought* [La globalización y el pensamiento social católico]. Maryknoll, New York: Orbis Books, Ottawa, Ca: Novalis, 2005.

gobiernos y compañías. Cuando el tema de las minas antipersona quedó estancado en las Naciones Unidas por la intransigencia de la administración de los Estados Unidos, la Campaña Internacional para la Prohibición de las Minas Antipersona, ganadora de un premio Nobel de la paz, actuando al margen de las Naciones Unidas, logró un tratado multilateral. Sin embargo, el tratado exitoso nunca se habría podido ratificar sin la participación crucial de Canadá y de su ministro de relaciones exteriores. Para el futuro próximo, los gobiernos nacionales son indispensables para la gobernanza global; pero los gobiernos tienen que incluir la participación activa de actores de la sociedad civil tanto dentro como fuera de sus fronteras.

(6) Fundamentalismo económico. Desde la era Reagan-Thatcher, las condiciones de globalización económica han favorecido el florecimiento de las peores formas de capitalismo en todo el mundo. Estamos hablando de los flujos de capitales especulativos internacionales, que no tienen que ver ni con la producción ni con el comercio; de fábricas de explotación exagerada y compañías que "externalizan" el daño que causan al medio ambiente; fusiones y adquisiciones que conducen a la formación de oligopolios que terminan por sacar del mercado al pequeño negocio; centros comerciales que ocasionan la bancarrota de las tiendas de barrio; pequeños productores agrícolas que se ven forzados a salir de sus tierras, presionados por agronegocios gigantescos; compañías que pagan salarios con diferenciales enormes (siguiendo el modelo estadounidense), y prácticas empresariales que sacrifican a los trabajadores leales para obtener mayores ganancias.

Para que un país se desarrolle de manera sustentable, su prioridad debe ser la integración económica *interna*: el desarrollo de su capital humano interno, de su infraestructura tecnológica y el robustecimiento de sus instituciones de mercado nacional, así como también la preservación de su capital natural. Aunque el desarrollo más amplio de la sociedad civil es indispensable para el desarrollo nacional, no existe un solo modelo preordenado que deba ser seguido al pie de la letra por toda sociedad.

La madera, el petróleo, el oro y otros recursos minerales son un atractivo enorme para los gobiernos endeudados, para los terratenientes ricos y para las corporaciones transnacionales. La explotación de recursos naturales en áreas que tradicionalmente han sido habitadas o utilizadas por pueblos indígenas casi siempre conduce a choques explosivos entre los pueblos originarios y fuerzas gubernamentales o pobladores que llegan con intenciones extractivas. Aunque los recursos en sí mismos tal vez no hayan tenido importancia para las culturas originarias, su explotación inevitablemente resulta en trastornos y desorden sustanciales en la vida económica y cultural de los indígenas. Además, muchas constituciones latinoamericanas asignan de manera exclusiva al Estado la propiedad de todos los recursos del subsuelo en el territorio nacional, aunque los terrenos sean propiedad privada o pública. El teólogo ecuménico irlandés John D'Arcy May expresa elocuentemente su petición a que haya restricciones en el impacto de la globalización sobre pueblos vulnerables y sus tradiciones:

> Los pueblos de la selva de la Amazonia o de las islas
> del Pacífico son "los pequeños" de la familia humana,
> económicamente insignificantes en el contexto de una
> globalización unilateral conducida por Occidente, pero,
> de forma análoga a las muchas especies y lenguajes
> que continuamente están siendo destruidas por esta,
> singularmente por cierto, en el sentido de Levinas,
> infinitamente— valiosas por sí mismas mucho más que
> cualquier "utilidad" ecológica o "relevancia" religiosa.
> Esto no quiere decir que esos pueblos puedan o deban
> ser "dejados en su estado natural" en reservas artificiales
> o en parques temáticos antropológicos; eso sería tan
> condescendiente como la actitud explotadora de los
> colonialistas. Los pueblos indígenas también tienen
> derecho al desarrollo económico y a disfrutar los
> beneficios de la modernización (y a cometer los errores
> que inevitablemente conlleva esa rápida asimilación);
> pero también tienen derecho al espacio necesario para
> hacer esto en sus propios modos y en su propio tiempo.
> Si hay alguien que en ocasiones les ha concedido ese
> espacio, han sido las religiones misioneras en sus mejores
> representantes. Pero el destino de esos pueblos bajo las

presiones de la globalización sigue siendo uno de los dilemas morales más grandes de nuestro tiempo.[164]

(7) Hipocresía en cuanto a crímenes de guerra y otros abusos. El Tribunal de Crímenes de Guerra de la ONU, que condenó al antiguo presidente de Liberia, Charles Taylor, recibía fondos casi exclusivamente de Estados Unidos y el Reino Unido. Cuando era presidente, Taylor apoyó levantamientos violentos en países vecinos con la ayuda de milicias brutales para extender su influencia regional. Fue durante su mandato que se acuñó el nombre de "diamantes de sangre", para referirse a las piedras preciosas de Sierra Leona que financiaban sus compras de armas. Muchas de esas gemas llegaron hasta las vitrinas de tiendas con nombres como Cartier y Bulgari. No se ha llamado a rendir cuentas ni legal ni moralmente a ninguno de los prominentes vendedores de diamantes que compraron "diamantes de sangre" sin averiguar de dónde provenían. Tampoco a los gobiernos y compañías de los cuales Taylor compraba armas.

En el periódico británico *Financial Times*, comenzaba así un editorial arrogante sobre el juicio y condena de Taylor (27 de abril, 2012): "Se ha enviado ayer un mensaje fuerte a tiranos y dictadores militares del mundo. Posiblemente el derecho internacional sea lento, pero hasta los que están en los rangos más altos del poder pueden ser llamados a rendir cuentas por atrocidades cometidas contra gente inocente". No se mencionaba nada del trato que recibió Bradley Manning por parte del gobierno de Estados Unidos por haber expuesto públicamente los crímenes de guerra de ese país en Irak y Afganistán; no había un llamado a investigar la conducta de soldados franceses en Costa de Marfil. Lo que el editorial *debía haber* dicho es esto: "Aquellos tiranos en naciones no occidentales cuyas operaciones interfieran con las prioridades geopolíticas de Estados Unidos y los intereses corporativos de Occidente, serán llamados a rendir cuentas. Si son aliados de Occidente, como Israel, Malasia, Arabia Saudita o Indonesia, sus atrocidades no cuentan. De hecho,

---

164. D'Arcy May, John: "Cosmic Religion and Metacosmic Soteriology" [Religión cósmica y soteriología metacósmica] en *Encounters With the Word: Essays to Honour Aloysius Pieris, S.J*, eds. Robert Cruz, Marshall Fernando y Asanga Tilakaratne. Colombo: EISD, 2004, pág. 351.

seguiremos vendiéndoles pertrechos militares. Y si son ciudadanos estadounidenses, disfrutarán de inmunidad y no serán perseguidos por crímenes de guerra".

No hay sugerencia alguna, en el discurso público de Estados Unidos y de Europa occidental, en cuanto a que los poderes occidentales y sus aliados estén sujetos a procesos de rendición de cuentas, incluso que son utilizados para imponer responsabilidades penales a quienes se perciben como obstáculo para los intereses económicos y políticos de Occidente.

De modo que hay un abismo enorme entre la retórica de derechos humanos y la práctica. Lo que ha hecho que el lenguaje de derechos humanos caiga en descrédito es su uso en contra de nuestros enemigos, y no en contra de nuestro propio grupo étnico o de nuestro Estado nación.

En la reunión de jefes de Estado de la mancomunidad británica de naciones en Colombo en noviembre de 2013, David Cameron —provocando el deleite de muchos de nosotros— criticó severamente al régimen de Sri Lanka por sus reiterados abusos de poder y violación de derechos humanos. Dos semanas después, Cameron estaba viajando de nuevo, ahora a Beijing, para besar los pies de los líderes del Partido Comunista Chino, ofreciéndoles un "diálogo de respeto", y seduciendo a sus élites ricas con exenciones de trámites y tarifas para invertir en Gran Bretaña. El historial chino de violaciones a los derechos humanos es mucho peor que el de Sri Lanka, pero repentinamente, China se ha convertido en la mejor amiga del primer ministro del Reino Unido. Claramente, el culto al crecimiento económico supera las inquietudes por los derechos humanos. Todos los que arriesgan su vida por la restauración del estado de derecho y por la rendición de cuentas públicas en Sri Lanka ven su trabajo severamente dañado por la hipocresía y doble moral que practican los gobiernos del Reino Unido y de Estados Unidos cuando se trata de derechos humanos.

No hay planos preestablecidos para prevenir ni resolver conflictos violentos en el mundo. Somos un mundo en transición, buscando formas nuevas de organización política y estructuras nuevas de rendición de cuentas. Los imperios y Estados nación se vuelven menos relevantes y también pierden legitimidad. Globalmente, ningún poder puede actuar como policía, juez, jurado y verdugo (como la administración Bush intentó hacer después del 11 de septiembre de 2001). La "separación de poderes", que muchos Estados modernos han aceptado al nivel nacional, debe traducirse y practicarse en el ámbito internacional. La acción militar sancionada internacionalmente, entendida como una forma de ejecución del derecho internacional, se debe desarrollar para arrestar sospechosos, desmantelar redes terroristas y lidiar de manera efectiva con Estados "delincuentes" y agresivos. Los terroristas y todos aquellos que cometan lo que se ha denominado recientemente "crímenes contra la humanidad", sin tardanza, deben ser traídos ante un sistema de tribunales internacionales de justicia que tenga el apoyo internacional y que pueda impartir justicia de manera transparente.

Posdata

Josef Stalin preguntó, en un momento de burla cínica: "¿Cuántos ejércitos tiene el papa?". Pues hoy en día no solamente ha desaparecido Stalin del mapa, sino que permanece la Iglesia Católica Romana. Stalin no pudo ver que la trivialidad militar de la guardia suiza del papa incrementa su autoridad moral, en vez de disminuirla. A los desafíos éticos nunca se ha de responder con despliegues de fuerza, sino con confrontaciones valientes y sufrimiento paciente.

La iglesia primitiva, como una *polis* igualitaria, multinacional y socialmente inclusiva (*ekklesía*), en la que los miembros más débiles debían ser los más dignos de honor, fue una antítesis radical a las políticas del imperio y de la república. Pero en los siglos siguientes fue incorporada a imperios y repúblicas, y hasta tomó las características del imperio en muchas de sus manifestaciones. Si los cristianos van a contribuir a la búsqueda de un mundo más justo y pacífico, su proclamación de las buenas nuevas del reinado de Dios tiene que venir acompañada de un decidido repudio de todas aquellas formas de nacionalismo, machismo y etnocentrismo que siguen distorsionando el rostro de Cristo dentro de la iglesia.

6

Conflicto y memoria

Al pasado podemos maldecirlo, pero nunca cancelarlo.[165]

OS CONFLICTOS ENTRE GRUPOS HUMANOS TIENEN razones de ser muy diversas, y no hay dos conflictos que sean idénticos. Casi siempre tienen que ver con amenazas percibidas, ya sea a la seguridad (acceso a recursos económicos) o a la identidad (lengua, cultura o religión). Algunos países han logrado vivir en paz, con diversidad étnica y religiosa, mientras que otros han sido incapaces de desarrollarse como democracias pluralistas. Las diferencias religiosas, culturales o étnicas en sí mismas casi nunca son las causantes del conflicto. Más bien, las tradiciones culturales y religiosas proveen los recursos ideológicos para sustentar una lucha militante solo cuando esas diferencias se practican dentro de un contexto más amplio de discriminación económica, política o social. El "otro" ahora se convierte en "enemigo", y se absolutizan las diferencias.

Somos muchos los que vivimos en sociedades sacudidas por conflictos civiles que han llegado a ser sangrientos. ¿Es que acaso no hay manera de romper la espiral de violencia destructiva? Muchas otras sociedades se están recuperando después de décadas de conflictos violentos y se enfrentan a la difícil tarea de reconstrucción nacional. La pregunta que se hacen es: ¿Qué vamos a hacer con el pasado para que no se repita?

---

165. Kolakowski, Leszek citado en Lash, Nicholas: *The Beginning and End of Religion* [El principio y el final de la religión]. Cambridge: Cambridge University Press,1996, pág. 206.

Desenmascarar a la violencia

Hay violencia encubierta y violencia manifiesta, individual y colectiva. Incluso cuando no hay agresiones evidentes y daños físicos, la violencia puede estar en las instituciones y estructuras de discriminación y opresión. Casi siempre hay una historia de violencia encubierta que se remonta a mucho tiempo antes de que sucedan los actos intencionales de violencia. Por ejemplo, el genocidio ocurre después de un período (en ocasiones muy largo) de estereotipos raciales, de burlas públicas, de ausencia de representación política y de segregación física de grupos minoritarios. Se redactan y publican historias nacionales que alimentan una lealtad absoluta hacia los líderes nacionales, una actitud persecutoria que inculpa al otro (extranjeros o miembros de otro grupo étnico o religioso) por cualquier miseria que se experimente en esa sociedad, una recreación mítica de una era dorada de paz y prosperidad, y una descripción del otro como ser humano inferior, o como algo menos que humano. Estos elementos se han observado claramente en la manera de enseñar la narrativa histórica local a niños y niñas en muchos países que han sido desgarrados por odios sectarios. Esto no solamente crea un clima propicio para la violencia, sino que en sí mismo ya es un acto de violencia: contra los niños (como "lavado de cerebro") y también contra el otro, el "extraño".

La violencia también es algo que se autoperpetúa. Muchos actos de violencia son la respuesta a la violencia que se ha sufrido. Tristemente, se ha observado que niños que han sido víctimas de abuso sexual en muchas ocasiones (aunque no siempre) son más propensos a abusar de otros niños. Quienes han sufrido el abandono o la dominación en sus hogares, casi siempre (aunque hay excepciones) son los que buscan el poder para dominar a otros. En lugares como Palestina, Irak, Cachemira o Siria, la sociedad está atrapada en la espiral de venganza que siempre resulta cuando la gente elige responder a la violencia con más violencia. Es lo que hace que la gente justifique todo acto de violencia (la suya propia): pueden señalar otro acto de violencia que aparentemente otorga legitimidad a lo que acaban de hacer. Las víctimas de ayer se convierten en los victimarios de hoy, y los victimarios de hoy se convierten en las víctimas de mañana. Cuando la violencia se atrinchera en nuestra psique colectiva, y no se puede emprender la búsqueda de fines sociales o políticos sin recurrir a la violencia, decimos que habitamos una *cultura política de violencia*.

Reflexiones teológicas

El concepto bíblico del *pecado* nos brinda una perspectiva muy peculiar sobre la esencia del conflicto humano. El pecado es un concepto teológico antes que ético. Significa el rechazo al llamado de Dios a relacionarnos en amor y amistad. Hacemos de nosotros mismos y de nuestros deseos el centro de todo. Atrapados en esas aspiraciones por llegar a ser dios, vemos a los demás como competidores que hay que suprimir, o simplemente como medios para lograr nuestros fines o como amenazas a nuestro bienestar. De modo innato, tenemos un sesgo por defender e impulsar nuestros intereses. Como consecuencia, tendemos a hablar de los males que hemos sufrido por culpa de otros, pero raramente hablamos de los males que hemos ocasionado a los demás. Esta alienación casi siempre se torna hacia adentro, de modo que llegamos a ser extraños para nosotros mismos, sin entender nuestros motivos ni pasiones, mucho menos los verdaderos fines que justifican nuestra existencia.

El pecado se expresa no solo como *arrogancia*, el orgullo desmedido de quienes se deshacen de cualquier vida humana que les impida el paso, sino también como *apatía* (en la lista medieval de los siete pecados capitales se denomina "pereza"). Casi todos somos indiferentes hacia la violencia y el sufrimiento hasta que nos vemos afectados directamente. Esta era la situación en Colombo y en otras ciudades de Sri Lanka que no habían sido tocadas por la guerra que arrasó a las provincias del norte y del noreste desde la década de 1980 hasta el año 2009. Fue hasta que las bombas suicidas empezaron a causar terror en regiones del sur, que la gente de esa zona abrió los ojos a la realidad de la guerra, pero solo para dar su aval a las fuerzas armadas.

Es imposible crear una cultura de no violencia sin referirse al pecado en todas sus manifestaciones sociales, económicas y políticas. En el plano político, la no violencia no puede separarse de la construcción de un estilo más participativo de toma de decisiones en todos los niveles de la sociedad. Una democracia así, a diferencia de la caricatura que hay en muchos Estados que se autodenominan democráticos, es la institucionalización del diálogo no violento, la negociación y el acuerdo. Edmund Burke lo expresó con sus famosas palabras: quienes hacen que el cambio pacífico sea imposible, hacen que el cambio violento sea inevitable. En situaciones de conflicto permanente debemos resistir contra todo intento de falsificar la representación de los motivos y las acciones de los otros. Debemos estar a la vanguardia de todo intento de convocar a los violentos para que se sienten a dialogar, y de desenmascarar tanto las imágenes románticas de la violencia como los mitos histórico-políticos que perpetúan la violencia en todos los frentes. La iglesia, con su diversidad cultural y política, también puede convertirse en un laboratorio en el cual la civilidad, el diálogo y la democracia participativa pueden fomentarse para bien de la sociedad en general. Cada iglesia local debiera proveer un contexto vivo en el que gente de trasfondos diversos pueda compartir su historia, sus sufrimientos, sus miedos y sus preocupaciones más profundas de maneras que contribuyan a la reconstrucción de la confianza.

Esa restauración de la confianza es crucial en situaciones donde la violencia se ha atrincherado en la vida de una nación. La iglesia debe apoyar a refugiados de *todos* los grupos del conflicto, y asegurarse de denunciar *todas* las atrocidades y violaciones de los derechos humanos. Las iglesias casi siempre caen en una de dos tentaciones: por un lado, la de hacer proclamas muy blandas de una "paz" que ignora las demandas de justicia, y por el otro, la de exigir justicia como una condición previa para la paz. Necesitamos aprender a poner en práctica lo que el teólogo sudafricano John de Gruchy ha denominado "dialéctica de la reconciliación", es decir: comprender la reconciliación como un camino para lograr la justicia *al mismo tiempo que* como el fruto de la justicia.[166] La meta de todo abordaje cristiano a la justicia debe ser tanto la liberación del oprimido *como también* la restauración de la humanidad de los opresores.

---

166. de Gruchy, John W.: "The Dialectic of Reconciliation: Church and the Transition to Democracy in South Africa" [La dialéctica de la reconciliación. La iglesia y la transición a la democracia en Sudáfrica] en Baum, Gregory y Harold Welly (eds.): *The Reconciliation of Peoples-Challenges to Churches* [La reconciliación de los pueblos. Desafíos para las iglesias]. Ginebra: Consejo Mundial de Iglesias, 1997.

El obstáculo más importante que enfrenta la reconciliación es la sed de venganza, alimentada de manera más poderosa en comunidades de exiliados. Se mantiene viva por un sentido religioso de obligación con los que han muerto, una determinación colectiva a afirmar que los que han perdido su vida en la "lucha por la liberación" o en la "guerra contra el terrorismo" no lo han hecho en vano. Su vida *debe* tener un significado: por eso en todo el mundo los rituales funerarios forman parte de celebraciones nacionales, además de que reavivan el apoyo hacia movimientos guerrilleros separatistas que tienen muy pocas posibilidades de triunfo. La reconciliación con el enemigo es difícil precisamente porque se considera como una traición a quienes han sacrificado su vida "por nosotros".

¿Es que la verdad es acaso más importante que el significado? Los cristianos responden que sí. En nombre de la verdad y la justicia es necesario desafiar a las narrativas religiosas, incluyendo las narrativas religiosas modernas como el nacionalismo y el marxismo, que han dado sentido a miles de jóvenes; por más modestas que parezcan las verdades recuperables de la historia y por más limitada la justicia que se pueda implementar en la práctica.

El amor por la verdad exige que las narrativas de "sacrificio" sean expuestas como pseudo religiones. En mi propio contexto en Sri Lanka, que vivió un conflicto civil muy sangriento desde los años 1980 hasta 2009, tanto el ejército como los insurgentes separatistas, los tigres tamiles, todos afirmaban que estaban defendiendo la integridad de su "nación". Ambos bandos eran impulsados por "nacionalistas" cuyos hijos están bien establecidos en el extranjero. Los políticos habitaban protegidos por fortalezas urbanas, en tanto que los soldados de a pie, reclutados de entre las multitudes de desempleados rurales, eran enviados al frente de batalla. Ha salido a la luz información sobre cómo vivían los dirigentes militares de los tigres tamiles. Durante todos esos años, ellos tenían acceso a fortines subterráneos, bien equipados, bien fortificados y con aire acondicionado, y desde ahí despachaban a mujeres y niños en misiones suicidas. ¿Quién estaba haciendo sacrificios a nombre de quién?

Los dioses siempre exigen sacrificios de sus seguidores. Cristo fue entregado por los líderes judíos a los romanos —en un gesto paradójicamente pagano— como sacrificio para preservar la seguridad nacional (Jn 11:47-51). Fue un caso clásico de política de sacrificio y de razonamiento de "los medios y el fin". Al aceptar el estatus de víctima descartable, Jesús se identifica con todas las víctimas de la historia. Él confrontó a los poderes del mal con total vulnerabilidad, exponiendo la falsedad de una paz cimentada en el terror y la tortura. El triunfo de la Resurrección, entre otras cosas, fue el juicio de Dios contra el sistema de política de sacrificios; revirtiendo el veredicto que le habían decretado a su Cristo y al intento humano de suprimir todo recuerdo de las víctimas.

Sin embargo, desafiando la Resurrección, el discurso actual de guerra y política todavía aspira a una divinidad pagana: el lenguaje de "soberanía" y "sacrificio" han sido trasladados de su contexto teológico original al terreno de la política. ¿Será posible reimaginar una política que vaya más allá del discurso de sacrificios y soberanía hacia uno de mutua *responsabilidad* y *rendición de cuentas*?

El lenguaje bíblico de la demonología es apropiado para describir la forma en que sociedades enteras, en varios períodos de su historia, han quedado atrapadas en miedos que ellas mismas han desatado. Cuando los seres humanos depositan ciegamente su confianza en sustitutos de Dios (ídolos), invocan a fuerzas invisibles que a la larga acaban por dominarlos. Los tiranos pronto se convierten en víctimas de la paranoia: arremeten contra toda amenaza potencial a su dominio, incapaces de confiar incluso en sus ayudantes más leales y en los miembros de su familia. Técnicas de vigilancia diseñadas para espiar a los "enemigos externos" ahora se utilizan para los enemigos de adentro. Las mentiras que comienzan como medias verdades rápidamente crecen y llegan a ser ideologías a gran escala, propagadas por intelectuales que les han vendido su alma a padrinos políticos y corporativos. El espectro de las "armas de destrucción masiva" que poseen esas figuras sombrías que habitan el inframundo del "terrorismo" se ha utilizado para justificar la estigmatización de comunidades enteras, la práctica de la tortura y la suspensión de garantías. Esto a su vez profundiza el clima de miedo y se forma una espiral interminable, cada vez de mayores proporciones.

Al comienzo del conflicto, pareciera que se dispara una reacción en cadena incontrolable. Simples hombres y mujeres, agrupados en turbas o ejércitos, se vuelven capaces de ejercer una brutalidad que nunca habrían siquiera imaginado como individuos. Y los que desencadenaron el conflicto están dispuestos a que perezcan decenas de miles de sus congéneres, casi siempre de maneras horriblemente dolorosas, antes que admitir sus errores o lograr las concertaciones que manda el sentido común, por no hablar de exigencias éticas. El poder —sea que se aspira a arrebatarlo o que se retiene con firmeza— enceguece cualquier razonamiento moral. No es de sorprender que muchos tiranos sean supersticiosos e incursionen en prácticas del ocultismo. Así fue el caso de muchos que pertenecían al régimen nazi. En la política de Sri Lanka, la astrología y los "encantamientos" mágicos juegan un papel muy importante; las fechas de las elecciones y de eventos de Estado se deciden según "tiempos de buena fortuna", y monjes budistas invocan a poderes astrales para bendecir a las fuerzas armadas.

En capítulos anteriores ya hemos explorado esa histórica afirmación cristiana que dice que Aquel por quien el universo llegó a existir y en quien toda su existencia se sostiene se ha convertido en una víctima de tortura y de deshumanización. De ahí que los cristianos nunca llegarán a sorprenderse por el alcance y la profundidad de la violencia en los asuntos humanos. Pero siempre deberían sentirse afligidos ante ella. La violencia no es un aspecto normal de la naturaleza humana, según han dicho algunos sociobiólogos, sino que más bien es una distorsión horrible de nuestra humanidad. Los cristianos afirman que Dios es fraternidad amorosa, que vive eternamente en relaciones generosas entre Padre, Hijo y Espíritu. Y los seres humanos hemos sido creados a su semejanza para la comunión de amor con Dios, unos con otros y con toda la creación. La paz, la fraternidad y la bondad son el principio desde el cual fue creado el mundo, y son el *telos* hacia el cual todas las cosas se dirigen. Pero el mensaje de un Dios crucificado también nos da una imagen realista y clara de la miseria, del mal y la violencia que nos afligen en este mundo.

Recordar correctamente

Se ha escrito mucho sobre la política de la memoria. No solo son el abuso, la depresión, los deseos, fantasías o traumas los que distorsionan la memoria personal; también lo que se recuerda está en función de restricciones externas: el ambiente político o el medio sociocultural pueden determinar lo que se puede decir o no. El silencio puede convertirse en una estrategia de sobrevivencia habitual y semipermanente. En particular cuando los recuerdos son colectivos, como es el caso de la situación de posguerra en países como Sri Lanka. Es un asunto político decidir cuál de estos relatos informará los libros de texto de historia que leerán los niños del futuro. Lo que ocurrió en los últimos meses de la guerra se ha convertido en un campo de batalla de narrativas en pugna. Incluso el personal médico y de trabajo social a quienes se les permitió el acceso a los campos de los desplazados recibió advertencias del ejército de no interrogar a los detenidos por temor a que los recuerdos que desafían la versión oficial se filtraran hacia el mundo exterior.

Sin embargo, los sobrevivientes cuentan su historia a quienes consideran dignos de su confianza. Daya Somasundaram es un psiquiatra que ha trabajado valientemente durante varios años con víctimas de la guerra en el norte de Sri Lanka; él señala que, a diferencia de la mayoría de las narrativas occidentales sobre trauma, en los testimonios que él recolectó no se percibe una perspectiva individualista sobre lo que la gente sufrió. Las familias tamiles "debido a lazos estrechos y fuertes y a la cohesión de las familias nuclear y extendida, tienden a funcionar y a responder a las amenazas externas o al trauma como una unidad, y no como miembros individuales". Como consecuencia, "el bienestar del miembro individual se experimenta como bienestar de la familia y de la comunidad"[167]. La familia y la comunidad más amplia del poblado atribuyen significado a eventos traumáticos, junto con posibles estrategias para afrontar el trauma. Debido al rompimiento que han sufrido las familias, las instituciones y tradiciones del pueblo, la *anomia* individual puede conducir ya sea al suicidio o a la manipulación por parte de otro grupo que se convierte en familia sustituta.

Para cualquier intento de renovación nacional, la verdad es tan importante como la justicia. De hecho, practicar la justicia y hablar la verdad son inseparables. Para que se haga justicia, es necesario enfrentar al pasado con honestidad y humildad. Para que las sociedades se recuperen después de años de violencia de Estado y conflicto civil, se tiene que emprender alguna forma de recapitulación de la historia del conflicto, con todo el dolor que esto implica para las partes involucradas. Hay que exorcizar los demonios del pasado

---

167. Somasundaram, Daya: *Vanni Narratives*, trabajo inédito.

si lo que se busca es establecer relaciones nuevas y que la nación se movilice hacia adelante como entidad incluyente.

¿Por qué debemos recordar las atrocidades del pasado? Algunos autores como Elie Wiesel, sobreviviente del holocausto y galardonado con el premio Nobel, incansablemente han señalado que la justicia para las víctimas y sus familias exige que recordemos sus sufrimientos. Olvidar es añadir insulto al agravio. Pero olvidar también es condenarnos a nosotros y a nuestros hijos a repetir los males del pasado. En un discurso dirigido al Reichstag alemán el 10 de noviembre de 1987, cincuenta años después de la infame *Krystallnacht*, cuando las turbas en varias ciudades alemanas destruyeron propiedades y establecimientos de judíos y lanzaron al país hacia la "solución final", Weisel señaló lo siguiente: "Recordamos a Auschwitz y todo lo que representa porque creemos que, a pesar del pasado y sus horrores, el mundo es digno de salvación; y la salvación, como la redención, pueden encontrarse solo en la memoria"[168].

¿Pero *cómo* debemos recordar? Miroslav Volf, teólogo croata-estadounidense, señala que el recordar por sí mismo no puede ser redentor. Las víctimas casi siempre recuerdan de una cierta manera que abriga el resentimiento, incluso el odio, y que motiva anhelos profundos de venganza. Esos recuerdos amargos son lo que a menudo alimenta el conflicto a largo plazo, porque las familias y comunidades transmiten historias de sufrimiento a las siguientes generaciones. Individuos y comunidades enteras pueden obsesionarse con sus recuerdos de los daños que sufrieron, de tal manera que llegan a *definirse a sí mismos* con la identidad de víctima y quedan paralizados por el pasado.

Correctamente, Volf argumenta que la memoria está lógicamente ligada a la verdad.[169] Al decir que estamos "recordando" un evento, queda implícita la afirmación de que, hasta donde sabemos, nuestro recuerdo es verdadero en el sentido de que corresponde de alguna manera a los eventos tal como ocurrieron. Los psicólogos

---

168. Citado en Volf, Miroslav: *The End of Memory: Remembering Rightly in a Violent World* [El fin de la memoria. Recordar correctamente en un mundo violento]. Grand Rapids, MI; Cambridge, UK: Eerdmans, 2006, pág. 19.

169. *Ibid.*, cap. 3.

han descubierto el fenómeno de los "recuerdos falsos", relatos que se cuentan de modo tan vívido que dejan una marca indeleble en la víctima y en sus oyentes. Lo que hace que esos relatos sean falsos es que, aunque la víctima los cree con pasión (y mientras más se relate la misma historia, más "verdadera" se irá volviendo para ella), el testimonio independiente no valida las afirmaciones ni garantiza que el evento en cuestión realmente haya ocurrido.

De modo que debemos recordar con verdad. Recordar con verdad es hacer justicia tanto a la víctima como al victimario/malhechor. La memoria verdadera no rebaja ni exagera el daño causado por este. También se rehúsa a describirlo como alguien absolutamente malo. En mi propio contexto de Sri Lanka, por ejemplo, no es raro encontrar tamiles que sufrieron a manos del grupo mayoritario del pueblo cingalés (como turbas o como soldados), que han tenido que huir a países occidentales y hablan de todo este grupo étnico como brutales chauvinistas; pero no mencionan los muchos ejemplos de cingaleses que han arriesgado su vida para salvar a tamiles. Así, el compromiso con la verdad por parte de víctimas y malhechores —y en la mayoría de las situaciones de un conflicto prolongado, la línea entre uno y otro no está bien definida— requiere que *todos* se esfuercen conscientemente por escuchar los relatos del otro y con honestidad compartir el suyo propio. "A diferencia de los que alegan poseer la verdad, los buscadores de esta emplean la 'doble visión': le dan al otro el beneficio de la duda, habitan imaginariamente el mundo del otro, y se esfuerzan por ver los eventos en cuestión desde la perspectiva del otro, no solo desde la suya"[170].

Todos nos formamos como personas por las experiencias que hemos tenido, incluyendo los sufrimientos que hemos sobrellevado. Esto se observa especialmente en quienes han sufrido traumas severos como resultado de violencia hacia ellos o hacia alguien cercano. Pero no solo somos moldeados *por* nuestros recuerdos; nosotros mismos *moldeamos* los recuerdos que a su vez nos moldean. Somos más que aquello que hemos sufrido. Y esa es la razón por la que no tenemos por qué rendirnos pasivamente ante nuestra memoria. Debido a que podemos hacer algo con nuestros recuerdos, y nos rehusamos a que nuestra memoria defina exhaustivamente nuestro

---

170. *Ibid.*, pág. 57.

futuro, nuestra identidad no puede consistir simplemente en *aquello* que recordamos.

La sanidad personal ocurre no simplemente por haber recordado eventos traumáticos, sino por *interpretar* nuestros recuerdos e *inscribirlos* en un contexto más amplio de significado. En todo lo que hacemos, siempre actuamos en un marco que incluye al menos los siguientes elementos: (a) un sentido de identidad, quiénes somos, lo cual incluye dónde encontramos nuestra comunidad de pertenencia más profunda; (b) lo que esperamos de los otros seres humanos y (c) en qué o en quién confiamos.

Un marco de referencia de interpretación cristiana ubica la historia de nuestro propio sufrimiento, individual o colectivo, dentro de la narrativa más amplia del sufrimiento de Dios. Y el Dios de la cruz no solo comparte nuestro sufrimiento, sino que también carga con nuestro pecado. Dios en Cristo vence el poder del mal llevándolo sobre sí mismo, no pagando mal por mal, y ofreciéndonos a los seres humanos pecadores el perdón y un nuevo comienzo en un nuevo tipo de comunidad humana. Dios está dedicado a hacer amigos de sus enemigos. Y para él esto es costoso. En esta forma de tratar la maldad humana, ofrece a la humanidad un perdón incondicional. Pero solo puede conducir a la transformación humana si ese perdón se recibe y se experimenta. Para recibirlo se requiere que admitamos nuestra necesidad de perdón; en otras palabras, tenemos que rehusarnos a encubrir la enormidad de nuestras ofensas. Así es como puede romperse la espiral de violencia en los asuntos humanos.

En muchas situaciones de conflicto interminable y sin sentido, los líderes de ambos lados carecen de humildad para reconocer sus errores, mucho más para reconocer su culpa moral. Están dispuestos a sacrificar incontables vidas humanas simplemente para evitar lo que se considera "pérdida de prestigio". Para quienes llevamos el dolor de haber sido victimizados, nuestra identidad queda redefinida por el amor incondicional de Dios. Nos permite amar al otro, incluso a quienes nos han hecho daño. Pero este proceso no puede ponerse en cortocircuito. Los teólogos y consejeros pastorales han advertido que existe un "perdón barato" que hace más daño a las víctimas porque no incluye el proceso apropiado con la memoria. Se expresa en el consejo fácil que se da a las víctimas sufrientes para que "perdonen y olviden". Sin embargo, perdonar como Dios es enfrentar honestamente el mal que ha sido cometido y condenarlo. Pero también es separar el mal y el malhechor, y ofrecerle a este la liberación de su culpa. Perdonar a una persona culpable no es declarar que no lo es, sino que esa persona será *tratada como inocente*. Es decirle: "Lo que me hiciste estuvo mal, pero no voy a usarlo en tu contra ni a tratarte como tú me trataste a mí".

La doctora Sheila Cassidy, víctima de violación y tortura por parte de los soldados de Pinochet en los años 1970, escribió sobre su propia lucha amarga para vencer la humillación y el deseo de venganza:

> Conozco bien la incapacidad de perdonar. Por eso nunca le diría a alguien: "Tienes que perdonar". No me atrevería. ¿Quién soy yo para decirle a una mujer cuyo padre abusó de ella o a una madre cuya hija ha sido violada que tienen que perdonar? Solo puedo decir: independientemente de todo el mal que nos han hecho, y de cuán justificado es nuestro odio, si lo atesoramos, nos va a envenenar. El odio es un diablo que hay que expulsar, y debemos orar para recibir el poder de perdonar, porque vamos a sanar al perdonar a nuestros enemigos.[171]

Sin embargo, en la perspectiva cristiana, el proceso de sanidad no está completo hasta que incluye la relación con el que ocasionó el daño (si es identificable y si todavía vive). Por lo tanto, la sanidad de la víctima, si no involucra al victimario, solo es parcial. La razón principal para orar por el poder de perdonar no es que lograremos dormir sin pastillas o que vamos a sanar nuestra memoria, sino que podemos cruzar la gran brecha que nos separa de quienes nos han hecho mal. Gregory Jones señala lo siguiente: "El perdón no es primordialmente una palabra que se dice, o una acción que se realiza o un sentimiento que se experimenta. Es una forma de vida apropiada para la amistad con el Dios Trino"[172].

---

171. Citado en Wink, Walter: *When The Powers Fall: Reconciliation in the Healing of Nations* [Cuando caen los poderes. Reconciliación en la sanidad de las naciones]. Mineápolis: Fortress Press, 1998, pág. 24.

172. Jones, L. Gregory: *Embodying Forgiveness: a Theological Analysis* [Dar cuerpo al perdón. Análisis teológico]. Grand Rapids: Eerdmans, 1995, pág. 218.

Cuando una persona ha sufrido vergüenza, ha habido una pérdida de su honor. Si no lo recupera, ella quedará reducida y deshonrada ante su comunidad. La vergüenza no puede ser perdonada, y el honor puede recuperarse solo por medio de la venganza. El perdón y la culpa reemplazan el honor y la vergüenza al introducir la posibilidad del cambio: cambio en la relación entre ofensor y ofendido. La culpa y el perdón juntos liberan al ser humano del sentido de fatalidad.

El perdón es mucho más que una técnica para la resolución de conflictos. En palabras de Jonathan Sacks, antiguo rabino principal del Reino Unido:

> Es una estrategia asombrosamente original: en un
> mundo sin perdón, el mal engendra al mal, el daño
> genera más daño, y no hay forma de romper la secuencia
> sino solo por agotamiento o falta de memoria. El
> perdón rompe la cadena. Introduce en la lógica del
> encuentro interpersonal la impredecibilidad de la gracia.
> Representa una decisión de no hacer lo que mandan
> el instinto y la pasión. Responde al odio rehusándose
> a odiar, a la animosidad con generosidad. De las
> ideas que han entrado en la imaginación humana,
> pocas han sido tan atrevidas como el perdón.[173]

De modo que la meta del perdón es la reconciliación con el enemigo. Reconciliar es traer a los enemigos a un estado de relación que vence la alienación. Estar reconciliado no es tratar de disimular las grietas y pretender que el mal nunca ocurrió. El vocablo griego que se traduce 'perdonar' en el Nuevo Testamento es *aphiemi*: 'dejar ir, soltar, dejar libre, absolver, despedir, remitir'. Observemos que la dirección es hacia el otro, no hacia uno mismo. Al perdonar dejamos libre al otro. ¿Cómo? Al quitar de sus hombros el peso de nuestro odio y deseo de venganza. Liberamos al otro para que trate con Dios. Volf apunta: "Para triunfar plenamente, el mal necesita dos victorias, no una. La primera victoria sucede cuando se realiza una mala acción;

---

173. Sacks, Jonathan: *The Dignity of Difference* [La dignidad de la diferencia]. Londres y Nueva York: Continuum, 2002, págs. 178-179.

la segunda, cuando se retribuye con mal. Después de la primera victoria, el mal moriría si la segunda no le infundiera nueva vida"[174].

Escribiendo en el contexto de Nueva Zelanda, donde las injusticias históricas cometidas por colonos blancos contra la población maorí todavía es un tema político doloroso, el teólogo Murray Rae reflexiona así:

> En Nueva Zelanda a veces se escucha el argumento de que los neozelandeses contemporáneos que no confiscaron tierras de manera ilegal, o que a ellos no se las han quitado, no tienen la responsabilidad de arrepentirse y no tienen nada que perdonar. Ese argumento es inadecuado por varias razones. Primero, porque no toma en cuenta el alcance de los pecados de los padres en las generaciones posterior. La gente cuyos ancestros quedaron despojados de tierra en el siglo XIX todavía sigue sin ella en la generación presente. Siguen sin tener los recursos para cultivar cosechas, construir sus hogares y desarrollar el potencial económico y recreativo de la tierra. Del mismo modo, la generación presente de neozelandeses blancos sigue siendo beneficiaria de adquisiciones injustas de tierra, y disfruta la riqueza acumulada por generaciones de actividad agrícola de lo que alguna vez fue territorio maorí.[175]

En resumen, el recuento verdadero del sufrimiento es necesario para la sanidad personal, pero no es suficiente. La sanidad ocurre por medio del trabajo *interpretativo* que hace una persona con su memoria, integrándola en su propia historia de vida y cosmovisión, y quitándola del centro de su identidad personal. Y en la tradición cristiana, la memoria debe usarse para sanar la enemistad entre la

---

174. Volf, Miroslav: *op. cit.*, pág. 9.

175. Rae, Murray: "A Balm for Our Wounds: Forging Peace in Aotearoa, New Zealand" [Bálsamo para nuestras heridas. Forjar la paz en Aotearoa, Nueva Zelanda] en Richard Noake y Pauline Kolontai (eds.): *Building Communities of Reconciliation, Vol.* II: *Christian Responses to Situations of Conflict* [Construcción de comunidades de reconciliación; vol. II. Respuestas cristianas a situaciones de conflicto]. Seúl, Corea: Nanumsa, 2012, pág. 62.

persona herida y los responsables de esas heridas. Una convicción esencial de la noción cristiana de redención es que el pasado debe ser y será redimido. Podríamos pensar que la justicia y el perdón son la restauración del orden moral en el mundo. La primera es el aspecto impersonal y el segundo es el aspecto personal. La justicia corrige lo incorrecto; en tanto que el perdón busca enmendar las relaciones quebrantadas. Por lo tanto, ambos son necesarios en las relaciones humanas. Sin embargo, hay algunas heridas para las que no habrá sanidad de este lado del *eschaton*, aunque el perdón haya sido ofrecido y aceptado.

Liderazgo político en situaciones poscoloniales

Aunque las naciones no son como los individuos, sus líderes políticos pueden tener un impacto enorme en la manera en que estos lidian con el dolor del pasado de una nación. Señalar los errores y malas acciones de los políticos, de las fuerzas policiales y de los ejércitos hace que los individuos sientan que están siendo reconocidos como personas y que su sufrimiento no será minimizado. También honra la memoria de sus seres queridos, aunque de manera tardía. Las disculpas pueden descargar el deseo de venganza.

Pueden hacerlo, pero no hay nada automático en el proceso de sanidad nacional. La verdad no trae sanidad en todos los contextos, e incluso si las disculpas políticas desembocan en un proceso penal o en la renuncia de los responsables (en la mayoría de los casos así debería ser), no se puede garantizar que ocurrirá la reconciliación. Las disculpas pueden recibir el rechazo de quienes no quieren la reconciliación. También es posible que solo sirvan como justificación para que continúe la violencia contra el Estado. Por otro lado, por parte de quienes apoyan al Estado y a su ejército, casi siempre existe una "inversión sustancial de recursos psicológicos en sus héroes"[176]. Casi siempre se trata de regimientos de élite cuyas hazañas se celebran en películas y relatos populares. Ellos interpretarían la disculpa como una traición a todo el regimiento o incluso a todo el ejército. Toda nación necesita sus héroes, y cuando se admite públicamente

---

176. Ignatieff, Michael: *The Warrior's Honor: Ethnic War and the Modern Conscience* [El honor del guerrero. Guerra étnica y conciencia moderna]. Londres: Chatto & Windus, 1998, pág. 184.

que ellos son culpables de crímenes de guerra o de otro tipo de asesinatos fuera de la ley, esto pone en riesgo el discurso de "nosotros los buenos contra ellos los malos", sustento de la identidad moral de muchas naciones y comunidades.

En estos tiempos, después de períodos de tragedias por motivos políticos, se han establecido formas diversas de comisiones de verdad y reconciliación en países como Sudáfrica, Chile, El Salvador, Haití y Ruanda. La existencia de estas comisiones ciertamente es un reflejo de una convicción bíblica: el arrepentimiento es la base de la reconciliación genuina. Los responsables de desapariciones, tortura y asesinatos deben ser juzgados. Si eso no es posible, ya sea porque han desaparecido las pruebas o porque los testigos han sido asesinados o intimidados, al menos deben pasar por la vergüenza pública. Se debe permitir a las víctimas contar su historia, y los victimarios deben encarar a sus víctimas y escuchar esas historias directamente.

Pocos años después del desmantelamiento del apartheid, John de Gruchy escribía esto en Sudáfrica:

> Tiene sentido el argumento que dice que la necesidad
> de proteger una democracia naciente es más importante
> a la larga que resolver cosas del pasado si al hacerlo
> vamos a caer en regresiones. Sin embargo, también es
> verdad que a menos que se atiendan asuntos del pasado
> de manera apropiada y expedita, este podría regresar
> a acecharnos en el futuro. Porque si vamos a fomentar
> una cultura de derechos humanos y a establecer respeto
> por la ley, los crímenes del pasado no deben esconderse
> bajo la alfombra. Esto es necesario también para evitar
> que el pasado se repita y, más importante, para ayudar
> a reconstruir la vida de las víctimas ... Así que, si bien
> puede ser costoso recordar el pasado, resultaría más
> costoso no recordarlo de manera correcta, para que
> contribuya a la sanidad y a la reconciliación genuina.[177]

---

177. De Gruchy, John W.: *op. cit.*, pág. 27. Se ha escrito mucho sobre la Comisión de Verdad y Reconciliación de Sudáfrica. Ver, por ejemplo, el artículo de Desmond Tutu, presidente de la comisión: "The Struggle for Social Justice in post-Apartheid South Africa" [La lucha por la justicia social en la Sudáfrica post *apartheid*] en *Peace Research* 37, no.11 (mayo de

Idealmente, el trabajo de una comisión de verdad debe ocurrir *antes* que cualquier consideración de indulto, clemencia o perdón. Los procesos penales también deben venir antes que las amnistías; de hecho, la amnistía solo se debe considerar al final de un proceso de reconciliación, donde la verdad se ha dicho y los agentes representativos han rendido cuentas.

Entrevistado después de la muerte de Nelson Mandela, el arzobispo Desmond Tutu reflexionaba sobre la vida de ese líder:

> La gente dice: "Miren todo lo que hemos logrado en sus pocos años de gobierno, qué desperdicio fueron esos veintisiete años de cárcel". Yo opino que su tiempo en prisión fue necesario, porque cuando entró en la cárcel, estaba enojado. Era relativamente joven y había experimentado una injusticia; no era un estadista, y no estaba listo para perdonar; era el comandante en jefe del ala armada del partido, y estaba totalmente dispuesto a usar la violencia. El tiempo en prisión fue crucial. Ciertamente, el sufrimiento puede amargar a la persona, pero en algunos casos la ennoblece. La cárcel se convirtió en un crisol donde se quemó y se desechó la escoria. Nadie pudo acusarlo de hablar a la ligera sobre el perdón, de no haber sufrido, de incursionar en terrenos desconocidos para él. Veintisiete años fue el tiempo que le otorgó autoridad para decir: "Intentemos el perdón".[178]

El pecado humano es propenso a recalcar solo los errores de nuestros enemigos, por eso es importante que existan memoriales de genocidio (que son una forma de recordar públicamente a las víctimas de crímenes contra la humanidad) para que, con toda honestidad, no se olviden las historias de quienes se opusieron a este desde su

---

2005); Lapsey, Michael: "Confronting the Past and Creating the Future: The Redemptive Value of Truth Telling" [Confrontación del pasado y creación del futuro. El valor redentor de decir la verdad]. *Social Research* 1998, vol. 65 (4).

178. Tutu, Desmond: "Jail embitters some, but it ennobled him" [La cárcel amarga a algunos, pero a él lo ennobleció]. *Guardian Weekly*, 13-19, diciembre 2013, pág. 5.

lugar en el bando enemigo, así como historias de los males cometidos por nuestro propio grupo en su deseo de venganza. Llama la atención que, en Europa, Israel y Estados Unidos, los memoriales del Holocausto, que señalan correctamente los terribles males perpetrados contra el pueblo judío por parte de los nazis en las décadas de 1930 y 1940, no informen a sus visitantes de los cientos de miles de personas no judías que también fueron ejecutadas en campos de concentración. Aunque el Centro Memorial del Genocidio en Kigali exhibe admirablemente otros ejemplos de genocidio en el siglo xx, un error serio es que no menciona las atrocidades cometidas por el Frente Patriótico Ruandés. En cuanto a Japón, aunque hay memoriales para las víctimas de las bombas atómicas en Hiroshima y Nagasaki, no hay un memorial nacional que recuerde a los futuros ciudadanos japoneses las brutalidades cometidas por el Estado japonés en otras naciones asiáticas en la primera mitad del siglo xx. De hecho, las relaciones entre este país y sus vecinos se han visto afectadas negativamente en los años recientes, debido al revisionismo del gobierno japonés; en libros de texto de historia japonesa se ha intentado lavar sus agresiones imperiales y los crímenes perpetrados por sus ejércitos en otros países de Asia.

¿Hay lugar hoy en día para cortes internacionales de justicia que juzguen y castiguen crímenes de guerra? Ciertamente. Los crímenes cometidos contra no combatientes inocentes son violaciones de las normas internacionales, y esto ha sido una convicción cristiana con siglos de antigüedad, reconocida como tal recientemente por la comunidad internacional de legistas. Si las cortes nacionales son incapaces de actuar contra instigadores y perpetradores de esos crímenes, debido a la falta de voluntad política o a legislación nacional inadecuada, entonces la comunidad internacional tiene la obligación de actuar a favor de los intereses de la justicia. Pero de nuevo hay que señalar que la credibilidad de esas cortes depende del grado en que retienen su independencia y no siguen lo que se ha llegado a conocer como "la justicia del vencedor". Eso siempre será considerado una forma de venganza colectiva, y no justicia imparcial, mientras los miembros del grupo "vencedor" sean exonerados de procesos penales. Los famosos juicios de Núremberg contra oficiales nazi y sus colaboradores nunca continuaron con un tribunal para investigar crímenes de guerra de los aliados (y atrocidades cometidas por soldados occidentales y soviéticos en territorio alemán despúes de la guerra). Países como Estados Unidos y China se han rehusado a reconocer la jurisdicción de la Corte Penal Internacional; esto es un obstáculo serio para la prevención de esos crímenes contra la humanidad.

Conclusión

Con la colaboración de Volf, de Gruchy y otros autores, hemos afirmado que la memoria verdadera es inseparable de la búsqueda de justicia; y que el objetivo más excelso de es recordar es *el amor*: no solo hacia las víctimas de crímenes, sino también para propiciar arrepentimiento y transformación en los perpetradores, y para buscar la reconciliación entre estos y víctimas. Cuando se logran esos objetivos, entonces (y solo entonces) es tiempo de olvidar. Durante siglos la tradición cristiana ha afirmado que perdonar correcta y plenamente significa estar dispuestos a abandonar nuestros recuerdos de esos males.

La perspectiva cristiana de la reconciliación se deriva de lo que ya ha ocurrido en la historia del mundo. El puente de paz ya existe. Se nos llama a transitarlo, no a construirlo. La situación entre Dios y la humanidad ha cambiado de manera decisiva; un hecho objetivo ha ocurrido y ha ocasionado que en el cosmos todo sea diferente. Quienes han experimentado esa reconciliación, por su arrepentimiento y confianza, ahora tienen el llamado a señalar hacia ese puente, a declarar lo que se ha logrado y a transformar nuestra política conforme a esa realidad.

La iglesia debe ser una comunidad de arrepentimiento, que hace frente a sus propios fracasos morales y a su falta de lealtad a ese Señor que profesa en sus credos históricos. Sus divisiones y rivalidades, su culto a la personalidad de caudillos, sus patrones de liderazgo autoritario, su discriminación interna por motivos de raza o género, todo esto estorba al mensaje de reconciliación que proclama. La iglesia debe practicar continuamente la autocrítica sin caer en la autoflagelación masoquista. De esa manera puede ayudar a crear un espacio público en la comunidad en general, donde se pueden nombrar y confrontar los pecados, se pueden sanar las heridas y podemos avanzar juntos hacia el futuro.

La fe cristiana también es realista. Reconoce que la reconciliación ocurre en muy raras ocasiones, ya sea como individuos o comunidades; preferimos vivir con nuestros recuerdos de amargura, bañados en autocompasión, alimentando nuestro resentimiento y rehusándonos a aceptar nuestros actos de maldad hacia los demás. Usualmente la norma es una coexistencia incómoda e inquietante, no el arrepentimiento mutuo, la restitución y la reconciliación.

Además, la plena reparación del daño, la compensación y el castigo justo nunca son posibles cuando nos enfrentamos a horrores a gran escala y donde se desdibujan las líneas de separación entre víctimas y victimarios. Como ha señalado Jean Bethke Elshtain:

> El perdón en la vida pública o política también implica el reconocimiento doloroso de los límites del perdón, si lo que uno busca es la expiación o una rendición de cuentas completa. Hay maldades que se han sufrido y que nunca van a poderse corregir; de hecho, lo que estoy sugiriendo aquí es que este reconocimiento en sí mismo es un aspecto central de la estructura general del perdón político.[179]

Habrá un juicio final; un día para ajustar cuentas. Será cuando el Juez de toda la Tierra nos confrontará con las maldades que hemos intentado esconder, con nuestras víctimas y con quienes nos han victimizado. Quienes han logrado eludir las cortes humanas enfrentarán una corte divina de justicia transparente y perfecta.

Para quienes viven en sociedades prósperas, seguras y (generalmente) respetuosas de la ley, el reiterado tema bíblico de un día de juicio final usualmente provoca vergüenza. La idea de retribución ha sido extirpada de las teorías liberales del castigo. Pero aquellos cristianos que diariamente sufren al ver que la verdad es suprimida, paralizado el sistema de justicia y a los malos prosperando en su maldad con impunidad arrogante, perciben la promesa bíblica del triunfo final de la justicia de Dios como una fuente de alegría y de perseverancia en su lucha contra el mal. "De sus tronos derrocó a

---

179. Elshtain, Jean Bethke: *New Wine and Old Bottles: International Politics and Ethical Discourse* [Vino nuevo y odres viejos. Política internacional y discurso ético]. Notre Dame, Indiana: University of Notre Dame Press, 1998, pág. 42.

los poderosos" celebra María en el canto que conocemos como el *Magníficat*, "mientras que ha exaltado a los humildes. A los hambrientos los colmó de bienes, y a los ricos los despidió con las manos vacías" (Lc 1:52–53). Los salmos hebreos presentan la justicia retributiva del Señor como la liberación de toda la creación y, por eso, como una ocasión de *gozo* sin límites:

> ¡Brame el mar y todo lo que él contiene; el mundo y todos sus habitantes!
> ¡Batan palmas los ríos, y canten jubilosos todos los montes!
> Canten delante del Señor, que ya viene a juzgar la tierra.
> Y juzgará al mundo con justicia, a los pueblos con equidad.
>
> Salmos 98:7–9

En el aquí y el ahora casi nunca logramos la justicia; y por eso no olvidamos los males que hemos sufrido. En el mundo que viene, se habrá hecho justicia y, por lo tanto, podremos abandonar la memoria de los males sufridos. En el aquí y el ahora, la sanidad siempre es parcial, y ni siquiera el perdón quita todas las cicatrices emocionales y el dolor físico; por eso vivimos con una sensación de pérdida irreparable. En el mundo venidero, nuestra humanidad compartirá plenamente con el Cristo resucitado, y podremos experimentar nuestra sanidad completa.

7

Fe e integridad en la esfera pública

Mientras anticipamos el futuro, enfrentemos el presente
con una apertura tolerante, no basada en la indiferencia
… sino animada por la esperanza de que al final
todo lo que es importante para nuestro esquema de
vida pública será tocado por el shalom divino.[180]

HACE VEINTISÉIS SIGLOS, EL PROFETA JEREMÍAS ENVIÓ una carta a los exiliados judíos en Babilonia: "busquen el bienestar de la ciudad adonde los he deportado, y pidan al Señor por ella, porque el bienestar de ustedes depende del bienestar de la ciudad" (Jer 29:7). Jeremías les estaba diciendo que su peregrinaje en Babilonia iba a durar mucho tiempo, a diferencia de lo que decían los falsos profetas. A pesar de que esta era una potencia mundial arrogante que desafiaba a Dios, sin proponérselo había servido como su agente para castigar la infidelidad de Israel. Ahora los judíos no debían mirar hacia atrás con nostalgia de la tierra que habían dejado, sino hacia adelante: a buscar el bien común de su nueva sociedad. No debían conformarse al modo de vida idolátrico de la cultura dominante ni debían permanecer encerrados en aislamiento con miedo y en actitud de sospecha.

Para los primeros cristianos en el Imperio romano, la tentación de aislarse de la sociedad debió haber sido mucho más fuerte que para los judíos en Babilonia. Adoraban a un salvador que había sido

---

180. Mouw, Richard J. y Sander Griffioen: *Pluralisms and Horizons: An Essay in Christian Public Philosophy* [Pluralismos y horizontes. Ensayo de filosofía pública cristiana]. Grand Rapids: Eerdmans, 1993, págs. 175-176.

ejecutado como insurgente en contra del Estado. No participaban en las ilusiones de la *Pax Romana* ni compartían la idea de que el régimen gobernante representaba un orden sagrado que estaba más allá de toda crítica. De hecho, afirmaban que la salvación de Roma les vendría de esas mismas víctimas olvidadas de la violencia de Estado. El propio César tendría que doblar la rodilla ante este judío crucificado.

Los primeros cristianos llegaron más lejos todavía. Se veían a sí mismos como pertenecientes a una sociedad política alternativa (*ekklesía*), nada menos que los primeros frutos de una nueva humanidad, autorizada y gobernada directamente por el Cristo resucitado. Lo que los incitaba a mostrar lealtad absoluta era esta comunidad multinacional, y no su *civitas* particular. Algunos de ellos podían haber sido ciudadanos de Roma, pero su ciudadanía primordial estaba en otro lugar (Fil 3:20). Sin embargo, debido a que no competían con el Estado por control territorial, podían pagar sus impuestos y cumplir otros deberes cívicos. Reconocían que hay un papel legítimo (limitado, pero real) para el Estado dentro del orden divino del mundo (Ro 13:1).

De manera que la sumisión cristiana a las autoridades políticas no era incondicional. Había circunstancias en las que la lealtad a Cristo implicaba deslealtad al Estado y subversión de sus pretensiones "totalizantes". La idea nueva e inquietante de que había dos tipos distintos de lealtad corporativa, y que una de ellas en ciertos casos podía superar a las exigencias del Estado, era incomprensible para los administradores imperiales romanos y ocasionaba muchos conflictos con la iglesia. Esta es la raíz teológica del liberalismo político y de la idea de un Estado "secular". Aunque la iglesia occidental casi siempre comprometió su posición en los siglos que siguieron al colapso del poder romano, el testimonio cristiano en la vida pública siempre ha estado caracterizado por el escepticismo hacia las pretensiones políticas absolutistas.[181]

---

181. Lo opuesto a "secular" no es "sagrado" sino "eterno". El orden secular es transitorio, pero, aun así, sirve a los propósitos providenciales de Dios para la justicia y el buen orden. La constelación de ideas políticas que florecieron en Europa en los siglos XIV al XVI, y que lograron limitar la autoridad de papas y reyes, fueron nutridas en el vientre de la cristiandad.

Jeremías creía que es posible mantener la identidad distintiva de pueblo de Dios y al mismo tiempo trabajar con lealtad a favor de la sociedad en general. Su invitación es a la *integración* plena, sin caer en la *asimilación*, por un lado, ni en la *formación de guetos*, por el otro. Esas son las dos tentaciones que enfrentan todas las minorías religiosas. Aunque la idea de guetos casi siempre se asocia con miseria y pobreza, en las grandes ciudades de hoy en día vemos guetos de riqueza —conocidos engañosamente como "barrios cerrados"— desde donde los ricos salen por las mañanas en sus vehículos caros, protegidos excesivamente para no contaminarse con los que están en la clase baja de la sociedad, para llevar a sus hijos a escuelas de acceso exclusivo para miembros de su clase social y para trabajar en torres de oficinas aisladas por circuitos cerrados de televisión y vidrios blindados.

Las ciudades son espacios públicos en donde se amontonan personas que no se conocen. Originalmente fueron construidas para proveer seguridad a todos sus habitantes, sin embargo, las ciudades modernas ahora se suelen asociar con peligro e inseguridad. La presencia constante de extraños, aun cuando no son agresivos, puede ser inquietante y añade una gran dosis de inseguridad a la vida de los habitantes de la ciudad. En presencia de un extraño se experimenta

---

Oliver O'Donovan observa con aire provocador: "El Estado más cristiano se entiende a sí mismo más plenamente como 'secular'. Confiesa la victoria de Cristo y acepta que su propia autoridad es relegada. Hace eco de las palabras de Juan el Bautista: 'A él le toca crecer, y a mí menguar' (Jn 3:30). Como el Bautista, tiene un papel que realizar en el umbral del reino, pero no dentro de él … No solo los individuos, sino que también las familias, las tribus y naciones pueden arrepentirse y creer en el evangelio … no hay dificultad en afirmar que pertenecen a la iglesia. El gobernante también puede pertenecer a la iglesia, pero no *qua* gobernante. El elemento esencial en la conversión del poder es el cambio en su autocomprensión y en su manera de gobernar para concordar con la era venidera del reino de Cristo. La iglesia tiene la tarea de instruir al gobierno en los caminos del estado humilde". O'Donovan, Oliver: *The Desire of the Nations: Rediscovering the Roots of Political Theology* [El deseo de las naciones. Redescubrimiento de las raíces de la teología política]. Cambridge: Cambridge University Press, 1996, pág. 219.

incertidumbre: el extraño es desconocido e impredecible en sus intenciones y reacciones. Esta incertidumbre fácilmente se traduce en ansiedad e incluso en miedo; y el miedo conduce a levantar cercas y muros altos, y a instalar sistemas tecnológicos de vanguardia para la vigilancia y la seguridad. Independientemente de si se trata de un gueto voluntario de gente rica y poderosa o de un gueto impuesto, de pobres y desposeídos, en ambos hay miedo; el miedo es una experiencia acechante y horrorosa que fragmenta y separa a los grupos de personas entre sí; es un riesgo permanente de erupción violenta.

Civilidad

Muchos teóricos políticos han comparado a una democracia funcional con un taburete de tres patas. Debe haber un equilibrio entre gobierno, economía y sociedad civil. La sociedad civil se refiere a grupos y asociaciones sociales, desde familias hasta colegios de profesionales y organizaciones no gubernamentales, que cumplen con la función de mediar entre la burocracia gubernamental y nuestro ser como individuos. Algunos son voluntarios, y otros no, en tanto que algunos (como la iglesia) son híbridos. En cuanto al equilibrio entre los tres elementos, si uno domina sobre los demás, ocurren consecuencias desafortunadas. Por ejemplo, en la antigua Unión Soviética el Estado dominaba casi todas las áreas de la vida. Por lo tanto, no había una economía pujante, y la sociedad civil simplemente quedaba sofocada. Por otro lado, ahí donde el Estado es débil, las corporaciones y negocios o los grupos poderosos de la sociedad civil pueden manipular al aparato del Estado para promover sus propios intereses a costa del bien común.

Uno de los deberes centrales de un Estado democrático es establecer y mantener las condiciones sociales para el florecimiento de grupos y comunidades en las que hombres y mujeres busquen vivir plenamente. Donde hay grupos diferentes con objetivos antagónicos que amenazan con hacer erupción violenta, el Estado tiene que desempeñar un papel de moderador y mediador. Sin embargo, este no ha de autorizar las diversas instituciones de la sociedad civil (p. ej., la iglesia o la familia) si no reconoce su autoridad independiente. El Estado es solo una entre muchas estructuras de autoridad, aunque es única por ser la corte de último recurso para la sociedad en general cuando se trata de la administración de juicios justos. La "tentación totalitaria" del Estado es absorber a las otras estructuras de autoridad en un solo aparato de gobierno. Entonces desaparece toda rendición de cuentas, toda crítica y toda posibilidad de corrección.

El abogado afroamericano Stephen Carter ha usado la metáfora del taburete con otro sentido para sondear debajo de la superficie de una política democrática. Carter escribe desde su contexto estadounidense a finales del siglo xx lamentándose por el colapso del taburete de tres patas de "familia, escuela e iglesia/sinagoga". Dice de manera muy convincente que la democracia es más que un sistema de gobierno. Es una forma de vida social que depende de la noción —lógicamente anterior— de *civilidad*. Y la civilidad es más que un sistema de modales que lubrica nuestras interacciones sociales; es la suma de los múltiples sacrificios que somos llamados a hacer por el bien de la vida en común con extraños.

Entonces, la civilidad no es simple "cortesía", aunque aprender a ser cortés incluso en medio de nuestros acalorados desacuerdos es un aspecto importante de ella. La civilidad no conlleva el mantenimiento del *statu quo* cuando este consagra la discriminación contra ciertos grupos vulnerables. Busca el cambio hacia una sociedad más igualitaria, donde las jerarquías opresivas sean desmanteladas. La igualdad social no es lo mismo que la distribución igualitaria de los recursos económicos (lo cual pudiera ser injusto) o que el conceder igualdad de estatus ante la ley a todos los ciudadanos (aunque esto es muy importante). Carter señala la contradicción de muchos que favorecen la igualdad legal o incluso el igualitarismo económico pero que no muestran respeto y civilidad en sus relaciones personales. "Constantemente me asombro, y constantemente me deprimo al ver a tantos de mis colegas de Yale supuestamente igualitarios que no saben el nombre de quienes limpian sus oficinas, a pesar de que los han visto varias veces por semana durante muchos años"[182].

A diferencia de la narrativa política liberal convencional que me dice que no tengo otra historia que la que elijo para mí mismo, la narrativa bíblica me dice que yo solo recibo mi "ser" por medio de las historias de los demás, en el pasado y en el presente. Nuestra vida

---

182. Carter, Stephen L.: *Civility: Manners, Morals, and the Etiquette of Democracy* [Civilidad. Modales, moralidad y la etiqueta de la democracia]. NY: Basic Books, 1998, pág. 33.

es algo que recibimos como un *don*, y eso es lo que implica ser creados por medio de y para las relaciones. No elegimos a nuestra familia, pero somos responsables del modo en que la tratamos. Algunos podemos elegir *dónde* vivir, pero usualmente no podemos elegir *con quién* vivir. Pertenecemos a sociedades; no es que simplemente vivimos en ellas. Las sociedades no son hoteles ni salas de espera de aeropuertos donde los extraños tienen leves contactos al pasar, porque están en lugares creados por otros para ser de uso común en sus viajes individuales. Las sociedades más bien son "hogares que construimos juntos", según lo expresa el rabino Jonathan Sacks, quien añade: "*Lo que* construimos debiera ser el tema central de la conversación democrática, una conversación orquestada para muchas voces y que abarca muchos temas, pero unificada en una sola cuestión: ¿Qué tipo de sociedad queremos crear por el bien de nuestros hijos y nietos que no han nacido?"[183].

Sacks continúa señalando que lo que conecta la civilidad con la sociedad civil es una "*preocupación por el bienestar de los demás*, un rechazo a dejar que todo sea decidido por la política o la economía, una insistencia en que los seres humanos nos debemos un respeto mutuo que no es forzado ni pagado, sino simplemente porque somos seres humanos. La civilidad y la sociedad civil representan el poder de lo personal en un mundo de fuerzas impersonales"[184].

A continuación enumero, tres razones por las que una democracia sana, en cualquier parte del mundo, tiene que estar cimentada en la civilidad sacrificial (elaboro algunos de los argumentos de Stephen Carter y agrego algunas ideas mías):

(a) En el corazón de la democracia hay un firme compromiso con el diálogo, y no con la coerción o manipulación como estrategia para resolver conflictos. En la vida humana siempre habrá desacuerdos y por eso es necesario el diálogo. Pero hemos visto que este es imposible cuando la gente no escucha ni discute con civilidad. El escuchar civilmente requiere un sacrificio triple: debemos escuchar opiniones que tal vez sean detestables, debemos abrirnos a la posibilidad de

---

183. Sacks, Jonathan: *The Home We Build Together: Recreating Society* [El hogar que construimos juntos. La recreación de la sociedad]. Londres y Nueva York: Continuum, 2007, pág. 22 (énfasis original).

184. *Ibid*, pág. 188 (énfasis original).

que el otro esté en lo correcto y debemos dedicarle tiempo de nuestra vida a entrar en diálogo.

Carter observa que mientras más apasionada sea nuestra certeza de estar en lo correcto, más urgente será nuestra necesidad de practicar el arte de la civilidad:

> Si los manifestantes de la lucha por los derechos civiles, amenazados con cañones de agua, perros de policía, bombas terroristas y balas de francotiradores pudieron mantener su civilidad en su disensión contra un sistema dispuesto y presto para destruirlos, es ridículo sugerir que nosotros, que enfrentamos tribulaciones mucho menores, no tengamos esa capacidad.[185]

(b) La civilidad nos recuerda que solo practicando el autocontrol podemos resistir la tentación de las fuerzas del mercado y de la cultura del consumo de ingerir e incorporar la totalidad de la vida social. De modo que la cohesión moral de una comunidad política no puede depender solo de la fuerza de la ley; la salud de una comunidad a fin de cuentas depende del carácter ético de sus ciudadanos como individuos. Para prosperar, una democracia requiere tener ciudadanos disciplinados; ciudadanos nutridos en una cultura que valora tanto el amor por la libertad como el autocontrol de la voluntad.

(c) Al tratarnos unos a otros con civilidad respetuosa, ayudamos a que las múltiples injusticias y fricciones de la vida cotidiana sean más tolerables.

En una democracia sana, la agenda del Estado debe responder a los debates e intercambios de ideas sobre el bien común que ocurren en la sociedad civil. Sin civilidad, esos debates serían torcidos para favorecer a las presiones de los más poderosos. Las voces que suenen serán las que representan a quienes detentan el poder económico y/o social; y cuando el Estado se deja influir por esas voces, son ignorados los sectores vulnerables y marginados de la sociedad, que tienen poca voz en la esfera pública. Esto afecta profundamente su autoestima.

---

185. Carter, Stephen L.: *op. cit.*, pág. 24.

Por Internet también se puede promover la civilidad porque se crean espacios virtuales para el intercambio libre de puntos de vista entre personas de diversas culturas y naciones. Aunque el potencial democrático es considerable, hay que señalar que también lo es el potencial para la incivilidad y el fomento de la violencia. Facebook y otras redes sociales han sido útiles para ayudar a despertar conciencia sobre algunos males sociales, tanto locales como regionales y globales, y para movilizar a las multitudes en acciones que desafían a regímenes represivos. Pero esa misma conectividad instantánea, junto con los mensajes de texto, también ha movilizado actividades criminales (como en la avalancha de disturbios espontáneos que hubo en Londres) y ha propiciado que grandes cantidades de extremistas de todas las tonalidades, que antes habían estado aislados, se encuentren unos a otros y se comuniquen en sus grupos cerrados.

En lugar de hacer que puedan interactuar en línea individuos y comunidades con valores y perspectivas encontradas, parece ser que las redes solo ha ayudado a la formación de guetos de vida social. Las nuevas redes sociales aparentemente solo estimulan el ensimismamiento narcisista; en tanto que, para muchos usuarios, los chismes, el envío de correos basura, el *trolling* (abuso en línea, casi siempre anónimo), y la creación y diseminación maliciosa de virus han empeorado la calidad de su experiencia en línea. Además, las grandes compañías y agencias gubernamentales han hecho más sofisticados sus sistemas de vigilancia hacia los usuarios, de manera que cada clic en línea queda registrado para siempre y puede ocasionar el acoso indeseado de tipo comercial o político. En la cibercultura no hay posibilidad para el perdón y la restauración: cada publicación y cada fotografía queda registrada para siempre. Y a pesar de toda la publicidad en cuanto a que los teléfonos celulares "conectan al mundo", todos hemos tenido la experiencia de soportar a un extraño en un autobús lleno o en un restaurante pronunciando banalidades (o incluso obscenidades) a todo pulmón en su celular, completamente insensible a lo que opine y sienta la gente que lo rodea.

Hacia una ciudadanía pluralista

A pesar de su pretensión de ser más tolerante que los gobiernos premodernos, el Estado moderno es una institución profundamente homogeneizadora y utiliza la educación pública y la cultura mayoritaria patrocinada por el Estado para asegurarse de que todo ciudadano le otorgue su lealtad prioritaria. Esos gobiernos, incluyendo a las democracias liberales, sospechan de, y se sienten amenazados por comunidades étnicas, religiosas o de otro tipo cuando están bien organizadas; temen que puedan rivalizar con el gobierno como foco de lealtad. La tendencia de la filosofía política liberal, al igual que su contraparte marxista o socialista, ha sido considerar a las comunidades religiosas y culturales como asociaciones voluntarias de poco arraigo en la vida de la gente.

En sociedades multiétnicas cuyas poblaciones tienen historias diferentes, y que por lo tanto no pueden ser tratados de maneras idénticas, el Estado moderno fácilmente puede convertirse en un instrumento de opresión, y puede incluso precipitar la misma inestabilidad y aspiraciones de secesión que busca prevenir e impedir. La idea de un Estado basado simplemente en principios neutrales, sin apoyar una identidad nacional o cultura en particular, es un mito que ha impedido ver por qué las minorías nacionales prefieren formar o mantener unidades de cohesión sociopolítica en las cuales son efectivamente mayoría.

Las minorías nacionales nunca se sentirán seguras, sin importar qué tan protegidos estén los derechos políticos y civiles individuales, a menos que el Estado desista de emprender este tipo de políticas estatales de construcción nacional. Cuando la mayoría se define a sí misma como una nación y se considera dueña de la propiedad cultural del Estado, provoca que sus minorías se definan a sí mismas como naciones. El nacionalismo étnico de las minorías casi siempre es una reacción defensiva en contra del nacionalismo de la mayoría.

Una comunidad cultural realiza una función vital que no puede ser realizada por una asociación voluntaria. Su membresía no es asunto de elección individual ni puede tampoco cancelarse por elección. Debido a que en gran parte no se trata de una creación humana consciente, la comunidad cultural otorga a sus miembros un sentido de arraigo, estabilidad existencial, sentimiento de pertenencia a una comunidad duradera y de orígenes ancestrales, y facilidad de comunicación.

Todas las culturas son dignas de respeto en el mismo sentido en que respetamos a sus miembros (tanto hombres como mujeres), y defendemos su derecho a existir como tal. Pero esto no nos exime de la responsabilidad de criticar a toda cultura, incluyendo la nuestra, si después de un estudio sensible y empático llegamos a concluir que encarnan y perpetúan conceptos profundamente defectuosos de Dios, el mundo y el ser humano. Sin embargo, para que nuestra crítica sea efectiva, casi siempre se requiere que esta haga eco de algún aspecto descuidado del sistema de creencias o de la historia de esa cultura.

Un ejemplo muy común es el trato hacia las mujeres en la mayoría de las culturas que han sido formadas por tradiciones religiosas fuertes. Las musulmanas en sociedades islámicas montan su campaña por la igualdad de la mujer sobre una reinterpretación de la tradición islámica. Afirman que las esposas del profeta eran negociantes poderosas, que Aisha, su esposa favorita, era alabada por sus habilidades intelectuales, que el Corán tiene un tono igualitario que supera los *suras* negativos contra la mujer, que, en comparación con la época preislámica, las provisiones coránicas que autorizaban las herencias para mujeres y la protección contra el matrimonio forzoso fueron socialmente revolucionarias, etcétera.

De manera que, aunque la inspiración original para el cambio proviene de factores desencadenantes en el escenario cultural y social contemporáneo, la forma en que se sustenta y articula la crítica tiene elementos internos. En culturas que han sido formadas por una tradición religiosa con mucha historia, casi siempre se pueden encontrar elementos susceptibles a ser interpretados de modo que provean recursos críticos fuertes. La veracidad de esas interpretaciones dependerá de los miembros de esa comunidad cultural. Cuando aquello que se había considerado como creencia fundamental y práctica central ya no es aceptado por la mayoría de sus miembros, la cultura muere. Ya que la autoridad de esta depende de la lealtad voluntaria de los miembros, no puede ser impuesta por la fuerza ni preservada artificialmente.

En una sociedad dominada por una sola cultura, la tolerancia hacia otras comunidades no es suficiente para sustentar el respeto por la diversidad cultural. En muchas sociedades, el espacio público tiene más prestigio que el privado. Aunque se permite que otras culturas florezcan en el espacio privado, estas existen a la sombra de la cultura dominante, que en muchos casos recibe el patrocinio del Estado y tiene mayor acceso a recursos valiosos. Generalmente esas otras culturas se consideran marginales y para ser practicadas solo en la privacidad de la familia y de asociaciones comunales pequeñas. Muchos jóvenes enfrentan presiones enormes para asimilarse a la cultura dominante, internalizan su estatus inferior y se retiran a guetos comunales. Ahí se engendran las bases de la violencia.

Una de las tareas principales del gobierno es balancear las diversas aspiraciones de los individuos (p. ej. sus derechos civiles) con las de asociaciones y comunidades; también, sopesar los reclamos multiculturales en relación con los reclamos más amplios del bien común, como la cohesión social. No hay una sola fórmula o procedimiento que pueda aplicarse mecánicamente en todos los casos. Cada sociedad multicultural necesita diseñar una estructura política acorde a su historia, sus tradiciones morales y el grado y profundidad de su diversidad cultural.

La mayoría de los Estados se forman a partir de pueblos étnicamente dispares; algunos de estos incluso ocupan territorios geográficos distintos. Por lo tanto, se debe concebir al Estado nación como una comunidad política de ciudadanos en enclaves étnicos. La diversidad no está limitada al terreno de lo privado, como ocurre en la mayoría de las sociedades liberales, sino que permea todas las áreas de la vida. Las diversas comunidades disfrutan de grados de autonomía variados, y el Estado las alienta a entrar en conversaciones públicas continuas unas con otras sobre temas de interés mutuo. Todas se mantienen juntas por lazos legales compartidos y por una cultura pública en común, formada dialógicamente.

Una cultura pública común no es aquella en la cual todos creen lo mismo sino una en la cual todos tienen el mismo estatus para decidir cooperativamente una forma de vida común. No puede ser algo impuesto desde el Estado o desde la comunidad cultural dominante. Solo puede venir "desde abajo". Pero una de las funciones importantes del Estado, tanto en niveles nacionales como locales, es propiciar las condiciones sociales que hacen posible esas conversaciones. Algunas de estas condiciones son legislativas (p. ej., la protección igualitaria para todos bajo la ley, el reconocimiento oficial de los idiomas minoritarios, etc.), pero la mayoría tienen que ver con la forma en que funcionan las instituciones sociales (p. ej., medios de comunicación responsables y justos, accesibles a miembros de todas las comunidades; escuelas públicas y universidades donde pueden interactuar libremente todas las comunidades).

En una sociedad pluralista, todos los grupos, sean "religiosos" o "seculares", deben desafiar a sus miembros a ser autocríticos. Necesitan desarrollar lo que Hannah Arendt, autora judía de filosofía política, denominó "mentalidades ampliadas" para que, aunque no tengan que renunciar a sus "convicciones centrales", de todas formas, practiquen un aprecio empático por otros puntos de vista. Si los grupos pueden fomentar esas sensibilidades en sus miembros, es un buen indicador de lo que tienen que contribuir a la vida pública y al bien común. La construcción de relaciones más allá de barreras de malentendidos, prejuicios e ignorancia mutua implica que todos nosotros —cristianos, secularistas, budistas o musulmanes, si somos atentos y considerados— debemos desafiar el extremismo de aquellos miembros de cada grupo que desean silenciar la expresión de genuina diferencia.

Tanto en Occidente como en las partes urbanas de Asia hay un fundamentalismo secular combativo que es tan destructivo del pluralismo auténtico como su contraparte religiosa. Esto puede observarse, por ejemplo, en el veredicto del gobierno francés en contra del uso del *hiyab* (velo que cubre la cabeza) para las escolares musulmanas, o el desprecio y burla histérica en medios masivos para toda figura pública que rechace la retórica liberal de los "derechos reproductivos" o las "preferencias sexuales". La secularización no es un proceso inevitable generado por fuerzas impersonales abstractas reunidas bajo la etiqueta de la "modernidad". Casi siempre la secularización es promovida activamente por intereses creados (de académicos, artistas, hombres y mujeres de negocios o periodistas). Los intelectuales son los más propensos al autoengaño, porque se ven a sí mismos como quien se ha emancipado de toda restricción de tradición, comunidad y obligación.

En Europa existe una gran ignorancia sobre la vestimenta y la conducta musulmana, una ignorancia paralela a la que tiene que ver con creencias e historia cristianas. En octubre de 2006, cuando el secretario del interior británico, Jack Straw, y el primer ministro, Tony Blair, expresaron públicamente no solo su "incomodidad" por el uso del *burka* (velo negro que cubre todo el rostro excepto los ojos), sino que incluso llegaron a sugerir que se trataba de un "símbolo de separación" del resto de la sociedad británica, sus comentarios generaron una reacción estruendosa en la comunidad musulmana, y aclamacion entusiasta entre los intelectuales seculares. El parlamento holandés, uno de los más liberales del mundo, aprobó leyes que prohíben el uso del *burka*. La mayoría de las mujeres musulmanas en Occidente no lo usan, pero si una minoría ha elegido hacerlo y como consecuencia sufre el desprecio de los medios nacionales, esto solamente incrementa el sentido de alienación social que experimenta la mayoría de los migrantes. Además, socava los esfuerzos de líderes comunitarios por ayudar a integrar a los más temerosos, usualmente las mujeres, en la sociedad europea.

Cuando los políticos tratan de decirle al público en general lo que significan los símbolos "religiosos", y cuando buscan establecer legislación para proscribirlos en público, sin hacer el intento de escuchar las explicaciones de las mujeres, el Estado revela la hipocresía de su supuesta tolerancia e imparcialidad. ¿Cómo se puede, en una sociedad supuestamente tolerante, expresar de modo no violento la repugnancia por la conducta sexual descaradamente provocativa o por la pornografía? Los gobiernos británico y holandés, ¿habrían reaccionado de la misma manera, digamos, ante un grupo de lesbianas europeas si eligieran evitar todo contacto con hombres en lugares públicos? La tan celebrada "libertad sexual" de la sociedad británica, ha originado una epidemia de enfermedades de transmisión sexual, embarazos de adolescentes, familias de un solo progenitor, y altísimo abuso de alcohol entre mujeres jóvenes. El hecho de que muchos cristianos no occidentales en el Reino Unido, por no decir también musulmanes, rechazan este mito tan difundido de la "libertad sexual" por favorecer un compromiso permanente y monógamo, ¿acaso significa que tampoco están dispuestos a integrarse al resto de la sociedad?

Confianza, vigilancia y libertad

En las *Analectas de Confucio* se le pregunta al sabio sobre lo necesario para un buen gobierno. Dice así:

> Zigong preguntó sobre el gobierno. El Maestro
> respondió: —Suficiente comida, suficientes armas y
> la confianza del pueblo. Zigong preguntó: —Si tuvieras
> que prescindir de una de estas tres cosas, ¿qué dejarías

> de lado? —Las armas. —Si tuvieras que prescindir
> de una de las dos restantes, ¿cuál dejarías de lado? —
> La comida; al fin y al cabo, todo el mundo tiene que
> morir más tarde o más temprano. Pero sin la confianza
> del pueblo, ningún gobierno puede mantenerse.[186]

¿Cómo se erosiona esa confianza? Cuando, por ejemplo, los gobiernos mienten a sus ciudadanos. Y se ha sabido que los gobiernos de todas las tonalidades ideológicas, desde el rojo hasta el azul, mienten de manera rutinaria. Las técnicas propagandísticas de los nazis, empleadas groseramente, pero de manera masivamente efectiva por la Unión Soviética y por la China de Mao, se han refinado y convertido en un arte sofisticado que se practica en firmas de relaciones públicas, por parte de voceros expertos que trabajan para políticos y para partidos en las democracias occidentales. Los gobiernos manipulan cifras de su economía para esconder el costo de sus políticas o las deficiencias de su desempeño. Mienten para justificar su participación en guerras, y para ocultar crímenes de guerra y abusos a los derechos humanos cometidos por sus fuerzas armadas. Esas mentiras y engaños solo salen a la luz cuando cae el gobierno, pero si los gobiernos sucesores cometen los mismos actos, la confianza pública queda erosionada para el largo plazo y la democracia se marchita. De ahí que sea indispensable la existencia de una sociedad civil activa y vibrante, especialmente periódicos independientes y redes de comunicación masiva, así como también universidades que no admitan la interferencia política y resguarden la libertad académica.

Los gobiernos también matan. Un repaso somero por el siglo xx nos revela que la gran mayoría de los cientos de millones de civiles indefensos que han muerto —por armas de fuego, quemados, bombardeados y torturados— han sido víctimas de gobiernos, propios o extranjeros. Las atrocidades cometidas por actores que no son del gobierno, como insurgentes, rebeldes, guerrilleros y demás, aunque son igual de monstruosas y malvadas que las cometidas por gobiernos, suelen ser insignificantes en comparación numérica.

---

186. Analectas de Confucio, 12.7, versión electrónica: https://drive.google.com/file/d/0B3sR3hHfTHqtdVU1OSooUopwdUk/view, págs. 52-53. Acceso: 25 de junio, 2018.

Ciertamente esa no es la impresión que dan los medios locales y globales, que prefieren recalcar lo terrible de los ataques "terroristas", que son notorios, en vez de presentar los actos de terror patrocinados por el Estado, casi siempre encubiertos: secuestros y desapariciones de rutina, asesinatos de disidentes políticos, crímenes cometidos por ejércitos y grupos paramilitares en contra de asociaciones opuestas al gobierno.

George Orwell, en su famoso ensayo de 1946, *La política y el lenguaje inglés*, decía sobre el lenguaje que se usa en política:

> En nuestra época, el lenguaje y los escritos políticos son ante todo una defensa de lo indefendible … Por tanto, el lenguaje político debe consistir principalmente de eufemismos, peticiones de principio y vaguedades oscuras … Pero si el pensamiento corrompe el lenguaje, el lenguaje también puede corromper el pensamiento. Un mal uso se puede difundir por tradición e imitación.

Luego añade: "El lenguaje político —y, con variaciones, esto es verdad para todos los partidos políticos, desde los conservadores hasta los anarquistas— está diseñado para lograr que las mentiras parezcan verdades y el asesinato respetable, y para dar una apariencia de solidez al mero viento"[187].

Es por eso por lo que la vigilancia política por parte de la ciudadanía es tan importante. Observemos el lenguaje utilizado por los políticos. "Leyes de emergencia" y "seguridad nacional" casi siempre son conceptos usados para encubrir el reforzamiento del poder y justificar la represión. Recientemente en Estados Unidos se estuvo utilizando la frase "actividades no americanas", sin que se generara mucha discusión sobre su uso. En China todavía se habla de "elementos antipatrióticos", aunque ya ha pasado a la historia eso que Mao llamaba "lacayos capitalistas" y "revisionistas occidentales". "Naxalitas", "terroristas" y "partidarios del terrorismo", son palabras muy comunes en el sur de Asia. En algunas naciones europeas se oye hablar de "la amenaza islámica".

---

187. Orwell, George: *La política y el lenguaje inglés* (1946). Versión electrónica: http://bioinfo.uib.es/~joemiro/teach/material/escritura/Polyidres.pdf. Acceso: 25 de junio, 2018.

Las excusas de soberanía nacional y autodeterminación de los pueblos ya no pueden estar por encima de la causa ética de la rendición de cuentas en el plano moral. Después de Núremberg, el tema de crímenes contra la humanidad y derechos humanos se ha colocado en primer plano en la política internacional, y esto es algo que los cristianos deben apoyar. El cristianismo jugó un papel importante en el nacimiento de la Declaración Universal de los Derechos Humanos en 1948, y la idea de que las leyes y prácticas de los gobiernos deben someterse a una ley moral universal tiene mucho arraigo en el pensamiento político cristiano. Jean Bethke Elshtain decía:

> Es posible que los derechos humanos sean como una caña muy débil frente a una fuerza mortífera, pero casi siempre es lo único que un pueblo sitiado puede usar como arma, y ofrece una palanca … que se puede usar para sustentar la idea de que, en este momento de la historia, la definición cultural y geográfica de identidad nacional debe abrirse a la disciplina de someterse a principios universales.[188]

La democracia solo puede enraizarse y florecer cuando la mayoría ciudadana aprecia la *libertad*: libertad de pensamiento, de culto y de expresión. De hecho, la democracia liberal supone que la mayoría ciudadana tiene una postura moral, dispuesta a resistir contra la tiranía a toda costa. Las dictaduras solo pueden existir cuando hay millones de hombres y mujeres pusilánimes que las apoyan. Muchos son burócratas o profesionales bien pagados (como quienes trabajan en sus redes sociales, páginas en la red y campañas de mercadeo). En dictaduras, las escuelas e instituciones religiosas, incluso las universidades, promueven la conformidad pasiva antes que los diálogos sobre libertad, justicia y verdad.

¿Acaso no es ilusorio pensar que una sociedad democrática puede estar basada solamente en constituciones y procedimientos formales, sin poner atención a la formación moral de cada ciudadano? La clase de pueblo que somos —y que llegamos a ser— moldea la clase de sociedad que tenemos (aunque también es verdad que la clase de

---

188. Elshtain, Jean Bethke: "Sovereignty, Identity and Sacrifice" [Soberanía, identidad y sacrificio] en *Real Politics*. Baltimore: John Hopkins University Press, 1997, pág. 139.

sociedad en que vivimos puede moldear aquello en lo que nos convertimos). La honestidad y la integridad son la presuposición de la vida en común, no su producto. Las partes que buscan un acuerdo ya deben tener un sentido de lo correcto, y una disposición a conducirse según ese sentido, aun y cuando al hacerlo estuvieran yendo en contra de sus propios intereses económicos. Un contrato no es contrato si se respeta solo cuando conviene. También, si no se puede confiar en que los representantes y oficiales elegidos por el sufragio velarán por nuestros intereses, se marchitará la fe en la democracia.

Paradójicamente, la democracia liberal se basa en la presuposición de solidaridad humana, del sentido de indignación moral ante el sufrimiento injusto de los demás. Cuenta mucho el carácter personal, y algunas tradiciones religiosas (y seculares) francamente no fomentan el tipo de carácter moral que valora la justicia. Hace más de dos décadas, en el periódico *The Times of India*, el respetado sociólogo Rajni Kothari se quejaba así:

> Hoy en día, al hablar con mis amistades, parientes y colegas, me da la impresión de que existe una total ignorancia de la otra India. Y cuando no tienen otra opción más que percatarse de su existencia, al caminar por banquetas en las que hay gente durmiendo, sienten repugnancia, rechazo, desprecio, mas no compasión, empatía y mucho menos sentido de culpa.[189]

Es por esto por lo que casi todos los movimientos de transformación social a favor de los pobres han tenido un motor cristiano.

El filósofo canadiense Charles Taylor señala que las sociedades democráticas requieren un nivel mucho más alto de solidaridad y compromiso mutuo en sus proyectos políticos que las sociedades jerárquicas o las dictaduras: "Los ciudadanos tienen que hacer por sí mismos aquello que de otro modo los gobernantes harían por ellos. Pero esto solo sucederá si estos ciudadanos sienten un fuerte lazo de

---

189. Kothari, Rajni: *The Times of India*, 27 de abril, 1986, citado en Mani, Braj Ranjan: *Debrahmanising History: Dominance and Resistance in Indian Society*. New Delhi: Manohar Publishers, 2005, pág. 408.

identificación con su comunidad política y con quienes comparten esta misma realidad"[190].

Como consecuencia, apunta Taylor, esas sociedades libres son:

> … extremadamente vulnerables a la desconfianza por
> parte de algunos ciudadanos en cuanto a que los otros
> no están asumiendo sus compromisos, es decir, que
> no están pagando impuestos, o que están burlando el
> sistema de bienestar social o que, como empleadores,
> se benefician de un buen mercado laboral sin asumir
> los costos sociales. Este tipo de desconfianza crea
> tensión extrema y amenaza con deshacer todo el tejido
> de compromiso moral que la sociedad democrática
> requiere para operar. La base fundamental para tomar las
> medidas necesarias para renovar esta confianza es que
> constantemente se renueve un compromiso mutuo.[191]

El amor por la libertad también es una de las condiciones necesarias para el buen funcionamiento de la democracia. La indiferencia hacia la libertad le abre la puerta a la tiranía política. "No solo de pan vive el hombre, sino de toda palabra que sale de la boca de Dios", dijo Jesús al comienzo de su ministerio público (Mt 4:4). La Palabra de Dios es aquello que verdaderamente revela su carácter y sus propósitos. En Jesús, esa Palabra se encarna en una persona humana histórica. "Conocerán la verdad [dijo Jesús refiriéndose a sí mismo], y la verdad los hará libres" (Jn 8:32). "Hablar la verdad", "dar testimonio" son acciones, de hecho, mandatos, que resuenan por todo el Nuevo Testamento, en labios de Jesús y de sus apóstoles. La verdad y la libertad siempre se encuentran juntas. Creer en mentiras es lo mismo que no ser libre. Ser libre es amar la verdad, y ya no estar

---

190. Taylor, Charles: "Why We Need a Radical Redefinition of Secularism" [Por qué necesitamos una redefinición radical del secularismo] en Butler, J., Habermas, J., Taylor, C. y West, C.: *The Power of Religion in the Public Sphere* [El poder de la religión en la esfera pública], edición e introducción de Eduardo Mendieta y Jonathan Vanantwerpen. Nueva York: Columbia University Press, 2011, pág. 45.

191. *Ibid.*, pág. 45.

esclavizado por falsedades y fantasías. Es la verdad lo que genera un hambre de libertad y lleva a efecto un cambio real.

Gracias al testimonio bíblico vemos claramente que esta "palabra hecha carne" cuidó de las necesidades físicas de hombres y mujeres. Pero esta libertad de toda carencia y aflicción era parte de una libertad más amplia del nuevo orden (el reino de Dios), inaugurado en su cruz y en su resurrección corporal: libertad *de* la esclavitud al mal y a todo ídolo falso (incluyendo a los dioses del Estado y del individualismo) y libertad *para* el culto gozoso a Dios y el amor unos por otros en la familia humana. El culto es un acto político: un reconocimiento gozoso de que pertenecemos a *Otro*, al juez final de la historia, que no puede ser contenido por ningún sistema cultural, religioso o político.

Así que se está perpetuando una dicotomía falsa cuando se pretenden confrontar el ser libres de necesidades y la libertad de expresión y de culto. "Si alguien os retira el pan —decía Albert Camus—, suprime al mismo tiempo vuestra libertad. Pero si alguien os arrebata vuestra libertad, tened la seguridad de que vuestro pan está amenazado, pues ya no depende de vosotros y de vuestra lucha sino de la buena voluntad de un amo"[192]. La vida sujeta al capricho y "buena voluntad de un amo" es lo que tuvo que sufrir la gente en la Alemania nazi, en la Camboya de Pol Pot, el Haití de Papa Doc o la Rusia de Stalin. El costo fue incalculable.

La fe y el razonamiento público

Al pensador alemán Jürgen Habermas es a quien debemos el uso actual del concepto *esfera pública*. Él ofrece una genealogía en la cual la esfera pública literaria de la Europa del siglo XVIII informó el desarrollo de una esfera pública de debate crítico-racional que brinda a los individuos en la sociedad civil la manera de influir en la política. La religión quedó fuera de esta historia. En el capítulo 3 del presente volumen señalé que una genealogía menos parroquiana le recordará a los eruditos secularistas que la convicción religiosa fue una de las principales fuentes de indignación moral y debate político

---

192. Camus, Albert: "El pan y la libertad" (1953), versión electrónica: http://www.culturamas.es/blog/2016/11/10/albert-camus-el-pan-y-la-libertad/ Acceso: 25 de junio, 2018.

alrededor de los movimientos abolicionistas en Estados Unidos y en Gran Bretaña, o del examen de conciencia nacional por las operaciones de la Compañía Británica de India Oriental (que tuvo su clímax en la mordaz acusación a Warren Hastings por parte de Edmund Burke en los debates parlamentarios de 1787). Las agitaciones a favor y en contra de la emancipación católica, las peticiones y campañas evangélicas en contra de la esclavitud, el surgimiento de sociedades bíblicas y asociaciones misioneras voluntarias: todo esto fue crucial para la creación de una esfera pública y una identidad nacional en el Reino Unido. Su contraparte en la India del siglo XIX fueron los movimientos hinduistas de reforma anti *sati*, las misiones Ramakrishna y las campañas del Arya Samaj para la protección a las vacas.[193]

Desde una perspectiva teológica cristiana, la institución del gobierno es una provisión divina que está al servicio de un propósito ético: asegurar la justicia pública y coordinar las actividades que los ciudadanos realizan por el bien común. Por lo tanto, el razonamiento público es aquel que está orientado hacia el discernimiento de ese bien común. En el centro de toda ciudadanía democrática está la noción de deliberación pública. No solo es importante el modo de elegir a quienes nos gobiernan; tal vez sea más importante hacer que esos gobernantes respondan a "un contexto amplio de deliberación pública que está abierto a la comunidad en general"[194]. Oliver O'Donovan nos recuerda que "la institución arquetípica en Occidente no es la elección general, sino el parlamento representativo, el cual, sin que gobierne en sí, constituye un foro de deliberación ante el cual se espera que un gobierno explique su proceder y se exponga a interrogantes críticos". Los parlamentos o asambleas legislativas debaten "en respuesta a un contexto más amplio de deliberación, abierto a todos, al cual deben poner atención con cuidado"[195].

---

193. Cf. van der Veer, Peter: *Imperial Encounters: Religion and Modernity in India and Britain* [Encuentros imperiales. Religión y modernidad en India y Gran Bretaña]. Princeton, NJ: Princeton University Press, 2001.

194. Oliver O'Donovan: *The Desire of the Nations* [El deseo de las naciones: redescubrimiento de las raíces de la teología política], *Op. cit.*, pág. 270.

195. *Ibid.*

Las personas cristianas deben tratar de multiplicar y no reducir el número de voces que participan en esas conversaciones públicas. En casi todas las comunidades, étnicas o religiosas, se acostumbra que las mujeres, las personas con discapacidad y quienes no tienen buena educación sean puestos a un lado, ignorados o deliberadamente silenciados. Es importante que quienes se ven más afectados por el asunto que se esté considerando en el diálogo sepan que tienen abierto el espacio para que sus voces sean escuchadas.

Ya que las decisiones sobre leyes o políticas públicas en un gobierno democrático liberal tienen que tomar en cuenta el consentimiento de personas con una gama amplia de cosmovisiones, la simple referencia a una autoridad religiosa —sea la Biblia o el Corán o el papa— no va a persuadir a los demás en una sociedad pluralista. Filósofos reconocidos como John Rawls y Jürgen Habermas han afirmado (especialmente en sus primeros escritos) que la legitimidad política en una democracia liberal requiere que la deliberación pública se conduzca en lenguaje secular. Al deliberar juntos, los ciudadanos se guían mejor —según Rawls— por una "concepción política de la justicia" con la que todos puedan identificarse, y por lo que él denominó la "razón pública", lo cual quiere decir que presentan conceptos y argumentos que parecen inteligibles solo a otros ciudadanos "razonables" (incluso si están en desacuerdo). Si tratan de introducir razones fundamentadas en su propia cosmovisión y tradición moral ("doctrinas abarcadoras"), algunas partes no podrán ser traducidas en razones que aquellos que no comparten esta cosmovisión y esas tradiciones puedan aceptar. Rawls comprendió esto como un *deber de civilidad* que se deriva de la legitimidad del Estado democrático liberal:

> En asuntos de justicia básica y fundamentos
> constitucionales, la estructura básica y sus políticas
> públicas han de ser justificables para todos los ciudadanos,
> como lo requiere el principio de legitimidad política.
> Añadimos a esto que al hacer estas justificaciones
> apelamos solo a creencias generales aceptadas
> actualmente y a formas de razonamiento que se
> encuentran en el sentido común, y en los métodos y
> conclusiones de la ciencia, cuando no son polémicos. El
> principio liberal de legitimidad hace de este el camino

> más apropiado, si no es que el único, para especificar
> las directrices del escrutinio público. ¿Qué otras
> directrices y criterios tenemos para este caso?[196]

Una "razón pública" definida de esta forma, tendrá sentido y estará abierta al examen para cualquier ciudadano "razonable", independientemente de su cosmovisión. Disfruta del estatus de un lenguaje universal que todos comprenden y con el que pueden dialogar, en tanto que los conceptos y argumentos teológicos (o religiosos) solo pueden ser presentados al invocar arbitrariamente algunos textos religiosos o experiencias místicas, y por eso, son sectarias, oscurantistas y carentes de base racional.

El filósofo del derecho Jeremy Waldron se opone firmemente a esa postura:

> Los teóricos seculares casi siempre suponen que saben
> cómo es un argumento religioso: lo presentan como
> una cruda instrucción de parte de Dios, respaldada
> con amenazas del fuego del infierno, surgida de una
> revelación general o particular, y lo comparan con
> la elegante sencillez de un argumento filosófico de
> Rawls o de Dworkin. Con esta imagen en su mente,
> piensan que es obvio que el argumento religioso debe
> ser excluido de la vida pública ... Pero quienes se
> han dado a la tarea de familiarizarse con el discurso
> religioso actual en la teoría política moderna
> saben que esta caracterización es una farsa...[197]

Además, como señala Jonathan Chaplin:

> ... aunque posiblemente los secularistas liberales no
> tengan algo que sea paralelo a los textos sagrados, con
> todo, ellos razonan con base en "confesiones seculares"

---

196. Rawls, John: *Political Liberalism* [Liberalismo político]. Nueva York: Columbia University Press, 1993, pág. 224.

197. Waldron, Jeremy: *God, Locke, and Equality: Christian Foundations in Locke's Political Thought* [Dios, Locke y la igualdad: fundamentos cristianos en el pensamiento político de Locke]. Cambridge: Cambridge University Press, 2002, pág. 20.

como "la autonomía moral del individuo racional" o "la voluntad soberana del pueblo" … El concepto mismo de un "ciudadano plenamente racional" es algo mitológico, una ficción idealizada que se ha impuesto al servicio de un prejuicio sin sustento contra la religión pública.[198]

En buena medida, las sociedades asiáticas siguen siendo moldeadas por comunidades y sistemas de creencias religiosas, de modo que es poco probable que tenga sentido el requisito de dejar fuera de las deliberaciones públicas a los argumentos religiosos y otras "doctrinas abarcadoras". Sin embargo, las obras de Rawls y Habermas se conocen y se estudian entre las élites secularizadas de Asia que se forman en universidades occidentales y regresan a sus países a enseñar en universidades locales o a confeccionar la política pública. Por ejemplo, los medios seculares en Singapur regularmente utilizan los primeros argumentos de Rawls para evitar que en asuntos públicos contribuyan voces cristianas. El abordaje de esta corriente solo sirve para alienar y marginalizar a grandes sectores de la población que entienden sus convicciones básicas religiosas y morales como algo constitutivo de su identidad y, por lo tanto, como la base de sus acciones en la esfera pública. Aislar esas convicciones para excluirlas es destripar aspectos esenciales del ser. Michael Perry señala, en una crítica a Rawls, que "participar en política y en derecho —en particular, hacer leyes, quebrantar leyes o interpretarlas— con esas convicciones encerradas y aisladas no es participar como quien uno es, sino como alguien otro o más bien como algo otro"[199].

Nicholas Wolterstorff también observa que las prescripciones de Rawls no logran reflejar las realidades, ni siquiera en la sociedad contemporánea de Estados Unidos. La cultura política *real* de un país como este es una "mezcla de ideas en conflicto". Rawls trabaja con una "imagen extraordinariamente idealizada de la mente política estadounidense" al asumir que de esa cultura política se pueden

---

198. Chaplin, Jonathan: *Talking God: The Legitimacy of Religious Public Reasoning* [Un Dios que habla. Legitimidad del razonamiento público religioso]. Londres: Theos; 2008, págs. 39, 45.
199. Perry, Michael: *Morality, Politics, and Law* [Moralidad, política y ley]. Oxford: Oxford University Press, 1988, págs. 181-182.

extraer "principios de justicia que son tanto *compartidos* como *apropiados para una democracia liberal*"[200]. Además, Wolterstorff argumenta que lo que se necesita es una política que no solo honre a los ciudadanos en su similitud como libres e iguales sino también en sus *particularidades*, que no son intercambiables y que algunas veces constituyen sus identidades narrativas:

> Supongamos que me ofreces razones surgidas de tu punto de vista abarcador; y que yo, plenamente persuadido del error moral de esa conducta por los maestros de la postura liberal, hago a un lado tus señalamientos comentando que, al ofrecerme esas razones, no estás respetando mi estatus como libre e igual. Solo si me ofreces razones surgidas de la fuente independiente, estarás dándome el respeto debido. Ofrecerme aquellas es degradarme; yo no voy a escuchar. Esa respuesta sería profundamente irrespetuosa en sí misma. No manifiesta respeto alguno a tu particularidad, a ti *en* tu particularidad. Estaría tratando tu particularidad, y a ti mismo *en* ella, como algo sin valor.[201]

Aparentemente, Rawls está excluyendo la posibilidad de que la gente pueda ser desafiada por el otro en sus fundamentos, e incluso que sea persuadida por los méritos de la postura del otro, incluso si no se presenta en términos que le resulten familiares. Christopher Eberle nos recuerda que, desde un punto de vista epistemológico, lo que para un ciudadano es racional depende crucialmente del testimonio de los demás en su sociedad. "Formamos la mayor parte de nuestras creencias, y también la mayor parte de aquellas creencias que son de fondo, en dependencia de la confiabilidad de los demás, y es confiando en ellas que somos capaces de llegar a una evaluación

---

200. Wolterstorff, Nicholas: "The Role of Religion in Decision and Discussion of Political Issues" [El papel de la religión en decisiones y diálogos sobre temas políticos] en Audi, Robert y Nicholas Wolterstorff: *Religion in the Public Square: The Place of Religious Convictions in Political Debate.* Lanham, Maryland: Rowman y Littlefield, 1997, pág. 97 (énfasis original).
201. *Ibid.*, pág. 110.

racional de otras creencias"[202]. En la Alemania de los años 1930 era "razonable" creer que los judíos eran una especie subhumana (o al menos, una raza inferior). Lo único que presentaba una postura contraria a esta idea eran los argumentos religiosos, como los que se plasmaron en la Declaración de Barmen, que surgía de doctrinas particulares y abarcadoras. Rawls trabaja con un pluralismo extrañamente restringido y con una noción muy estrecha de debate político, no con una que reconozca genuinamente la diversidad y la profundidad de la diferencia.

Como respuesta a la crítica generalizada que recibió por sus demandas antiliberales e intolerantes, Rawls corrigió su postura y limitó su argumento de la "razón pública" a tribunales y oficinas burocráticas del gobierno. Habermas también ha experimentado algo como una *volte face*, un cambio de opinión. Habiendo ignorado el elemento religioso en su relato histórico de la esfera pública y en la organización de la sociedad moderna, reconoció el papel de voces y movimientos religiosos en la formación de lo "secular", y se ha convertido en un defensor de la contribución religiosa al desarrollo de la solidaridad humana, así como también en fuente de crítica de estructuras sociales opresivas.

Para Habermas, la rehabilitación de las convicciones religiosas en el ámbito público surge no solo de preocupaciones por la igualdad de acceso a los intercambios políticos en una democracia, sino que también de un deseo de incluir todos los recursos morales posibles que puedan resistir las nuevas patologías de la modernidad, como el reduccionismo cientificista, y las presiones egocéntricas ejercidas por el capitalismo global. Él reconoce que el liberalismo político necesita de la renovación moral que pueden proveer las tradiciones religiosas, pero sigue pensando, como Rawls, que sus contenidos potenciales de verdad pueden traducirse en un "lenguaje públicamente accesible". Esa traducción no debe ser una carga solo de los ciudadanos religiosos, sino una obligación ética de los ciudadanos que no lo son, que han de poner su mejor esfuerzo en procurar entender lo que se dice con fundamentos religiosos.

---

202. Eberle, Christopher J.: *Religious Conviction in Liberal Politics* [Convicciones religiosas en la política liberal]. Cambridge: Cambridge University Press, 2002, pág. 311.

> En tanto que actúan en su papel de ciudadanos,
> los ciudadanos secularizados no pueden negar
> fundamentalmente que las convicciones religiosas
> puedan ser verdad, ni rechazar el derecho de sus
> conciudadanos devotos a presentar sus contribuciones
> a las discusiones públicas en lenguaje religioso.
> Una cultura política liberal incluso puede esperar
> que sus ciudadanos secularizados participen en
> esfuerzos por traducir contribuciones relevantes del
> lenguaje religioso a uno públicamente accesible.[203]

El concepto bíblico de *imago Dei,* que ha inspirado —pero que no puede disolverse en— la idea de "dignidad humana" es un buen ejemplo de esta intención.

En una de sus declaraciones más recientes, Habermas reconoce que la filosofía "continuamente se apropia de contenidos semánticos tomados de la tradición judeocristiana", incluyendo la ética del respeto universal. Los ciudadanos seculares y religiosos deben encontrarse al mismo nivel en su utilización pública de la razón. Para un proceso democrático las contribuciones de un lado son tan importantes como las del otro. Él mantiene la esperanza de que se generará política deliberativa en una sociedad civil pluralista y que eso llevará a la "recuperación de potenciales semánticos de tradiciones religiosas para bien de la cultura pública general"[204]. Pero sigue suponiendo que el razonamiento teológico se basa en experiencias privadas inaccesibles y en la pertenencia a comunidades particulares, mientras

---

203. Habermas, Jürgen: "Equal treatment of cultures and the limits of postmodern liberalism" [Trato igual a las culturas y los límites del liberalismo posmoderno] en *Between Naturalism and Religion* [Entre naturalismo y religión], trad. Cronin., C. Cambridge: Polity; 2008, pág. 310.

204. *Idem*: "'The Political: The Rational Meaning of a Questionable Inheritance of Political Theology" [Lo político: significado racional de una herencia cuestionable de la teología política] en Butler, J., Habermas, J., Taylor, C. y Cornel West, *The Power of Religion in the Public Sphere* [El poder de la religión en la esfera pública], edición e introducción de Mendieta, Eduardo y Jonathan Vanantwerpen. Nueva York: Columbia University Press, 2011, págs. 27-28.

que el razonamiento secular es público y universal. De ahí que el proceso de traducción sea en una sola dirección.

Efectivamente, en un estado de procedimientos seculares, el lenguaje de la legislación, de los decretos administrativos, y de los veredictos de los tribunales debe ser neutral entre cosmovisiones contrastantes y en pugna entre sí. Argumenta Charles Taylor contra Habermas y Rawls:

> Es evidente que una ley ante el parlamento no debe contener una cláusula justificante de este tipo: "Considerando que la Biblia nos dice que…". Y lo mismo se aplica, *mutatis mutandis*, a la justificación de una decisión judicial en un veredicto del tribunal. Pero esto no tiene nada que ver con la naturaleza específica del lenguaje religioso. Sería igualmente inapropiado tener una cláusula legislativa que dijera: "Considerando que Marx ha mostrado que la religión es el opio de los pueblos" o "Considerando que Kant ha mostrado que lo único bueno sin restricción es una buena voluntad". El fundamento de ambas exclusiones es la neutralidad del Estado.[205]

Es muy útil la distinción que ha hecho Jonathan Chaplin, filósofo cristiano británico. Él separa lo que denomina "candor confesional" en la esfera de *representación*, y "restricción confesional" en el punto de *toma de decisiones* públicas. La cuestión crucial es cómo la promulgación de una ley parlamentaria (o de un veredicto judicial o de una resolución del consejo local) se justifica oficialmente al público como un *acto de Estado*. Chaplin nos dice:

> La fe, tanto religiosa como secular, puede introducirse explícitamente y sin verguenza en las deliberaciones públicas, incluso en las más formales, como las del congreso de legisladores profesionales, pero cuando esas deliberaciones avanzan desde la esfera representativa, al momento de la decisión constitucional, la fe debe dejar el primer plano y pasarse al fondo.[206]

---

205. Taylor, Charles: op. cit., pág. 50.
206. Chaplin, Jonathan: *op. cit.*, pág. 69.

La esfera representativa puede y debe hacer espacio para acomodar una pluralidad de voces, pero "cuando el Estado habla *qua* Estado, debe hablar con una voz: la voz de la comunidad política. Y esa comunidad carece de competencia para avalar una perspectiva particular de fe"[207].

Reflexiones a modo de conclusión

Hay límites a lo que los gobiernos pueden hacer. En lugar de relacionarse directamente con los profesionales de la religión, que casi siempre se apuntan a sí mismos como voceros de sus respectivas comunidades, los gobiernos son capaces de crear el medio social y político para que miembros de las distintas comunidades entren en contacto unos con otros en un nivel no tan superficial. Se trata de oportunidades estructuradas y también casuales —en agrupaciones de la sociedad civil, en los medios, en universidades y en asambleas legislativas— para que personas con valores, intereses, opiniones y perspectivas en conflicto interactúen de manera que puedan reconsiderar y revisar estas por medio de la interacción con los otros. Todos enfrentamos situaciones en las que nuestro conocimiento es incierto e imperfecto, pero donde se requiere la acción colectiva. Puede ser en reducir el daño ambiental y mitigar los efectos del cambio climático, o en cómo atender el asunto de la delincuencia en el barrio, las tensiones étnicas o el desempleo en la población joven. Probablemente no llegaremos a un consenso en muchos asuntos, pero el bien común sustancial solo puede descubrirse por medio de ese roce político civil. Las resoluciones alcanzadas siempre serán provisionales, tanto compartidas como combatidas. La unanimidad no es lo importante, sino que la conversación permanezca abierta.

Quienes no comparten nuestras convicciones de fe, en ocasiones quieren escuchar lo que tenemos que decir. Debemos responder, siempre que lo hagamos con la misma disposición a escuchar las opiniones y argumentos de los demás. Pero incluso si no quieren escuchar, de todas formas, estamos obligados a hablar. Cada vez que lo hacemos, nos basamos en una perspectiva que está fundada en la autorrevelación de Dios, una revelación que ha sido encomendada a la iglesia por el bien de toda la humanidad. Sin embargo, para que

---

207. *Ibid.*, pág. 67.

esa comunicación sea efectiva, debe estar en un lenguaje que es claro y comprensible. Esto también requiere conectarse con otros discursos y movimientos sociales en nuestra sociedad.

Hay ocasiones en las que los líderes oficialmente designados de las iglesias tienen la posibilidad de moldear la opinión pública, cuando hablan acerca de una situación nacional específica, cumpliendo una tarea profética. Un aspecto importante del discurso de la iglesia es que rompe esa "armonía social" que disfraza discordias e injusticias subyacentes. Estas rupturas proféticas obligan a pueblos y gobiernos a enfrentar realidades incómodas e inquietantes. Sin embargo, los líderes de la iglesia harían bien en escuchar primero a quienes en esta (los denominados "laicos") tienen mayor conocimiento directo del asunto en cuestión.

El *carisma* profético no puede quedar solo contenido en las estructuras clericales, ortodoxas, católicas o protestantes. De hecho, casi siempre las supera. La mayoría de los movimientos de reforma en la historia del cristianismo han surgido "desde abajo", y algunos de los comentaristas cristianos más sabios y más valientes sobre temas éticos y políticos han sido hombres y mujeres sin educación teológica formal. El modo normal en que la iglesia influye en la sociedad es a través del trabajo de sus miembros en distintos oficios, ocupaciones y profesiones seculares. Los cristianos que son músicos, economistas, periodistas, cineastas y maestros tienen un papel muy profundo en la articulación y comunicación de una visión imaginativa diferente al resto de la sociedad.

Hace más de treinta años, el filósofo estadounidense Michael Waltzer introdujo la idea de "crítico conectado" en nuestro vocabulario político.[208] A diferencia del académico desconectado que vive en su proverbial torre de marfil, el "crítico conectado" es uno que está completamente comprometido en la comunidad que critica, pero se siente alienado por los males y las deficiencias de esta. Se lo podría considerar un equivalente secular moderno del profeta bíblico o de la noción de ciudadanía doble en el Nuevo Testamento:

---

208. Waltzer. M.: *The Company of Critics: Social Criticism and Political Commitment in the Twentieth Century* [La compañía de críticos. Crítica social y compromiso político en el siglo XX]. Nueva York: Basic Books, 1988.

estar *en* el mundo, pero no ser *del* mundo. El discurso y la acción de los cristianos en la esfera pública está motivado por la visión bíblica del *shalom*, el reinado de gracia y de justicia de Dios sobre toda la creación.

El aspecto profético de la integridad cristiana es desenmascarar las idolatrías principales de una nación y admitir hasta qué punto esas también han penetrado en la vida de la iglesia. La idolatría nos deshumaniza. Nuestra humanidad plena se encuentra en la adoración de Aquel que nos da la vida, la vida en toda su plenitud, y que nos llama a compartir su gloria como quienes portamos su imagen. Tal adoración fomenta nuestra humanidad, pero el culto a lo que es inferior a nosotros solo puede disminuirla y convertirnos en objetos en vez de ser personas. En los años 1930, el teólogo suizo Emil Brunner lanzó el siguiente desafío: "Para toda civilización, y para cualquier período de la historia, esto es verdad: 'muéstrame qué clase de dioses tienes y te diré qué clase de humanidad posees'"[209].

Los cristianos asiáticos no deben sentirse intimidados por ideólogos islamistas, budistas o hinduistas que quieren silenciar las voces cristianas en diálogos públicos, ni por pragmatistas seculares que quieren excluir toda consideración ética de las decisiones políticas. Tampoco deben rendirse débilmente a una élite intelectual secularizada que insiste en que toda otra forma de sistema de creencias debe ser excluida de la esfera pública. Pero el lenguaje con que los cristianos acompañan su protesta o la defensa de una causa es importante si es que buscan atraer el apoyo general. Ante tantos asuntos políticos y sociales tan complejos, en medio de sospechas, desconfianza y en ocasiones abierta hostilidad, el diálogo abierto y valiente es el único camino para superar el dogmatismo, el aislamiento y el silencio paralizante.

Nigel Biggar, especialista en ética, nos recuerda que cuando las voces cristianas denuncian lo que en una sociedad debe ser denunciado, deben seguir poniendo en práctica la virtud del amor: "'¡No!' se dirá de una criatura pecadora a otra, y no de los rectos a los impíos. Esto significa que nunca se pronunciará en un tono

---

209. Brunner, Emil: *Man in Revolt: a Christian Anthropology* [El hombre en rebelión. Antropología cristiana]. Londres: Lutterworth, 1939, pág. 34.

condescendiente; porque el punto de la conversación es persuadir o cambiar, y no humillar o dominar"[210].

Por lo tanto, una teología pública vigorosa y comprometida ha de incluir visión escatológica, análisis social riguroso y cuidadoso, crítica profética contra la idolatría, actos de resistencia a la injusticia y actos de reconciliación y pacificación.

Lo que la presencia cristiana aporta a la sociedad es un amor radical por el extranjero, hospitalidad y generosidad hacia quienes son diferentes; esto debe traducirse y expresarse por medio de prácticas políticas y sociales relevantes. La iglesia solo puede defenderse al defender a otros. En una sociedad plural, las y los cristianos aseguran su libertad religiosa al defender la libertad de los musulmanes o hinduistas que tienen el mismo derecho a ser oídos en la conversación continua sobre la dirección y el *ethos* de una sociedad; esa conversación es la característica distintiva del gobierno liberal en su mejor sentido.

Nuestra principal identidad cristiana relativiza nuestras identidades locales y nacionales, sin eliminarlas. Alejándonos de la indiferencia política, de la superioridad religiosa y de los sueños utópicos de armonía, reconocemos la fragilidad, provisionalidad y, de hecho, la naturaleza caída de nuestros arreglos políticos, y somos sensibles a que en realidad el hambre de poder puede pervertir toda búsqueda de justicia y libertad; sin embargo, también estamos conscientes de que en las buenas nuevas de Cristo Jesús y en la obra del Espíritu Santo, que nos empodera, hay recursos para comprometernos en la arena pública con esperanza y también con humildad.

---

210. Biggar, Nigel: *Behaving in Public: How to do Christian Ethics* [Comportarse bien en público. Cómo practicar la ética cristiana]. Grand Rapids, MI; Cambridge, UK: Eerdmans, 2011, pág. 72.

Epílogo

Si en este momento, una persona que vivió tan cerca de Dios yace en la tumba como criminal, rechazado, sin amigos y traicionado por él, ¿qué razón tiene el mundo para creer que Dios está con nosotros todos los días, confortando al débil, resistiendo a los tiranos, reivindicando al inocente, batallando contra lo demoníaco?[211]

CUALQUIER TEOLOGÍA QUE LLEVE EL APELLIDO "cristiana" debe surgir de una espiritualidad cristiana enraizada en el amor por el Dios Trino y por el prójimo. Esa formación intelectual y espiritual le da primacía a la revelación bíblica del Dios creador, redentor y reconciliador. Nuestra existencia material, encarnada, como personas humanas, la búsqueda de renovación cultural, de justicia ecológica y social, así como la reconciliación entre individuos y comunidades, ocupan un plano central en la espiritualidad y la teología bíblica. Por lo tanto, la teología cristiana tiene un énfasis y un *ethos* radicalmente diferente a las espiritualidades dominantes de las sociedades tradicionalmente no cristianas.

Lo que hay que desafiar es ese abordaje que dice que primero debemos definir nuestro "contexto" utilizando herramientas críticas

---

211. Lewis, Alan E.: *op. cit.*, pág. 56.

seculares que se han desarrollado en Occidente (ya sean marxistas, neomarxistas, posestructuralistas, feministas, poscoloniales, etc.), y luego tratar de hacer que nuestra teología sea "relevante", con una selección de textos, símbolos e historias de la Biblia y de la tradición cristiana que la corroboren. Este entendimiento de contextualización es ingenuo y termina solo como un reflejo de nuestro contexto, en lugar de desafiarlo y transformarlo. Las teologías que se producen de esta manera no tienen nada distintivo para contribuir al diálogo con otras disciplinas académicas y con otras tradiciones religiosas.

Si la autorrevelación del Dios Trino en las buenas nuevas de Jesús crucificado y resucitado tiene primacía epistémica para la iglesia, entonces nuestro "contexto" también debe ser definido teológicamente y no meramente económicamente, políticamente o de cualquier otra manera. Con esto no queremos perder de vista que todo trabajo teológico es de naturaleza interdisciplinaria; más bien, reconocemos que, si nuestro trabajo no tiene un centro integrador de fe cristiana, quedaremos a la deriva, llevados por las olas fluctuantes de modas intelectuales. De este lado del *escatón* no tenemos forma de asegurar que nuestras teologías, vengan de donde vengan, no llevan ya un sesgo ideológico. Pero, si como teólogos asiáticos o latinoamericanos, seguimos en conversación con nuestras iglesias y con otros teólogos cristianos de otros contextos geográficos e históricos, es muy probable que podremos identificar nuestros puntos ciegos y la forma en que nuestras lecturas están cargadas ideológicamente.

Ya hemos visto que el encuentro cristiano con otros sistemas de creencias, "religiosos" o "seculares", produce tanto enriquecimiento como conflicto. También hemos visto que ser cristiano es habitar una historia particular, incrustada de eventos históricos y compartida con una comunidad global, cuyos aspectos distintivos se revelan al dialogar con otras historias rivales. El cristiano tiene necesidad del "otro" para aprender bien su historia. Cuando la evangelización es auténtica, es descubrimiento y también testimonio. Pero el conflicto y el sufrimiento siempre han acompañado al testimonio fiel del evangelio, precisamente porque el mensaje de este relativiza toda pretensión humana de autoridad (sea de los brahmanes o de las cámaras de representantes), y la conversión a Cristo conduce a tomar nuevas posturas sociales y políticas.

El movimiento cristiano nació en un mundo tan pluralista como el nuestro en ideologías y conductas. Pero hoy existe una gran diferencia, un desafío que para algunos parece tan abrumador que ha ocasionado una pérdida colosal de valor en lo que se refiere a la proclamación del evangelio. Los cristianos del primer siglo estaban recién llegados al mundo grecorromano y al mundo persa, sin tener historia ni tierra propia, y eran objeto de curiosidad y asombro de la gente. Los cristianos de hoy, en muchos países, son identificados con una historia que en varios puntos ha oscurecido al evangelio ante los ojos de los no cristianos: una historia que incluye cruzadas e inquisiciones sangrientas, intolerancia social y fanatismo intelectual, el uso selectivo de textos bíblicos para justificar la esclavitud, el sexismo, el expansionismo colonial y una gran multitud de otros males. Se ha usado mucha tinta, desde el auge de la denominada ilustración europea, para exponer las traiciones al evangelio por parte de la iglesia. Con actitudes orgullosas, los pensadores de la ilustración y los fundadores del Estado nación moderno relegaron al cristianismo a una posición de marginalidad social, como una "religión" domesticada incapaz de desafiar a la nueva ideología de la autosalvación y el culto al "hombre autónomo". Muchos en el pensamiento hinduista, budista y musulmán, de surgimiento relativamente reciente en el mundo del colonialismo occidental, han aprovechado la controversia anticristiana de algunos autores occidentales para presentar su propia fe para atraer a hombres y mujeres (post) modernos.

Ciertamente, una de las demandas del evangelio es que los cristianos, como comunidad de pecadores perdonados, no deben tener reparo en confesar su pecado y el de sus antepasados ante sus prójimos no cristianos. El intento de identificar la verdad del evangelio con la superioridad moral de los cristianos sería como ponerlo de cabeza, todo al revés. Porque el Cristo ha bajado a poner su tabernáculo y a vincular su nombre con un pueblo imperfecto, deficiente y falto de fe. Cada vez que se comparte el evangelio en este mundo pluralista, después de dos milenios de "cristianismo", se tiene que comenzar con el reconocimiento humilde de las traiciones al evangelio por parte de la iglesia. Estas traiciones tienen que ser identificadas concretamente y no encubiertas en generalizaciones; además, tendrán variaciones en los distintos contextos culturales.

Pero hay otra historia de la misión cristiana que hay que reconocer. Tal vez la mayor traición de la iglesia al evangelio sería olvidar esa historia en medio de una reacción exagerada a la culpa poscolonial. Unos cuantos ejemplos serán suficientes: la renovación de culturas indígenas por todo el mundo gracias al acto valiente de la traducción de la Biblia; la defensa de pueblos nativos por parte de misioneros cristianos en contra de explotadores coloniales; la emancipación de las mujeres, los esclavos y los niños llevada a cabo por gente cristiana en todos los continentes; los comienzos de los sistemas de salud modernos y el impacto en la reforma social abanderada por personas cristianas en muchas sociedades no cristianas, completamente fuera de proporción con respecto a su tamaño numérico; el estudio y diseminación de los textos religiosos de pueblos no cristianos por parte de misioneros-académicos cristianos; y, tal vez lo más importante de todo, la devoción desinteresada de hombres y mujeres (muchas veces hasta el punto del martirio o debilitamiento por enfermedad), hacia gente de otra religión y cultura. Es una historia especial y única que debe contarse con humildad y valor en un mundo que está perdiendo contacto con la historia.

Las personas cristianas, aunque frecuentemente lentas para exponer el mal estructural y para denunciar actos de barbarie cometidos por sus propios gobiernos, casi siempre es de las primeras personas que proveen alivio y socorro práctico a víctimas de la guerra y de desastres naturales. Un ejemplo reciente será suficiente. Philip Yancey relata su experiencia en Japón, un año después del terremoto y tsunami del 11 de marzo del 2011:

> En Japón me encontré con equipos de las Filipinas,
> Alemania, Singapur y Estados Unidos, involucrados
> en la reconstrucción. Organizaciones como Hábitat
> para la Humanidad y Samaritan's Purse se movilizaron
> inmediatamente después del terremoto y un año
> después todavía estaban enviando cuadrillas para
> ayudar en la recuperación. Aunque la iglesia en Japón
> representa solo el uno por ciento de la población, las
> organizaciones cristianas estuvieron a la cabeza en los
> esfuerzos de reconstrucción, y algunas iglesias japonesas
> se convirtieron en centros de distribución de alimentos y

otros suministros. Una iglesia fue refugio para más de mil evacuados en los primeros meses después del tsunami.

Conocí a algunos de los contratistas y albañiles retirados que se habían ofrecido para reconstruir casas que habían sido arrasadas por el tsunami. Estaban viviendo en albergues comunales sobrepoblados, y trabajaban sin recibir paga. Uno de ellos me dijo: "Nosotros no hacemos proselitismo. No es necesario, la gente sabe por qué estamos aquí. Simplemente somos seguidores de Jesús que tratamos de practicar sus mandamientos. Justo antes de entregar la llave de su nuevo hogar a los propietarios, les preguntamos si podemos hacer una oración de bendición y gratitud por la nueva casa. Hasta ahora nadie nos ha rechazado".[212]

También hemos observado algunas de las ironías en esta historia de la trayectoria del evangelio entre las naciones. El resurgimiento religioso en el subcontinente indio tiene una gran deuda con el ejemplo y el impacto de las misiones cristianas y también con las críticas sociales del humanismo secularista. El resurgimiento tiene tanto de innovación como de recuperación. Buena parte de lo que los nacionalistas religiosos denominan "tradición antigua", al inspeccionarla más de cerca, se comprueba que es de origen más o menos reciente. Los nacionalistas hinduistas (y budistas también) casi siempre repiten los estereotipos de sus "religiones indígenas" que provienen de los primeros trabajos académicos orientalistas en India. El "hinduismo" y "budismo" que se practican en India y Sri Lanka respectivamente, tampoco pueden entenderse separados de su relación con movimientos cristianos, extranjeros y nativos, desde comienzos del siglo XIX. Es necesario poner a descansar de una vez por todas ese mito de las civilizaciones aisladas, así como también los mitos de pureza racial y de "indigenismo puro".

En una escala más global, las críticas posmodernas al proyecto de la ilustración han servido para exponer la dependencia inconsciente

---

212. Yancey, Philip: *The Question That Never Goes Away* [La pregunta que nunca se va]. Grand Rapids, MI: Zondervan, 2013, págs. 64-65.

que muchos pensadores anticristianos tienen al respecto de presuposiciones y valores que solo tienen sentido dentro del imaginario social cristiano. Esos autores radicales que siguen las pistas de Nietzsche simplemente han definido las implicaciones de su visión de un mundo que ya no tiene un centro integrador: si Dios está muerto, entonces la ética está muerta y el ser humano está muerto. Todo intento de introducir de contrabando la "trascendencia", para apuntalar un mundo sin alegría y sin valor, termina en desesperación personal y en pesadillas sociales.

En 1948, el famoso escritor francés Albert Camus fue invitado a dirigirse al monasterio dominicano en Latour-Maubourg con el tema: "¿Qué esperan de los cristianos los no creyentes?". Camus sorprendió a su audiencia cuando dijo:

> Siento que debo decirles hoy que el mundo necesita diálogo verdadero, que la falsedad es tan opuesta al diálogo como lo es el silencio, y que el único diálogo posible es aquel en el que la gente sigue siendo lo que es y dice lo que piensa. Esto equivale a decir que el mundo hoy en día necesita gente cristiana que siga siendo cristiana. El otro día en la Sorbona, hablando con un conferencista marxista, un sacerdote católico dijo en público que él también era anticlerical. Pues bien, no me gustan los sacerdotes anticlericales, así como tampoco me gustan las filosofías que sienten vergüenza de sí mismas. Por lo tanto, en lo que dependa de mí, no voy a intentar hacerme pasar como cristiano frente a ustedes. Comparto con ustedes la misma repugnancia contra el mal. Pero no comparto su esperanza, y sigo luchando contra este universo en el que los niños sufren y mueren.[213]

Camus habló de cómo durante los años terribles de opresión y guerra, él y otros como él estaban esperando que "una gran voz se alzara desde Roma":

> ¿Yo, un no creyente? Sí, precisamente. Porque sabía que el espíritu se perdería si no pronunciaba un grito

---

213. Camus, Albert: *Resistance, Rebellion, and Death* [Resistencia, rebelión y muerte]. Random House: Vintage International Edition, 1995, págs. 70-71.

de condena al enfrentarse a la fuerza bruta. Parece
que esa voz sí habló. Pero les aseguro que millones de
personas como yo no la oímos y que, en ese tiempo,
tanto creyentes como no creyentes compartíamos una
soledad que seguía esparciéndose al ir transcurriendo
los días y al ver que se multiplicaban los verdugos.[214]

Camus siguió diciendo:

Desde entonces, ya me han explicado que esa condena
sí se expresó. Pero que fue al estilo de las encíclicas,
el cual no es nada claro. ¡Se pronunció la condena,
pero no se entendió! … Lo que el mundo espera de
los cristianos es que alcen su voz, fuerte y claro, y que
expresen su condena de tal manera que nunca pueda
surgir una duda, ni la más mínima duda, en el corazón
del hombre o mujer más simple. Que se alejen de las
abstracciones y confronten el rostro ensangrentado
que hoy ha tomado la historia. La colaboración que se
necesita hoy es la de personas decididas a alzar la voz
claramente y a pagar el precio personal … Tal vez no
podamos evitar que este mundo sea un mundo en el
cual los niños son torturados. Pero podemos reducir
el número de niños torturados. Y si ustedes no nos
ayudan, ¿quién más en el mundo podrá hacerlo?[215]

Palabras valientes y desafiantes para los pietistas y los que profesan
el comunitarismo, así como también para los teólogos. Sin duda la
Iglesia Católica Romana ha sido mucho más valiente que las iglesias
protestantes en todo el mundo en su condena de los males sociales a
partir de la segunda guerra mundial. La exhortación de Camus fue
muy benéfica, pero él no inventó la agenda del cristianismo. Él habló
a partir de una cultura que todavía retiene recuerdos de la narrativa
hebreo-cristiana: el valor intrínseco de la vida de un niño; el "rostro
ensangrentado" de la historia como una aberración moral, señal de
que algo está radicalmente fuera de lugar, no como resultado de una

214. *Ibid.*, pág. 71.
215. *Ibid.*, págs. 71,73.

necesidad lógica o biológica. Todavía queda por verse si esta repugnancia por el mal puede sostenerse vigorosamente en medio de la cultura hedonista y éticamente relativista de este mundo posmoderno. Así, aunque recibimos y aceptamos el desafío de hombres y mujeres como Camus que hablan desde afuera de la comunidad cristiana, también debemos preguntarles: ¿cuál es la historia del mundo que da sentido a su indignación moral? ¿Podemos divorciar a los valores y los hechos, o a las condenas públicas y al contar públicamente la historia del evangelio dentro de la cual encuentra su fuerza esa condena?

Las personas cristianas que con toda justicia son sensibles a la complicidad de las iglesias en la legitimación del *statu quo* casi siempre han tenido la tendencia a adoptar la misma hermenéutica selectiva para legitimar toda protesta en contra de este. Pero ambas son traiciones al evangelio. Oscurecen las perspectivas especiales que este aporta sobre el problema humano. Nos arrepentimos de esa complicidad pecaminosa para poder comprometernos con integridad en el privilegio gozoso de compartir las buenas nuevas de Cristo Jesús como Señor de todos los pueblos. A menos que la búsqueda de la justicia entre las naciones sea guiada por la pasión por la gloria de Dios, y esté enraizada en lo que él ha hecho por el mundo en Cristo Jesús, rápidamente puede convertirse en otra forma de dominación. El amor reconciliador de Dios en Jesucristo, lleno de gracia hacia nosotros, los seres humanos, es fundamento y patrón de nuestra respuesta a toda injusticia y conflicto. Esto es para tomar en serio la tarea de enderezar los males históricos, pero el fin último es la transformación de hombres y mujeres pecadores por medio de su reconciliación unos con otros y con su Creador.

De modo que el testimonio cristiano no tiene como objetivo final la condena pública del mal, ya sea como único agente o en colaboración con otras organizaciones, instituciones e individuos de fuera de la iglesia. El testimonio cristiano es una interacción interminable de arrepentimiento y recuerdo, condena y celebración, proclamación y práctica. La palabra y la acción se mantienen juntas, por encima de todo, en la formación de una comunidad multicultural de hombres y mujeres que va creciendo a la imagen del Verdadero Humano. El mundo no es quien dicta su agenda a la iglesia (con todo respeto, a pesar de lo que digan algunas teologías ecuménicas) ni la iglesia tampoco debe pretender dictar su agenda al mundo. Más bien, la iglesia, como cuerpo del Cristo resucitado, *es* la agenda de Dios para el mundo. Es la comunidad escatológica, que modela un entendimiento diferente de lo que es ser humanos, que encarna *tanto* el juicio del mundo como también su esperanza eterna. Aquí es donde está ocurriendo la redención de nuestra humanidad.

De modo que la iglesia influye más sobre el mundo cuando busca ser verdaderamente *iglesia*, y no una organización evangelística o política. Si queremos discernir los propósitos de Dios para las naciones, no los buscamos en "el rostro ensangrentado de la historia" sino en una cruz manchada de sangre. Esta nos revela a un Dios cuya voluntad no es otra que la formación de Cristo en nosotros: la sanidad de una humanidad fracturada y la glorificación de una creación deteriorada. En comparación, cualquier otra visión del mundo parece desolada, vacía, escapista o simplemente enferma.

Permítanme cerrar con las palabras de Nicholas Wolterstorff sobre la vocación de la iglesia:

> La iglesia en la Tierra debe verse como su cuerpo; y en ese cuerpo está presente su Espíritu. Es inevitable llegar a la conclusión de que debemos continuar la obra de Jesús con los medios que tenemos a la mano, la obra de proclamar la venida del Reino y de producir muestras de su shalom. Debemos vivir con los marginados, consolar a los quebrantados de corazón, sanar a los leprosos, alzar las cargas de la religión legalista, rescatar a los cautivos y liberar a los oprimidos. Y todo lo debemos hacer como señales —como muestras— en vidas que son vidas de discipulado. Obedecer e imitar a Dios ahora adquiere la nueva cualidad de ser el seguimiento de Jesús. Aunque disfrutamos de estas pequeñas muestras de salud y justicia en nuestro mundo, y seguimos luchando porque haya más, nos tenemos que repetir a nosotros mismos y a toda la humanidad: Recuerden, viene algo más.[216]

---

216. Wolterstorff, Nicholas: "Why Care About Justice?" [¿Por qué preocuparse por la justicia?] en Wolterstorff, Nicholas: *Hearing the Call: Liturgy, Justice, Church and World* [Escuchar el llamado: Liturgia, justicia, iglesia y mundo] editado por Gornik, Mark R. y Gregory Thompson. Grand Rapids, MI y Cambridge, UK: Eerdmans, 2011, págs. 106-107.

Nota biográfica

Vinoth Ramachandra nació en Colombo, Sri Lanka, y estudió en la Universidad de Londres, donde obtuvo su Licenciatura y luego un doctorado en Ingeniería Nuclear. Desde 1980 ha vivido en Colombo y estuvo casado con Karin, misionera danesa en Sri Lanka quien falleció en 2018.

Reconocido teólogo laico de la Iglesia Anglicana, ha trabajado en la animación y la docencia de grupos universitarios en el marco de la Comunidad Internacional de Estudiantes Evangélicos (IFES), de la cual fue secretario regional para el sudeste asiático entre 1983 y 1991. Actualmente ocupa la Secretaría para el Diálogo y el Compromiso Social en IFES. En sus libros como *The Recovery of Mission* (Eerdmans,1996) y *Subverting Global Myths* (IVP, 2008) dialoga críticamente con corrientes clásicas y modernas del pensamiento académico, desde una perspectiva cristiana que expone con riqueza conceptual y claridad docente. La selección de sus escritos que aquí publicamos fue organizada por el propio autor tomando en cuenta a lectores universitarios de América Latina y España.

Editoriales de la IFES América Latina (International Fellowship of Evangelical Students, Comunidad Internacional de Estudiantes Evangélicos) que apoyan esta publicación de Certeza Unida:

Certeza Argentina, Bernardo de Irigoyen 678, 5° I (C1072AAN) Ciudad Autónoma de Buenos Aires, Argentina.
    certeza@certezaargentina.com.ar | www. certezaonline.com

Ediciones Puma, Av. 28 de Julio 314 Oficina G, Jesús María, Lima, Perú. Apartado Postal 11-168. ventas@edicionespuma.org | www.edicionespuma.org

Editorial Lámpara, Calle Abdón Saavedra 2204 esquina Fernando Guachalla, Sopocachi, La Paz, Bolivia. editoralampara@hotmail.com

Publicaciones Andamio, Alts Forns 68, Sótano 1, 08038, Barcelona, España. libros@andamioeditorial.com | www.andamioeditorial.com

A la IFES América Latina la componen los siguientes movimientos nacionales:

Asociación Bíblica Universitaria Argentina (ABUA)

Comunidad Cristiana Universitaria, Bolivia (CCU)

Aliança Bíblica Universitária do Brasil (ABUB)

Grupo Bíblico Universitario de Chile (GBUCH)

Unidad Cristiana Universitaria, Colombia (UCU)

Estudiantes Cristianos Unidos, Costa Rica (ECU)

Grupo de Estudiantes y Profesionales Evangélicos Koinonía, Cuba

Comunidad de Estudiantes Cristianos del Ecuador (CECE)

Movimiento Universitario Cristiano, El Salvador (MUC)

Grupo Evangélico Universitario, Guatemala (GEU)

Comunidad Cristiana Universitaria de Honduras (CCUH)

Compañerismo Estudiantil Asociación Civil, México (COMPA)

Comunidad de Estudiantes Cristianos de Nicaragua (CECNIC)

Comunidad de Estudiantes Cristianos, Panamá (CEC)

Grupo Bíblico Universitario del Paraguay (GBUP)

Asociación de Grupos Evangélicos Universitarios del Perú (AGEUP)

Asociación Bíblica Universitaria de Puerto Rico (ABU)

Asociación Dominicana de Estudiantes Evangélicos (ADEE)

Comunidad Bíblica Universitaria del Uruguay (CBUU)

Movimiento Universitario Evangélico Venezolano (MUEVE)

Oficina Regional de la CIEE: Camino del río 4553, Cortijo del río, Monterrey, Nuevo León , CP 64890 México.
cieeal@cieeal.org | secregional@cieeal.org | www.cieeal.org